週末開運さんぽ

御朱印でめぐる広島 岡山の神社

改訂版

集めるごとに運気アップ！

御朱印、頂けますか？のひと言からはじまる幸せ

もともと、お寺で納経をしたときに、
その証として授与していた御朱印。

今では参拝の証として、
気軽に頂けるようになり、
最近では女性を中心に
集める人が増えています。

集めてみたいけれど
なんだかハードルが高そうで
踏み出すのをためらっていませんか？

大切なのは感謝の気持ちとマナー。
（マナーは本書で詳しくお伝えします！）

嚴島神社（広島県）

本書では、御朱印がすばらしい、
御利益が凄い、と評判の高い
広島と岡山の神社を
約4300社のなかから
徹底リサーチし、厳選しました。

取材を通じて、すばらしい神社と
御朱印にたくさん出合いました。

結婚や出会い、金運、仕事運……
参拝や御朱印集めがきっかけで
幸せになった方の話を神社の皆さんから
たくさん教えてもらいました。

初めてでも
「御朱印、頂けますか？」と
勇気を出して、ひと言を。

きっと神様と御朱印が、幸せを
運んでくれることでしょう。

本書の楽しみ方

御朱印集めが楽しくなる情報と運気アップの秘訣を詰め込みました。初めての方は第一章から、ツウの方は第三章から読むのがおすすめ。もちろん御朱印をぱらぱら眺めるのも◎です。

この本と御朱印帳を
持って出かければ
もっと楽しくなる！
もっと幸せになる!!

目次 御朱印でめぐる広島 岡山の神社 週末開運さんぽ　改訂版

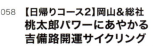

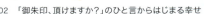

Part3 金運

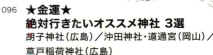

Part4 美容◆健康

Part5 仕事◆学業

Part6 レア御利益

COLUMN

本書をご利用になる皆さんへ

※本書に掲載の神社はすべて写真・御朱印の掲載等許可を頂いています。掲載許可を頂けなかった神社は掲載していません。

※掲載の神社のなかには神職が少なく、日によっては対応が難しい神社や留守の神社、書き置きで対応している神社などもあります。あらかじめご了承ください。

※本書のデータはすべて2024年12月現在のものです。参拝時間、各料金、交通機関の時刻等は時間の経過により変更されることもあります。また、アクセスやモデルプランなどにある所要時間はあくまで目安としてお考えください。

※第三章でご紹介している「みんなのクチコミ！」は、読者の皆さんからの投稿を編集部にて抜粋しております。クチコミの内容を優先するため、ご投稿者のお名前や属性を省略させていただいておりますのでご了承ください。

※神社名・神様の名称・施設名等は各神社で使用している名称に準じています。

広島 岡山 神社おさんぽマップ

広島県と岡山県には約4300社の神社があります。
本書ではそのなかから、御朱印と御利益が凄い神社を厳選してご紹介しています。
マップを見ながら、近くの神社から御朱印めぐりをスタートしてみませんか！

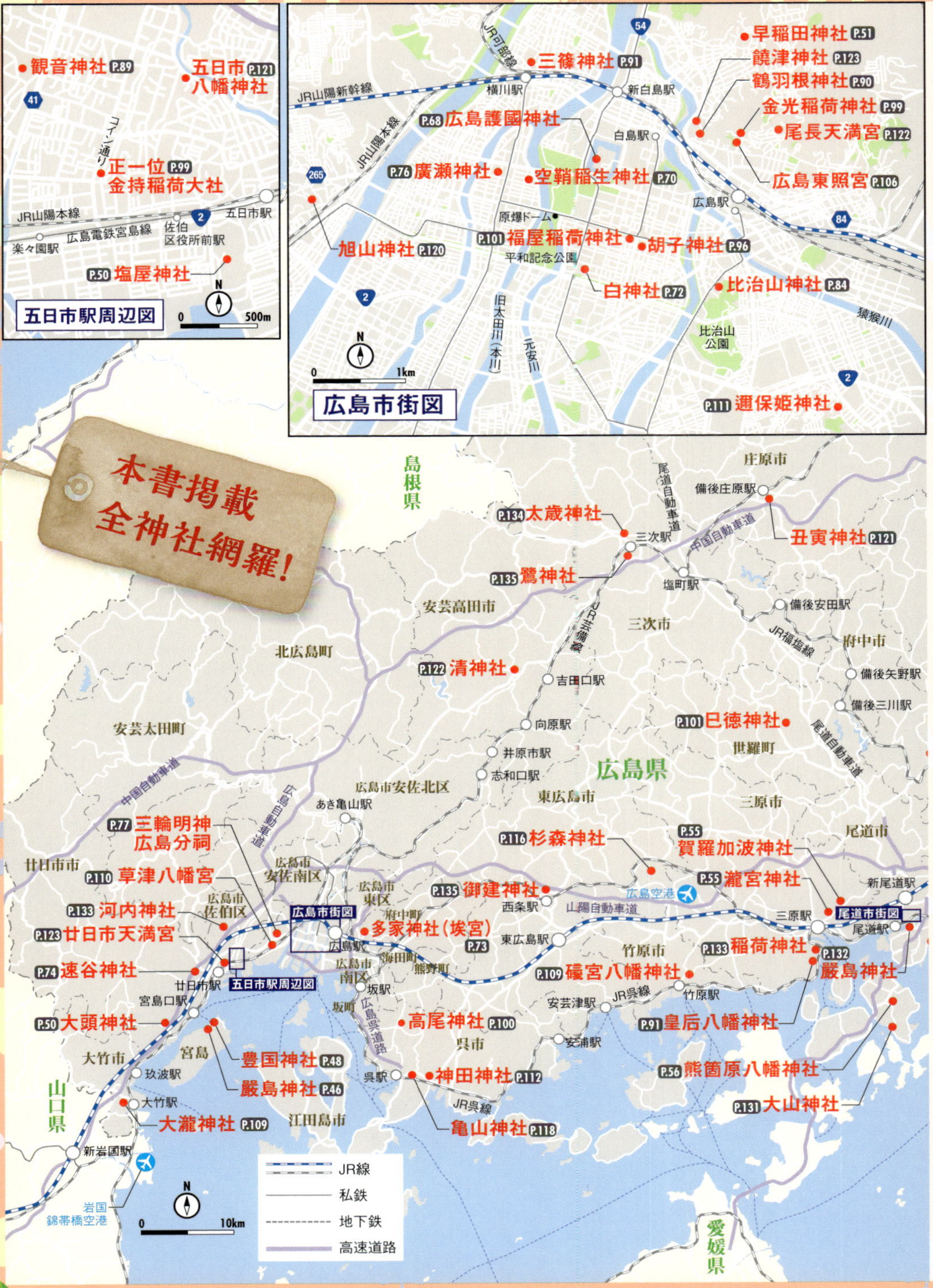
観音神社 P.89
五日市八幡神社 P.121
コイン通り
正一位金持稲荷大社 P.99
JR山陽本線
五日市駅
楽々園駅
広島電鉄宮島線
佐伯区役所前駅
P.50 塩屋神社
0 500m
五日市駅周辺図
三篠神社 P.91
JR可部線
JR山陽新幹線
横川駅
新白島駅
早稲田神社 P.51
饒津神社 P.123
鶴羽根神社 P.90
金光稲荷神社 P.99
尾長天満宮 P.122
P.68 広島護國神社
白島駅
JR山陽本線
P.76 廣瀬神社
空鞘稲生神社 P.70
広島東照宮 P.106
広島駅
原爆ドーム
P.101 福屋稲荷神社
胡子神社 P.96
平和記念公園
旭山神社 P.120
白神社 P.72
比治山神社 P.84
猿猴川
旧太田川（本川）
元安川
比治山公園
0 1km
広島市街図
P.111 邇保姫神社
本書掲載
全神社網羅！
島根県
庄原市
尾道自動車道
備後庄原駅
P.134 太歳神社
三次駅
中国自動車道
丑寅神社 P.121
P.135 鷺神社
塩町駅
JR芸備線
備後安田駅
安芸高田市
三次市
JR福塩線
府中市
北広島町
P.122 清神社
吉田口駅
備後矢野駅
備後三川駅
向原駅
P.101 巳徳神社
安芸太田町
井原市駅
世羅町
尾道自動車道
志和口駅
広島県
中国自動車道
広島自動車道
広島市安佐北区
東広島市
三原市
あき亀山駅
P.77 三輪明神広島分祠
P.116 杉森神社
P.55 賀羅加波神社
尾道市
廿日市市
P.110 草津八幡宮
広島市安佐南区
P.135 御建神社
広島空港
P.55 瀧宮神社
新尾道駅
広島市東区
西条駅
山陽自動車道
P.133 河内神社
広島市佐伯区
府中町
広島市街図
三原駅
尾道市街図
P.123 廿日市天満宮
多家神社（埃宮） P.73
広島駅
東広島駅
尾道駅
P.133 稲荷神社
P.132
竹原市
P.74 速谷神社
海田町
熊野町
広島市南区
P.109 礒宮八幡神社
嚴島神社
五日市駅周辺図
廿日市駅
宮島口駅
坂駅
広島呉道路
坂町
安芸津駅
JR呉線
竹原駅
P.50 大頭神社
高尾神社 P.100
P.91 皇后八幡神社
宮島
呉市
安浦駅
大竹市
豊国神社 P.48
玖波駅
呉駅
神田神社 P.112
P.56 熊箇原八幡神社
嚴島神社 P.46
山口県
大竹駅
JR呉線
P.131 大山神社
大瀧神社 P.109
江田島市
亀山神社 P.118
新岩国駅
JR線
私鉄
地下鉄
高速道路
岩国錦帯橋空港
0 10km
愛媛県

広島 岡山 神社 INDEX

本書に掲載している広島 岡山の神社を県市区郡別五十音順でリストアップ。
御朱印さんぽの参考にしてみてください。御朱印を頂いたら□にチェック✔しましょう！

第一章

まずはここから！

神社の御朱印入門

御朱印の見方から頂き方のマナーまで、御朱印デビューする前に知っておきたい基本をレクチャー。基礎知識を知っているだけで御朱印めぐりがだんぜん楽しくなります。

御朱印ってナニ？

御朱印は、もともとお経を納めた証に寺院で頂いていたもの。それがいつしか、神社でも、参拝によって神様とのご縁が結ばれた証として頂けるようになりました。ですから、単なる参拝記念のスタンプではありません。

？ 御朱印の本来の役割って

御朱印はもともと、自分で書き写したお経を寺院に納め、その証に頂くものでした。寺院で「納経印」ともいわれているのはこのためです。いつしか、納経しなくても参拝の証として寺社で頂けるようになりました。お寺で始まった御朱印ですが、江戸時代にはすでに神社でも出されていたといわれています。

？ 神社で御朱印を頂くってどういうこと

神社で御朱印を頂ける場所はお守りやお札の授与所がほとんどです。書いてくださるのは神職の方々。御祭神の名前や神社名が墨書され、神社の紋などの印が押されます。

　神社で御朱印を頂くというのはその神社の神様との絆が結ばれたといえるでしょう。決して記念スタンプではありません。ていねいに扱いましょう。

？ 世界でひとつの御朱印との出合いを楽しみましょう

御朱印は基本的に印刷物ではありません。神職の皆さんがていねいに手書きしてくださる、世界にひとつのものです。ですから、墨書には書き手の個性が表れます。そのため、本書に掲載した御朱印と同じものが頂けるとは限りません。同じ神社でも書き手によって、頂くたびに墨書や印の押し方が違うからです。印も季節によって変わったり、新しいものに作り替えることもあります。御朱印自体が頂けなくなることさえあるのです。二度と同じ御朱印は頂けない、それが御朱印集めの楽しみでもあります。

神社の御朱印の見方

白い紙に鮮やかな朱の印と黒々とした墨書が絶妙なバランスで配置されている御朱印。まさにアートを見ているような美しさがあります。では、いったい、墨書には何が書かれ、印は何を意味しているのでしょう。御朱印をもっと深く知るために墨書や印の見方をご紹介します。

御朱印帳を持ち歩くときは袋に入れて

神社によっては神社オリジナルの御朱印帳と御朱印帳袋を頒布しているところがあります。御朱印帳袋は御朱印帳を汚れから守ってくれ、ひとつあると御朱印帳を持ち歩くときに便利です。

和氣神社(P.107)で授与される御朱印帳と御朱印帳袋。和気清麻呂公の絵巻と藤の花がデザインされています

御朱印帳のサイズは「約16㎝×11㎝」が一般的で、ひと回り大きな「約18㎝×12㎝」などもあります

社名の押し印

神社名の印です。印の書体は篆刻（てんこく）という独特の書体が多いのですが、なかには宮司自らが考案したオリジナルの書体の印もあります。

奉拝

奉拝とは「つつしんで参拝させていただきました」という意味です。参拝と書かれることも。

神紋

神社には古くから伝わる紋があります。これを神紋あるいは社紋といいます。神紋の代わりに御祭神のお使いを表す印や境内に咲く花の印、お祭りの様子を表した印などが押されることもあります。

ジャバラ折り

御朱印帳はジャバラ折りが基本。表だけ使っても、表裏使っても、使い方は自由！

参拝した日にち

何年たっても、御朱印を見れば自分がいつ参拝したのか、すぐわかります。同時に日付を見るとその日の行動も思い出せるので、旅の記録にもなるでしょう。

社名など

中央には朱印の上に神社名が墨書されることが多く、社名のほかに御祭神の名前を書く場合もあります。また、朱印だけで神社名の墨書がない御朱印もあります。八百万神だけあって、史実の人名やおとぎ話の登場人物の名前が書かれることも。

表紙

神社ではオリジナルの御朱印帳を作っているところが多くあります。表紙には、社殿、境内、神紋や祭礼、御神木、花、紅葉など、その神社を象徴するシンボルがデザインされていることが多いです。

個性がキラリ 御朱印ギャラリー

御朱印は神社ごとに墨書や印が異なり、それぞれこだわりが感じられます。
ここではそのなかでも特に個性に秀でた御朱印の数々をご紹介します。

神社の個性が光る！ アートな御朱印

和氣神社（岡山）

P.107

藤祭りや中秋の名月などで期間限定の御朱印が頂けます。珍しい切り絵の御朱印には四季の風物詩と社殿が描かれています（各1000円）

イノシシ

墨書／和氣神社　印／和氣神社　●イラストレーターすいいろさんが描いた月替りの限定御朱印です。春には藤の花、秋にはお月見、正月には餅つきなどの情景にイノシシが溶け込みます

切り絵

墨書／和氣神社　印／和氣神社之印　●切り絵で境内の風景をアートに表現しています。紅葉、椿、桜、藤など四季折々の色合いと社殿が格調高くマッチします

吉備大臣宮（岡山）

P.126

通常は無人の神社ですが、例祭では縣主神社（P.113）で御祭神をダイナミックに描いた限定御朱印が授与されます（各1000円）

睦月

墨書／奉拝、吉備大臣宮　印／宮司之印　●春の訪れを告げる梅の花を描いた限定の御朱印です。御祭神の表情や全体の配色などは一体一体で異なります

皐月

墨書／奉拝、吉備大臣宮　印／宮司之印　●5月5日の例祭で頒布される限定の手書き御朱印です。藤の花は「不死（ふじ）」に通ずる縁起のよい花です

大迫力！ 見開きで頂ける版画の御朱印

羽黒神社（岡山）

P.85

社殿の装飾や地元の風物詩などをモチーフにした版画の御朱印を直書きしていただけます。各月の絵柄や対応時間はInstagramで告知されます（各1000円）

［共通］墨書／奉拝（初詣）　印／羽黒神社、北前船寄港地備中玉島日本遺産構成文化財

弥生～木鼻の獅子～

如月～素盞鳴尊～

正月～龍舟七福神～

水無月～霊亀～

皐月～松鷹～

卯月～うさぎ～

文月～本殿扉～

本殿の扉を開き
青い月夜を見上げると
四柱の御祭神が
お出まし！

7～10月は
4見開きの大作です！！

葉月～本殿扉～

長月～皓々たる月～

神無月～御祭神四柱～

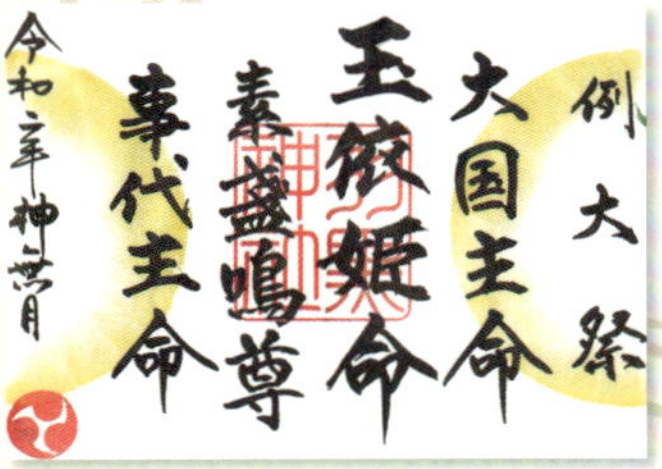

伝説の鳥、迦陵頻伽
（かりょうびんが）が
本殿の扉で舞います

例祭や期間限定で頂ける御朱印

空鞘稲生神社（広島） P.70

年間を通じて行われる御本社・末社の例大祭や、正月など慶賀時に限定の御朱印が頒布されます（各500円）。御朱印のデザインは年によって変化します

正月

墨書／賀春、庚子、空鞘稲生神社　印／三つ亀甲剣花菱紋、空鞘稲生神社

初庚申

墨書／猿田彦大神、初庚申、そらさや幸神社　印／五瓜に梅鉢紋、空鞘稲生神社

節分祭

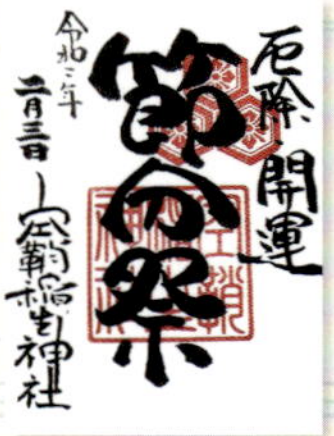

墨書／厄除開運、節分祭、空鞘稲生神社　印／三つ亀甲剣花菱紋、空鞘稲生神社

初午祭

墨書／宇迦之御魂大神、初午祭、そらさや末社稲生神社　印／焔宝珠紋、空鞘神社之印

夏越大祓

墨書／夏越大祓、空鞘稲生神社　印／三つ亀甲剣花菱紋、空鞘稲生神社

秋季大祭

墨書／神恩感謝、秋季大祭、空鞘稲生神社　印／三つ亀甲剣花菱紋、空鞘稲生神社

えびす祭

墨書／商売繁盛除災招福、えびす祭、空鞘恵美須神社　印／蔓柏紋、空鞘神社之印

牛窓神社（岡山） P.69

主祭神の牛鬼退治の伝説で知られる牛窓神社。季節替わりの限定御朱印はバリエーション豊富で、押される印や、墨書きの文字も異なります（各500円）

［共通］墨書／御神拝、備前岡山、牛窓神社
印／五三の桐紋、瀬戸内海國立公園、牛窓神社

ツツジ開花

七夕

夏越大祓

胡子神社（広島） P.96

11月18～20日の大祭期間中のみ、金文字で記帳していただけます。金運アップで知られる神社の限定御朱印なのでたくさんの参拝者が訪れます（500円）

例大祭

墨書／胡子神社
印／鎮座四百十八年大祭、つる柏の神紋、胡子神社

阿智神社（岡山） P.66

5月上旬に開催される「藤見の会」に合わせ、期間限定で箔押しの御朱印が頒布されます。天然記念物の阿知之藤をモチーフにした芸術性の高い作品です（1500円）

藤の開花

印／阿智神社、阿知之藤、倉敷

あふれる色彩、カラフル御朱印

瀧宮神社（広島）
P.55

季節の風物詩や巫女の舞など、水彩画の限定御朱印はまるでアート作品のようです！特別感のある一体は、御朱印帳を華やかにしてくれます（各600、700、800円）

［共通］墨書／瀧宮神社　印／瀧宮神社

蹴鞠

阿形

雛祭り

白虎

玄武

紫式部

風神

右大臣

豊栄の舞

叶う成す

中秋の名月

紅葉

新嘗祭

浦安の舞

境内社や兼務社の御朱印

岡山神社（岡山）
P.58

御本社のほかに、御利益が異なる境内社や、兼務社の御朱印も頒布されています。一度の参拝でたくさんの御朱印を頂けます（各500円）

墨書／奉拝、稲荷神社　印／抱き稲紋、岡山神社

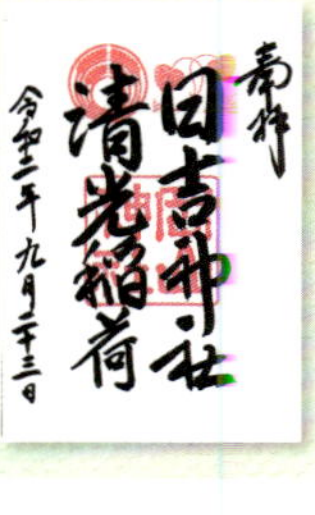

墨書／奉拝、日吉神社、清光稲荷　印／双葉葵紋、抱き稲紋、岡山神社

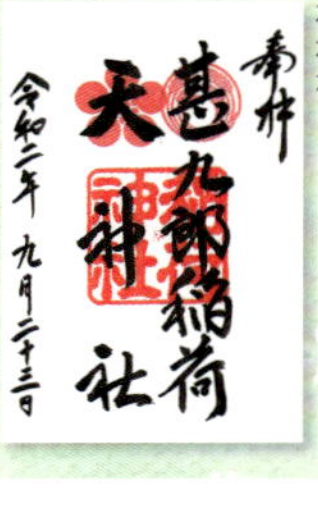

墨書／奉拝、甚九郎稲荷、天神社　印／梅鉢紋、抱き稲紋、稲荷神社

季節を感じる月替わり御朱印

廣瀬神社（広島） P.76

御朱印に押される花の印は月替わりです。カラフルな御朱印は、眺めるだけで幸せな気分になります。定期的に参拝して、12ヵ月の季節の移ろいも感じましょう（各500円）

［共通］墨書／奉拝、廣瀬神社　印／三つ盛り亀甲に剣花菱紋、廣瀬神社

1月 〜水仙〜

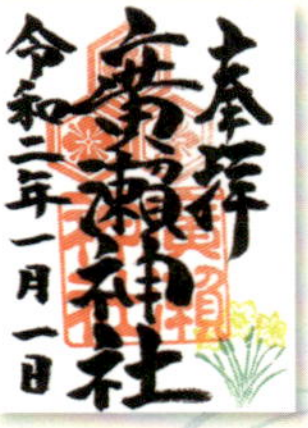

2月 〜梅〜

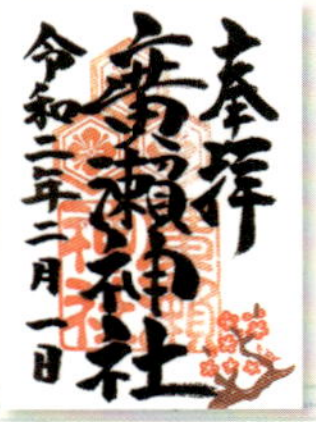

3月 〜桃〜

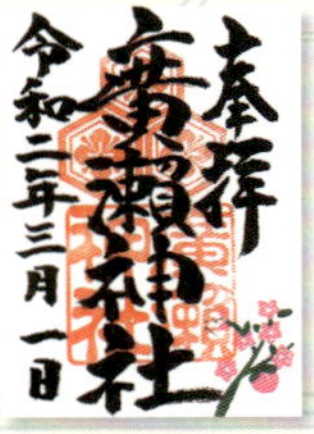

4月 〜桜〜

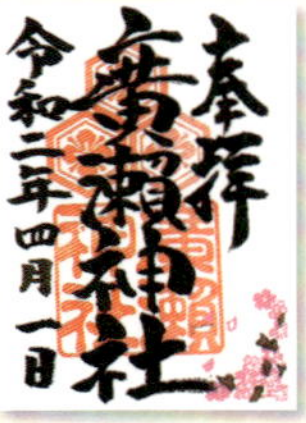

5月 〜花菖蒲〜

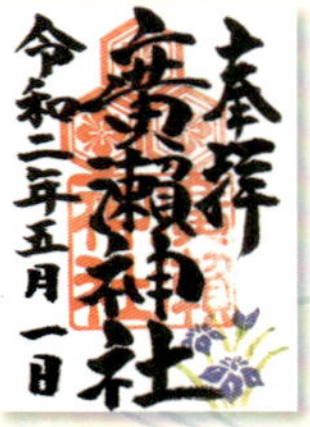

6月〜紫陽花〜

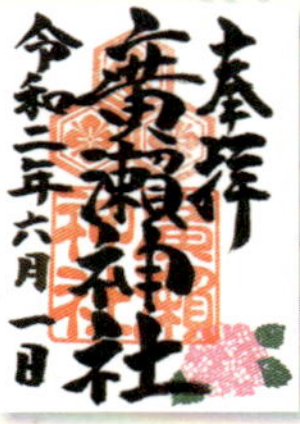

7月 〜朝顔〜

8月 〜向日葵〜

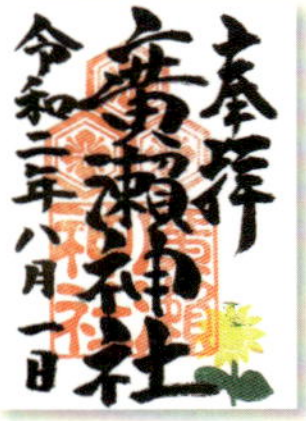

9月 〜金木犀〜

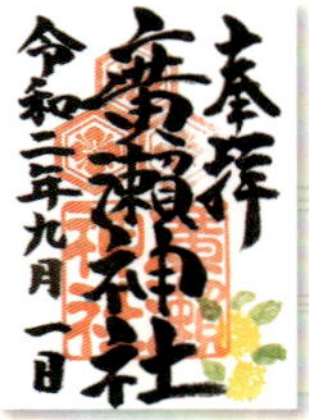

10月 〜秋桜〜

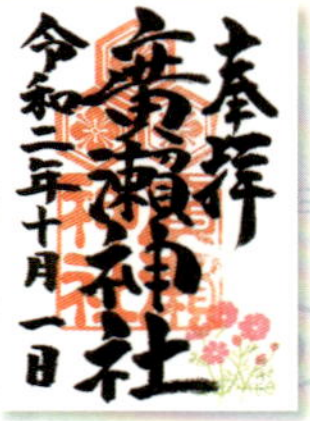

11月 〜椿〜

12月 〜牡丹〜

早稲田神社（広島） P.51

毎月1日の月次祭で、月替わりの絵柄が入った御朱印を直書きで頒布しています。1日に参拝できない場合でも、事前に申し込めば、7日まで書き置きを取り置きしてもらえます（各500円）

［共通］墨書／垚乃宮、早稲田神社
印／三つ巴紋、早稲田神社

4月1日

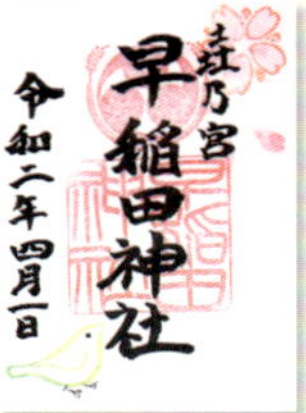

5月1日

6月1日

7月1日

8月1日

9月1日

元日

正月や節句で頂ける御朱印

三輪明神広島分祠（広島） P.77

子供の健康と幸福が祈願されている、七五三で授与される特別な御朱印です。男の子バージョンと女の子バージョンがあり、名前と年齢も揮毫していただけます（各1000円）

［共通］墨書／三輪明神広島分祠　印／三輪明神広島分祠

鶴羽根神社（広島） P.90

金色と銀色の和紙に浄書されたおめでたい限定御朱印です。「願いごとを神様へ伝える」とされる鶴の姿が入っているので、縁起物として御朱印を頂く方も多いそうです（各500円）

［共通］墨書／奉拝、鶴羽根神社　印／三つ巴印、鶴羽根神社印

広島護國神社（広島）

P.68

人日・上巳・端午・七夕・重陽の五節句でカラフルな御朱印が頒布されています（書き置き）。江戸時代から人々の生活に根付いている、季節行事の情景が描かれています。（各700円）

［共通］墨書／広島護國神社
印／広島護國神社

三祭神の名前が書かれた御朱印

嚴島神社（広島） P.132

お祀りしている三祭神の御名が大書された珍しい御朱印です。それぞれ機知英明、商売繁盛、守護除災という御神徳と、御利益紋が押されています（各500円）。

［共通］印／三亀甲剣花菱紋、嚴島神社

一期一会のアート御朱印にかける思い

お参りに来てくれた人たちを元気にしたい！
強い思いを込めて描かれる御朱印の秘密とは

一体一体の彩色や表情が異なる、唯一無二の絵入り御朱印で全国的に人気を集める縣主神社。感動するほど芸術性が高い御朱印を頂くため、月参りされる方も少なくありません。禰宜の刈谷勇人さんは御朱印をきっかけに神社を訪れてもらい、地元を活性化したいと願っています。

縣主神社の詳しい紹介はP.113へ

誠実な人柄が風貌からも伝わる禰宜の刈谷勇人さん。画家の叔母から献納された御祭神の絵が拝殿に祀られています

閑静な里山に鎮座する日本有数の人気神社へ

岡山県と広島県を結ぶ井原鉄道は、田園地帯を毎時1～2便の間隔で運行します。車窓に広がるのはのどかな農村の景観。心がホッと癒やされる、懐かしい日本の原風景です。井原駅から縣主神社へはタクシーか徒歩で向かいます。

小高い丘に広がる鎮守の杜は、深い緑に包まれまるで古墳のよう。境内には気ままに過ごすネコたち、そして御朱印を待つ参拝者の行列。授与所では刈谷さんが岩絵の具と筆ペンを使い、山積みとなった御朱印帳に対応中でした。迷いのない筆運びで絵を仕上げながら、御朱印を待つ人たちへの気遣いも忘れません。カラフルな絵入り御朱印は、すべて刈谷さんおひとりで描かれているのです。

「10数年前から禰宜として奉職しておりますが、神社のみで生計を立てていくことはとても困難な状況でした。当時の巫女の方から『御朱印で絵を描いてみたら？』とアドバイスを受けたことが、今の御朱印を始めたきっかけです」

水墨画の通信講座で絵と書道の腕を磨き、試行錯誤でスタート。最初は御朱印に絵を入れることに気が引け、奉書紙に描いていましたが「直接描いてほしい、こんな絵を描いてほしい、月毎に来るから毎回絵を変えて」といわれ、気が付いたら現在の形となっていたそうです。徐々に参拝者が増え、SNSやクチコミで評判が拡散し、今や日本各地からお参りされる方が訪れるようになりました。

見開きでカラフルな御朱印が描かれます

人と神を取り次ぐ縁結びが神職の役割

アートな御朱印で描かれるのは、神社に住み着いているネコ、四季折々の風物詩、そしてこの地方に伝説が残る大蛇ミズチです。

「神と人の仲をうまく取り持つのが神職の役割。そのように宮司である父親から教えられ、神社に興味をもってもらおうと当社に縁があるものを描こうと決めました。ミズチを描くときには、力強く、御朱印帳をもつ方を禍から守るよう

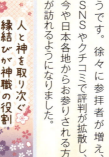

御祭神により退治されたミズチは、神様として社殿に祀られています

描いた御朱印がお守りになるよう念を込めています

社務所は拝殿の横にありネコも常駐しています。一体の御朱印を浄書されるのは5分ほどですが週末には数時間待つこともあります

に念を込めています。ネコを描かくときには、心が穏やかに、優しくなれるようにと念じます」

受け取る方に合わせ御朱印に思いを込める

刈谷さんが描く御朱印がユニークなのは、絵柄だけではありません。浄書しながら、御朱印を受け取られる方を一人ひとり観察して絵柄を変化させていきます。

「神札と同じ気持ちで描かせていただいています。参拝者からは運気が上がり、邪気が祓われるとおっしゃっていただけます。お礼の言葉を頂けると本当にうれしくて、その日は特別な日になりますね」

強い思いで浄書されているので、昨今問題となっている御朱印の転売については、とても心を痛めています。各人に向けて描いているので、他人に譲渡された御朱印は意味を失ってしまうそうです。

神社とともに郷土を知ってほしい

オリジナル御朱印帳に「井原デニム」を使ったり、境内で怪談会を開いたりと、地元に根ざした活動も積極的に行っています。その思いの原点にあるのは、まだ御朱印を頒布される前の、地元の子供たちとの交流なのだとか。

「参拝者がほとんど来ない境内は子供たちの格好の遊び場で、私も一緒に走り回っていました（笑）。その子たちが大きくなり、巫女や氏子として助けてくれたりもしています。できることなら若者たちが地元に残りたい、残っても生きていけるようにしたいと、神職としてできる範囲で頑張りたいですね。井原市や木之子町のことを少しでも多くの方に知っていただいて、そこから発展につながれば本当にうれしい限りです」

月替わりの特別御朱印は３種類

毎月3種類のテーマから、一体の御朱印を見開きで頂けます。すべて絵柄が異なるオンリーワンの御朱印です（各1000円）

吉備大臣宮（→P.12）の御朱印も頂けるニャ

風物詩

雛人形や紅葉、干支など四季折々の絵柄です

ネコ

神社を守るかわいいネコたちがモデルになってます

ミズチ

強力な魔除けのパワーが絵に込められています

絵入りの特別御朱印は、参拝後に社務所で受付し、後日郵送での頒布となります。レターパックなどを自ら持ち込むと、神社の手間が減って喜ばれます。受付時間は土・日・祝 10:00～14:00、月～金 10:00から12:00（平日は不在もあるので要連絡）。

最新の絵柄や年末年始の対応状況などはInstagramでチェックしましょう。

URL https://www.instagram.com/agatanusijinjya

ファースト御朱印帳をゲットしよう！

御朱印を頂きにさっそく神社へ！
その前にちょっと待って。
肝心の御朱印帳を持っていますか？
まずは１冊、用意しましょう。

1 あなたにとって、御朱印帳は思い入れのある特別なもの

御朱印はあなたと神様とのご縁を結ぶ大事なもの。きちんと御朱印帳を用意して、御朱印を頂くのがマナーです。御朱印帳はユニークでかわいい表紙のものがいっぱいあるので、御朱印帳を集めることも楽しいでしょう。御朱印帳が御朱印でいっぱいになって、何冊にもなっていくと、神様とのご縁がどんどん深まっていくようでとてもうれしいものです。御朱印には日付が書いてありますから、御朱印帳を開くと、参拝した日の光景を鮮明に思い出すこともできるでしょう。

2 御朱印帳は、神社はもちろん文具店やネットでも入手できます

どこで御朱印帳を入手すればよいのかを考えると、まず、思い浮かぶのは神社。本書で紹介している神社の多くは、お守りなどを頒布している授与所で御朱印帳も頂くことができます。ファースト御朱印と同時に、その神社の御朱印帳を入手するとよい記念になりますね。神社以外で御朱印帳を入手できるのは、和紙などを扱っている大きな文房具店やインターネット通販。自分が行きたい神社に御朱印帳がないようなら、こうした取扱店であらかじめ入手しておきましょう。近年は御朱印帳を手作りするのも人気です。

3 御朱印帳を手に入れたらまず名前、連絡先を書き入れます

御朱印帳を入手したら、自分の名前、連絡先を記入しましょう。神社によっては参拝前に御朱印帳を預け、参拝の間に御朱印を書いていただき、参拝後に御朱印帳を返してもらうところがあります。混雑しているとき、同じような表紙の御朱印帳があると、自分のものと間違えてほかの人のものを持ち帰ってしまう……なんてことも。そうならないよう裏に住所・氏名を記入する欄があれば記入しましょう。記入欄がなければ表紙の白紙部分に「御朱印帳」と記入し、その下などに小さく氏名を書き入れておきます。

4 カバーを付けたり専用の入れ物を作ったり、大切に保管

御朱印帳は持ち歩いていると表紙が擦り切れてきたり、汚れがついたりすることがしばしばあります。御朱印帳をいつまでもきれいに保つためにカバーや袋を用意することをおすすめします。御朱印帳にはあらかじめビニールのカバーが付いているものや神社によっては御朱印帳の表紙とお揃いの柄の御朱印帳専用の袋を用意しているところがあります。何もない場合にはかわいい布で御朱印帳を入れる袋を手作りしたり、カバーを付けたりしてはいかがでしょう。

神社で入手できる御朱印帳1

御祭神や由緒、祭礼、縁起物などにまつわるモチーフを取り入れた、神社オリジナルの御朱印帳。

絵馬を再現したものからポップなデザインまで、各社の個性とこだわりが表現されています。

四季の色彩が表現された御朱印帳

嚴島神社（広島）P.46
桜色の花びらが舞い散る春、青い海に大鳥居が浮かぶ夏、やまぶき色に野山が色づく秋、高舞台で舞楽が奉納される冬……。四季折々の景色が描かれた御朱印帳は、それぞれの季節限定で頂けます。各1200円

見開きでデザインされた御朱印帳

吉備津彦神社（岡山）P.59
主祭神がモデルとされる桃太郎の物語をイメージしています。桃の実は古来からの魔除けの果実です。3000円

備中国総社宮
（岡山）P.61
秋の例大祭で奉納される備中神楽の面がインパクト大！猿田彦や大国主など表情豊かな面は神社の拝殿でも見ることができます。2000円

幸福を招く守り神です

阿智神社
（岡山）P.66
随身門に彫られたウサギの顔を愛らしくデフォルメ。背景には阿知の藤が鮮やかに描かれています。2000円

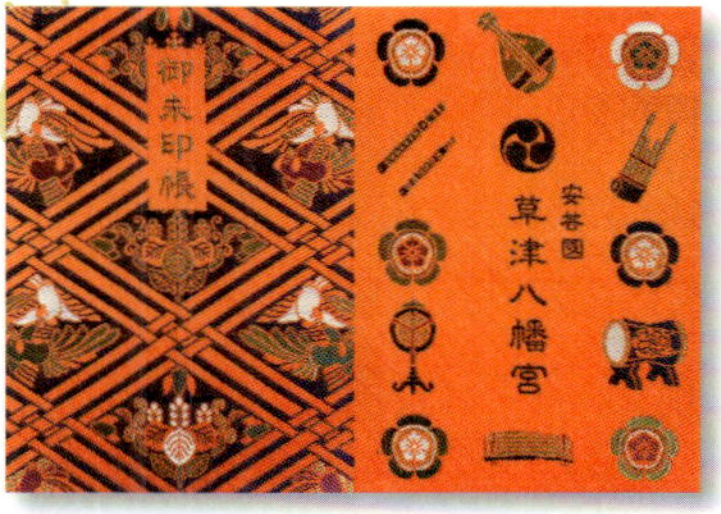

草津八幡宮（広島）P.110
表面は舞楽装束の文様、裏面には龍笛（りゅうてき）や琵琶（びわ）など雅楽で使われる楽器が刺繍されています。2000円

神社で入手できる御朱印帳2

御祭神や神話をモチーフにした御朱印帳

牛窓神社（岡山）P.69

牛鬼退治の荒ぶる神話と、御祭神の活躍で平和になった今の牛窓の海景が対照的に描かれています。2500円

吉備津神社（岡山）P.60

桃太郎の鬼退治の場面は昔懐かしい絵本のよう。お供のキジ、サル、イヌは主祭神の家臣とされます。1700円

胡子神社（広島）P.96

鯛を抱えたエビスさんがにっこりと幸せを運んできます。神々しい黄金色の装丁で金運もアップするかも。1500円

旭山神社（広島）P.120

神社の由緒である「神功皇后への鯉献上」の絵馬が表紙です。裏面は運気を上げる金の昇り鯉です。2000円

鯉や巫女さんを描いた御朱印帳

広島護國神社（広島）P.68

縁起物の鯉を描いた、その名も「五鯉躍（ごりやく）」は広島市で最初に入手したい御朱印帳です。巫女さんの奉納風景の絵柄は春の神社巡りにぴったりです。各2500円

裏表紙にも注目したい御朱印帳

羽黒神社
(岡山)P.85

拝殿から見守るからす天狗と、北前船寄港地の海図は神社の個性そのものです。縮緬風生地、デニム生地や黒和紙など、点数限定の御朱印帳も頒布されています。4000円～

白神社
(広島)P.72

鎮座地はかつて海に囲まれており、本殿は岩礁の上にあります。裏面には被爆に耐えた狛犬が描かれ、広島の歴史を感じさせる構成です。青と黄色の2種類。2000円

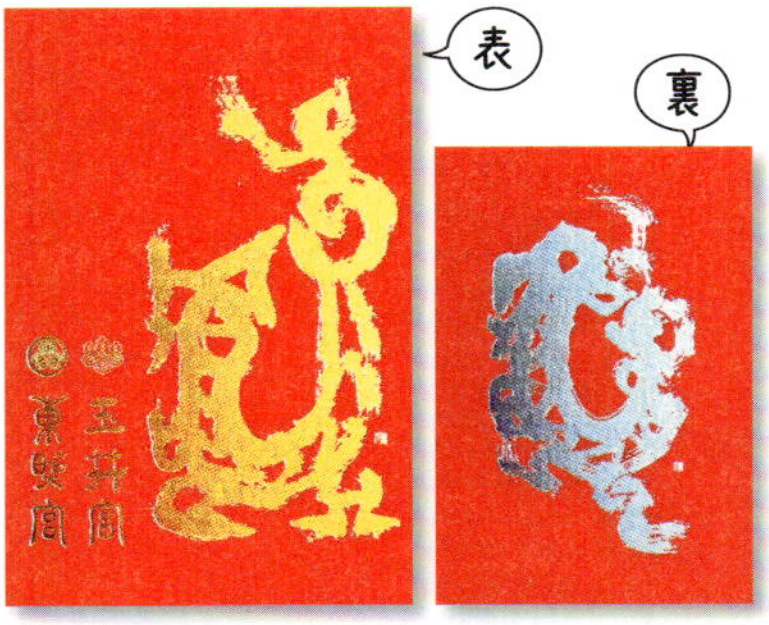

玉井宮東照宮
(岡山)P.130

表面に金龍、裏面に白龍の書がデザインされています。どちらも前衛書道家の曽我英丘の潤筆です。独創的な「龍」の作品は、玉井宮東照宮で書かれたそうです。2000円

御袖天満宮
(広島)P.53

御神体である菅原道真公の片袖がイメージされています。裏面には天満宮に咲く梅の花を大胆に配置。ほかの神社では見かけることがないシックなデザインです。2200円

岡山神社(岡山)P.58

御祭神のモモソヒメの笑顔を大胆に配置。裏面には大吉や寿など、縁起のよいパワーワードがアイコン風に並んでいる、かわいらしい1冊です。2300円

空鞘稲生神社(広島)P.70

表紙には宮司直筆の「氣」の文字、裏表紙には和歌山県の書家が潤筆した「空」の文字が縫製されています。パープルとグリーンの2色があります。2500円

大山神社(広島)P.131

因島村上海賊の兜や、耳明神社(摂社)のサザエなど、神社のアイコンが楽しく配置されています。裏表紙には神主がしまなみ海道を疾走する姿が描かれています！ 2000円

厳選素材を使ったユニークな御朱印帳

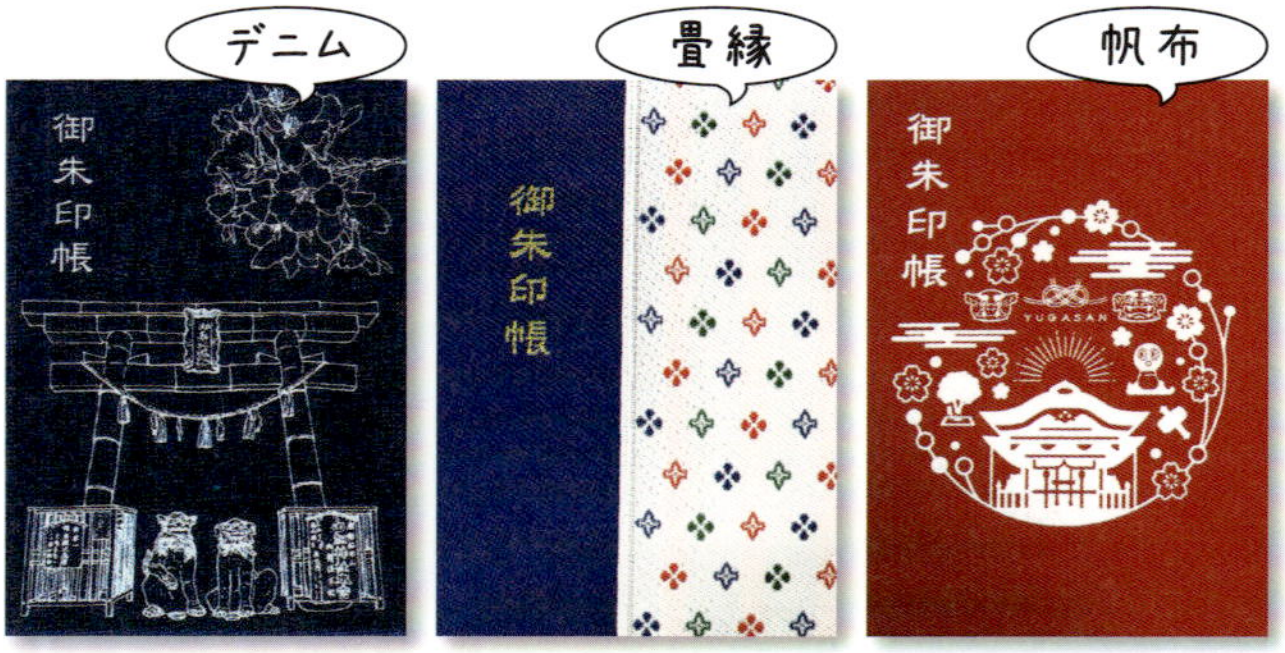

大瀧神社

(広島)P.109

広島市の平和記念公園にある「原爆の子の像」にささげられた折り鶴の再生紙が使われています。2100円

由加神社本宮(岡山)P.63

デニム、畳縁、帆布など倉敷市児島の特産品を、御朱印帳の生地に使用しています。どれも地元愛を強く感じさせる一品です。各2200円

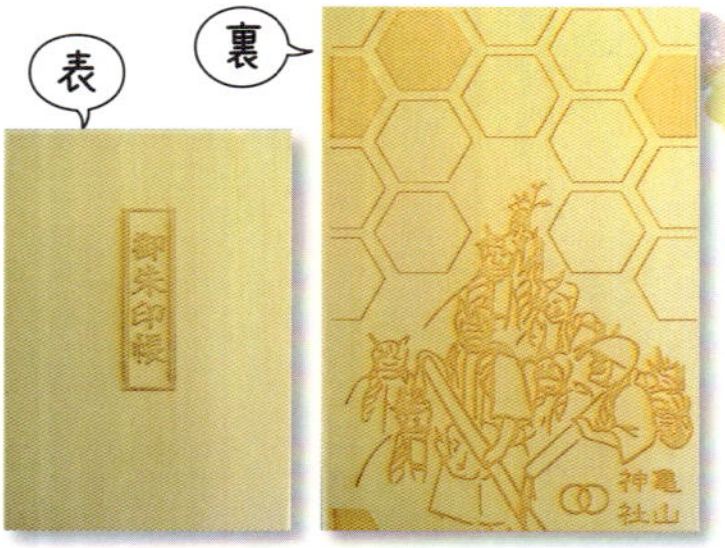

亀山神社

(広島)P.118

檜葉の木を使用した風格漂う御朱印帳です。秋祭りに登場するヤブ(鬼)が彫り込んであります。3000円

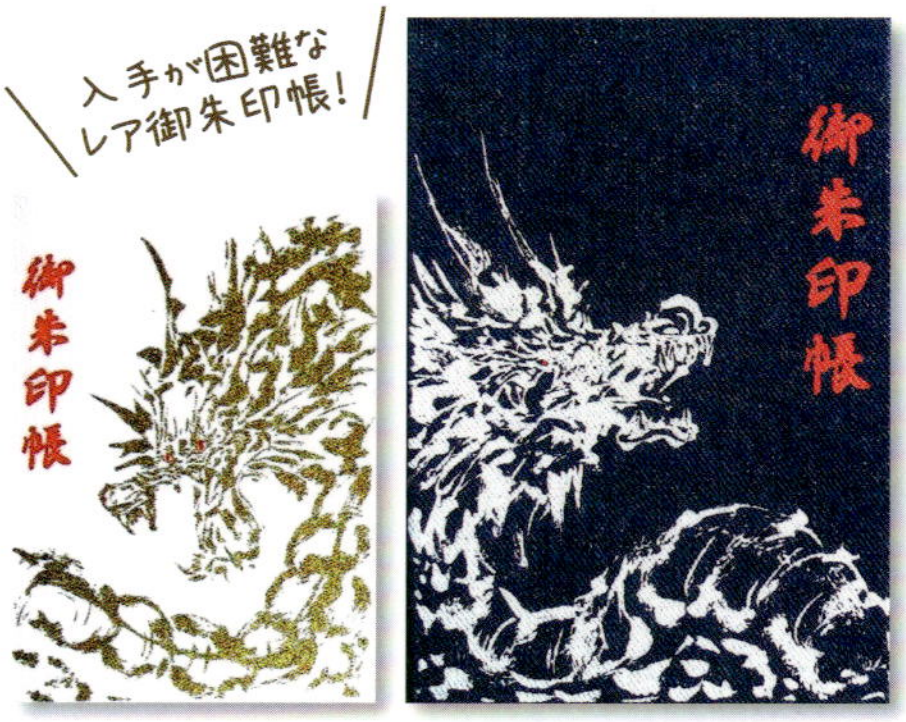

縣主神社(岡山)P.113

神職により大蛇のミズチが大胆に描かれています。デニムの生地はインディゴブルーとホワイト。各4000円

備前国総社宮

(岡山)P.108

京都西陣織で緻密に織り込まれた芸術品です。太陽と月、八雲、星は、それぞれ御祭神を表します。2000円

嚴島神社

(広島)P.132

「さをり織り」の表紙と、帳面の手漉き和紙は、障がいのある方たちの手作りです。すべて世界で唯一のデザインです。各2000円

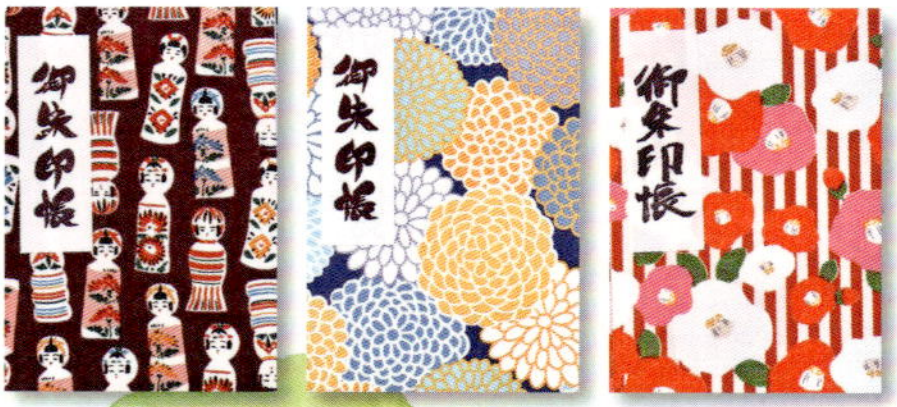

塩屋神社

(広島)P.50

カラフルな和柄デザインを女性職員が選び、手作りされたオリジナルの御朱印帳です。各1300円

神様にお願いするなら スペシャルな絵馬で♥

それぞれの願いに特化した、オリジナル絵馬を神社に奉納しましょう。強い意志を文字で示せば、神様があたたかく見守ってくださるはずです！

靭負神社(P.139)の「備前刀絵馬」

日本刀と市松模様のデザインは刀剣ファンの注目の的です。目の健康の御利益も頂けます(500円)

鶴羽根神社(P.90)の「鶴の飛翔絵馬」

3羽の鶴が心に翼を授けてくださいます。夢に向かってホップ、ステップ、ジャンプ！(500円)

御袖天満宮(P.53)の「筆絵馬」

筆に和歌が書かれた細長い絵馬です。菅原道真公に試験合格や仕事運アップを祈願できます(800円)

吉備津彦神社(P.59)の「桃の絵馬」

災難除けの果実として知られる桃をかたどった絵馬です。表面に願いごとを書いて奉納します(500円)

日本第一熊野神社(P.65)の「願通棒絵馬」

1本の棒が板を通り抜けている不思議な絵馬です。意志を貫いて不可能とも思える願いもかなえましょう(3000円)

三篠神社(P.91)の「かよこバス絵馬」

明治時代に日本初の国産乗合バスが地元の「横川～可部」間で運行しました。大願成就をお願いしてみましょう(600円)

木山神社(P.115)の「招き猫絵馬」

神社の守り神のクックさんがとってもキュート。大切なペットの健康を祈願しましょう(500円)

大山神社(P.131)の「自転車絵馬」

しまなみ海道を駆けるサイクリストに人気です。旅の安全や所願成就をかなえるパワーがあります(各600円)

多家神社(埃宮)(P.73)の「八咫烏・金鵄の絵馬」

八咫烏(やたがらす)と金鵄(きんし)から勝運と導きをサポートをして頂ける願い絵馬です(800円)

廿日市天満宮(P.123)の「合格絵馬」

御祭神が愛した梅の花がデザインされた「五角＝合格」祈願の絵馬です(800円)

天津神社(P.124)の「備前焼絵馬」

医薬の神「神農さん」が描かれた陶芸の里ならではの絵馬です(1000円)。干支絵馬も備前焼製です！

広島護國神社(P.68)の「双鯉(そうり)絵馬」

鯉のカップルが描かれています。幸せな恋愛の実現や夫婦円満の祈願にピッタリです(500円)

ユニークな授与品にも注目！

授与品は、神職が参拝者の願いがかなうよう祈りをささげ、神様のパワーを封じ込めたもの。個性的なデザインの授与品は、身に付けているだけでよいことがありそう。

阿智神社　P.66　藤の授与品で女子力UP！

樹齢300～500年の阿知の藤で有名な神社では、藤をモチーフにした授与品が頂けます。「花纏守（はなまきまもり）」は藤のツルのように太く長い縁を結んでくれるレース製のお守り。 髪留めにしたり、バッグに付けたりと好きなところに結んでいつも身に付けましょう。

「花纏守」（各1200円）。通常色3種類のほか、季節限定色も4種類あります。各色に万葉集の和歌から名前が付けられています

手首に巻くのも おすすめです！

幸福を招く「阿知の藤実守」（1000円）。天然記念物の藤の実が納められています

高梁川の清らかな砂が入った「御砂持守」（1000円）。疫病除けの御利益があります

由加神社本宮　P.63
縁と絆を真田紐で強く結ぶ

ジーンズや帆布など繊維の町として知られる、倉敷市児島の特産品を使ったお守りが多種あります。児島の繊維業の起こりとされる真田紐のお守りは、大切な縁を「切っても切れない」よう固く結びます。

児島デニムの生地を使った「デニム守り」（800円）

「真田紐えんむすびお守り」（800円）。地元の織元と神社の深い縁で作られたお守りです

日本第一熊野神社　P.65　60種以上のからだ守り

江戸時代から病気の祈祷で知られる神社です。頭、目、心臓、シナプスなど部位ごとのからだ守りは日本一の豊富さ。実際に御利益を頂けたという感謝の声も多く、これからもお守りの数が増える予定です。

境内にある無人の授与所には、各種授与品がズラリと並びます

部位ごとのからだ守りは60種以上（各1000円）。総合病院の診療科の数も上回る充実ぶりです！

吉備津彦神社　P.59　魔除けの桃守り＆良縁成就を1年祈願していただけるお守り

吉備国を平和に治めた御祭神は、昔話「桃太郎」のモデルとして知られています。桃の実には魔除けパワーもあるとされ、桃の形をしたお守りやおみくじが多数あります。幸せ祈願をしていただける紅白の「縁結び守り」もゲットしましょう！

「桃の腕輪守」(3000円)。紅水晶と翡翠で桃をかたどったお守りで災難を祓います

災難除けに
いつも身に付けて

縮緬生地を使った「災難除け桃守り」(1000円)

「勾玉守り」(各1500円)。翡翠、水晶、紅水晶の3種類

「縁結び守り」(2体で1000円)。片方のどちらかを神社に預ける「幸せ祈願(2000円)」に申し込むと、良縁成就まで1年間祈祷してもらえます

木華佐久耶比咩神社　P.64　桜の美しさにあやかる

桜の花の化身ともされる、美しい御祭神から幸せを頂ける授与品が豊富です。良縁祈願や美容アップなどの御利益を頂きましょう。

左から「幸運の桜玉守り」「桜鈴お守り」「ちりめん桜まもり」(各600円)

桜色が美しい「木華佐久耶比咩神社守護」(800円)

広島護国神社　P.68　鯉は縁起物！

鯉城(りじょう)と呼ばれる広島城の本丸跡に鎮座する神社は、鯉を描いた授与品が豊富です。滝を登る鯉は運気アップの象徴。勝利祈願なら「昇鯉守」、恋愛成就なら「双鯉守」を身につけましょう。

左から「昇鯉守」「双鯉守」(各1000円)

賀羅加波神社　P.55　願いをかなえる御神木の銀杏

境内のイチョウに実った「銀杏」のお守りが頂けます。それぞれに異なる一文字が入っているので、気分に合う言葉を見つけましょう。

「茅の輪お守」(1000円)。神職が摘み取った茅で一つひとつ奉製されます

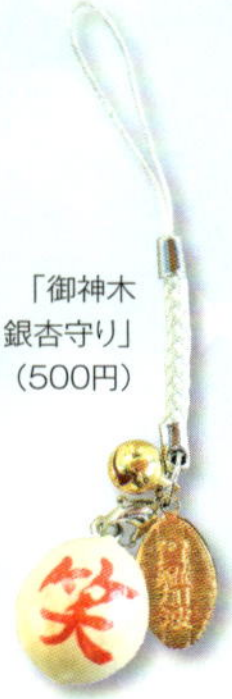

「御神木銀杏守り」(500円)

吉備津神社　P.60　授与品も歴史遺産です

国宝に指定された吉備津造の本殿を描いた「肌守り」が人気です。「吉備津こまいぬ」は盗難や火難を防ぎ、子供の夜泣きにも霊験がある、数百年も前から授与されているお守りです。

好みの色をチョイスできる「肌守り」(各800円)

「吉備津こまいぬ」(1000円)は立った犬、座った犬、鳥の3体で1セット

御朱印先生・土屋朋代さんに聞く

広島の御朱印めぐり パワスポ開運ガイド

観光人気が高い広島での参拝プラスαの楽しみ方を、御朱印先生にじっくり語ってもらいました。グルメや推し活などもしっかり満喫しながら、各地のパワースポットを参拝してみましょう！

Profile●**土屋朋代**さん

『地球の歩き方 御朱印シリーズ』で全国の寺社を取材するトラベルライター。広島テレビの情報番組『テレビ派』内のコーナー『御朱印いただけますか』では“御朱印先生”としてリモート出演。お参りのマナーや御朱印の由来を解説しました。

広島市内、宮島、しまなみ海道など各地の御朱印を紹介しました！

幸福度を高めてくれる広島市内の神社からスタート

広島市内には縁結びや金運の御利益が頂ける神社がたくさんあります。御朱印が目的の旅ならば最初に訪れたいのは空鞘稲生神社。城下町の繁栄を長く見守ってきた神社で頂ける力強い御朱印は、眺めているだけで背中を押されるかのよう。そこから市内中心部のえびす通り商店街にある胡子神社へ。アーケード街に金運の守り神が祀られ、市民からは「えべっさん」と呼ばれ親しまれています。さらに東へ15分ほど歩けば比治山神社も。多くの地元民が神前式を挙げるという縁結びスポットで恋愛&良縁パワーを頂きましょう。

各神社間は徒歩でも移動できますが町中を走る広電（路面電車）が趣もあっておすすめです。お好み焼きや汁なし坦々麺、かき料理などご当地グルメの名店も多いので、参拝ルートに自由に組み込んでみてくださいね。

郷土グルメや酒蔵めぐりも一緒に楽しみたい

御朱印めぐりとセットで推し活旅も楽しもう

推しのスポーツチームを応援するなら、その活躍を支える神社を訪れるのも忘れずに。広島護國神社には広島東洋カープが必勝祈願に毎年訪れています。広島城の本丸跡に鎮座する歴史スポットで、縁起のいい鯉のお守りも頂けますよ。試合があるマツダスタジアムへも徒歩と広電で30分ほどなので観戦とセットで参拝しましょう。

サンフレチェ広島の新スタジアムも広島護國神社から徒歩10分なのでJリーグ観戦の際も、お気に入り選手の活躍を祈願するのもおすすめです。

アカデミー賞を受賞した西島秀俊主演の映画『ドライブ・マイ・カー』のロケも広島各地で行われました。劇中に登場した印象的な橋をドライブしながらパワースポットをめぐるのもすてき。例えば、相生橋は広島護國神社や空鞘稲生神社に近いので、映画好きならぜひ訪れてみてほしいですね。

広島護國神社で推しプレーヤーの活躍をお願い！

古来から神の島と崇敬された宮島でパワーチャージ

日本三景のひとつ、宮島は広島聖地めぐりのハイライト。平清盛が嚴島神社の大鳥居や社殿を海上に建てたのは、宮島（嚴島）が神聖なる禁足地だったためです。春夏秋冬でデザインの異なる御朱印帳とともに、神の島の御朱印を頂きましょう。三姉妹の主祭神が運気や財運をアップしてくれるかも。

その嚴島神社を高台から見下ろす豊国神社は、安土桃山時代に豊臣秀吉が部下を弔うため建てた由緒ある社。絶対に負けられない場面での必勝祈願にパワーを頂けるはずです。

ここまで来たら、背後にそびえる弥山にも足を延ばしたいところ。弘法大師が修行した本堂で御朱印を頂いたり、1200年も炎を燃やし続ける〝恋人の聖地〟霊火堂を参拝しながら山頂へ。神秘的な巨岩に触れ、展望台から360度の絶景を望めば、全身に力がみなぎるのを実感できるでしょう。

弥山の眺望は
伊藤博文も訪れた
パワスポです！

映画の街・尾道では
絵になる風景に
出会えるにゃ

旅情たっぷりの尾道はのんびり歩いて神社めぐり

瀬戸内に面した風光明媚な港町、尾道にも御利益スポットが集まっています。尾道市内最古の神社とされる艮神社では、樹齢900年以上のクスノキの御神木がお出迎え。社殿を覆うように生い茂る威容には手を合わせずにはいられません。艮神社の裏手には「猫の細道」と呼ばれる細い路地もあります。丸い石に描かれた猫「福石猫」が点在し、中には恋愛成就、健康回復といった不思議な力をもつものもあるんですよ。

もうひとつ訪れたいのが、学問の神様である菅原道真公を祀る御袖天満宮。受験シーズンには多くの受験生が訪れ、資格試験を控えた大人たちにも人気のスポットです。尾道は目的を決めすぎずに気の赴くまま歩くのが吉。思わぬ発見があるはずです。天気が良ければ、しまなみ海道へのサイクリング巡礼も楽しめます！

ビギナーが気をつけたい御朱印の基本マナー

神社は礼に始まり礼に終わるところで「神は非礼を受けず」といわれます。せっかく参拝しても礼儀から外れた願いは、神様は受け入れてくださらないそうです。行いも同じで、鳥居をくぐることは神域に入ることと知り、参拝の作法などもきちんと知ってからお参りしましょう。御朱印を普通のノートや手帳などにもらおうとする方もいるようですが、それは原則NGの行為です。各神社の社務所でも入手できるのでぜひ御朱印帳は用意しましょう。お気に入りの御朱印帳を持つだけで気分も運気も上がりますよ！

近年は頒布時期が限定されたレアな御朱印も話題となっています。これらの詳細は公式ホームページやSNSで告知されることが多いので、ぜひ定期的にチェックしてみてくださいね。

御朱印先生が太鼓判 私のお気に入り授与品はこちら！

定番アイテムから話題の新作まで
イチオシの授与品を紹介します。

邇保姫神社（→P.111）の「旅猫お守り」（2500円）。テレビ番組で訪れたアンガールズ山根さんが命名！

艮神社（→P.54）の境内を描いた「御朱印帳」。神気に満ちたクスノキの緑が素晴らしい（3000円）

広島護國神社（→P.68）の「鯉おみくじ」（300円）。参拝の記念に持ち帰りましょう

広島の
御朱印帳は
デザインも
個性的♡

空鞘稲生神社（→P.70）の「干支お守り」（1000円）。十干と十二支を組み合わせた60の周期が記され正月に領布されます

デビュー前に
教えて！

もっと知りたい御朱印Q&A

御朱印に関するマナーから素朴なギモン、御朱印帳の保管場所、御朱印帳を忘れたときのことまで、デビューの前に知っておきたいことがいろいろあるはず。御朱印の本を制作して15年以上の編集部がお答えします。

Q この本で紹介している神社でしか御朱印は頂けませんか？

A 神職常駐の神社ならたいてい頂けます

本書に掲載している神社以外でも、神職が常駐しているところなら頂けます。ただし、なかには神職がいても御朱印を頒布していない神社もあります。社務所に問い合わせてください。

Q ひとつの神社に御朱印が複数あるのはなぜですか？

A 複数の神様をお祀りしているからです

主祭神のほかに、主祭神と関係が深い神様など、さまざまな神様を境内にお祀りしている神社では主祭神以外の御朱印を頒布するところもあります。いずれにせよ、参拝を済ませてから、授与所で希望の御朱印を伝えて、頂きましょう。

Q 御朱印を頂く際に納める初穂料（お金）はどのくらいですか？また、おつりは頂けますか？

A 300〜500円。小銭を用意しておきましょう

ほとんどの神社では300〜500円ですが、限定御朱印など特別な御朱印ではそれ以上納める場合もあります。おつりは頂けます。とはいえ、1万円札や5000円札を出すのはマナー違反。あらかじめ小銭を用意しておきましょう。「お気持ちで」という場合も300〜500円を目安にしましょう。

Q ジャバラ式の御朱印帳ではページの表裏に書いてもらうことはできますか？

A 裏にも書いていただけます

墨書や印などが裏写りしないような厚い紙が使用されているものなら裏にも書いていただけます。

撮影地：空鞘稲生神社

Q 御朱印帳の保管場所は、やはり神棚ですか？

A 本棚でも大丈夫です

神棚がベストですが、大切に扱うのであれば保管場所に決まりはありません。本棚、机の上など、常識の範囲でどこでも大丈夫です。ただし、お札だけは神棚に祀ってください。

Q 御朱印帳を忘れたら？

A 書き置きの紙を頂きます

たいていの神社にはすでに御朱印を押してある書き置きの紙があります。そちらを頂き、あとで御朱印帳に貼りましょう。ノートやメモ帳には書いていただけません。

Q 御朱印を頂くと御利益がありますか？

A 神様を身近に感じられます

神様とのご縁ができたと思ってください。御朱印帳を通し、神様を身近に感じ、それが心の平穏につながれば、それは御利益といえるかもしれません。

Q 御朱印はいつでも頂けますか？すぐ書いていただけますか？

A 9:00～16:00の授与が多いです

授与時間は9:00～16:00の神社が多いです。本書では各神社に御朱印授与時間を確認し、データ欄に明記しているので、参照してください。また、どちらの神社もすぐに授与できるよう心がけてくださいますが、混雑していると時間がかかることも。時間がない場合は、御朱印を頂く前に神職に確認しましょう。

Q 御朱印帳は神社と寺院では別々にしたほうがいいですか？

A 一緒にしてもかまいません

特に分ける必要はありませんが、気になる人は分けてもよいでしょう。たいていの御朱印には日付が入っていて、前回の参拝日や参拝の回数がすぐわかるため、気に入った神社専用の御朱印帳を作るのもおすすめです。

Q 御朱印を頂くときに守りたいマナーはありますか？

A 静かに待ちましょう

飲食しながら、大声でおしゃべりしながらなどは慎んだほうがよいでしょう。

Q 御朱印を頂いたあと、神職に話しかけても大丈夫ですか？

A 行列ができていなければ大丈夫です

行列ができているときなどは避けましょう。しかし、待っている人がいないときなどには、御朱印や神社のことなどをお尋ねすると答えてくださる神社もあります。

Q 御朱印ビギナーが気をつけたほうがいいことはありますか？

A 自分の御朱印帳かどうか確認を！

難しいことを考えずにまずは御朱印を頂いてください。ちょっと気をつけたいのは書いていただいたあと、戻ってきた御朱印帳をその場で必ず確認すること。他人の御朱印帳と間違えることがあるからです。後日ではすでに遅く、自分の御朱印帳が行方不明……ということもあるので気をつけましょう。

お作法講座

GOOD MANNERS

いざ！御朱印を頂きに

さまざまなお願いごとをかなえていただき、そして、御朱印を頂くためには、正しい参拝の方法、御朱印の頂き方をマスターしておきましょう。神様は一生懸命、祈願する人を応援してくれます。難しく考えずに、こちらに書いてある最低限のマナーさえおさえればOK！　それにきちんと参拝すると背筋が伸びて、気持ちもびしっとしますよ。ここでは身につけておきたいお作法を写真で解説します。

撮影地：空鞘稲生神社

1 鳥居をくぐる

POINT

神道のお辞儀は数種類あり、軽く頭をさげることを「揖(ゆう)」といいます。

鳥居は「神様の聖域」と「人間界」を分ける結界という役目を担っています。まずは、鳥居の前で一礼(揖)。これは神域に入る前のごあいさつです。鳥居がいくつもある場合にはーの鳥居(最初の鳥居)で一礼を。真ん中より左にいれば左足から、右にいれば右足から進みます。帰りも「参拝させていただき、ありがとうございました」という気持ちで、振り返って一礼します。

2 参道を歩く

参道を歩いて社殿を目指しましょう。歩くときは神様の通り道である真ん中「正中」を避けましょう。神社によって右側か左側か歩く位置が決まっている場合があります。

3 手水舎で清める

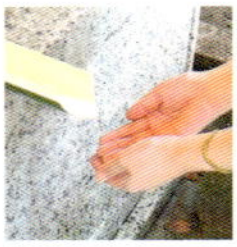

①まずは流水で両手を清めます。
②手で水を取り、口をすすぎ、両手をまた水で清めます。

<柄杓がある場合>
①柄杓を右手で取り、まず左手を清め、次に柄杓を左手に持ち替えて右手を清めます。
②右手に柄杓を持ち、左手に水を受けて口をすすぎ、口をつけた左手をまた水で清めます。
③最後に柄杓を立て、残った水を柄杓の柄にかけて清め、もとに戻します。

古来、水は罪や穢れを洗い流し清めるとされてきました。ですから、参拝前に必ず手水舎へ行って、身を清めます。

POINT

感染症の影響で柄杓がない神社や手水舎が使えない神社が増えています。

※お作法の案内板がある場合は、それに従って身を清めましょう。

4 お賽銭を入れる

参拝の前に、まずお賽銭を静かに投じましょう。金額に決まりはなく、「いくら払うか」よりも、「神様へ感謝の心を込めてお供えする」ことが大切です。

POINT 鈴があれば鈴を静かに鳴らします。鳴らすタイミングは、賽銭を投じてからという方が多いようです。

拝礼は二拝二柏手一拝と覚えましょう

5 拝殿で拝礼

2回お辞儀をします。これを二拝といいます。お辞儀の角度は90度、お辞儀が済んだら二拍手。二拍手はパンパンと2回手をたたく動作です。手を合わせ、感謝の気持ちを神様にささげ、祈願を伝えましょう。次にまたお辞儀。二拝二拍手一拝と覚えましょう。拝礼が済んだら静かに拝殿から離れます。

POINT

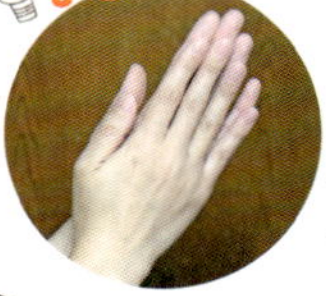

手をたたく際、一度揃えてから、右手を左手の第一関節くらいまでさげ、たたいたら戻します。

6 御朱印を頂く

POINT 御朱印を書いていただいている間は飲食や大声でのおしゃべりは慎み、静かに待ちましょう。受け渡しは両手で。

拝礼を済ませたら、いよいよ御朱印を頂きます。御朱印はお守りやお札などを授与している「授与所」や「社務所」、「御朱印受付」と表示してある場所で、「御朱印を頂けますか?」とひと言添えて頂きましょう。御朱印帳を出すときは、カバーを外したり、ひもでとじてあるものは開きやすいように緩めてから、挟んである紙などは外し、書いてほしいページを開いて渡します。御朱印代はほとんどの神社で300〜500円。できればおつりのないよう、小銭を用意しておきます。御朱印帳を返していただいたら、必ず自分のものか確認しましょう。最近は番号札を渡されて、番号で呼ぶ神社も多いです。

無事、御朱印を頂きました!

開運さんぽに行く前におさえておくべき！

神社の基本

そもそも神社ってどういうところ？　祈願やお祓いって何？
そんな疑問に答えます。

協力：神田神社

神社の始まり

日本人は古代からあらゆる物に神が宿っていると考え、天変地異、人間の力ではどうにもならないような災害は神の戒めだと思っていました。ですから、自然のなかに神を見いだし、平穏無事を願いました。そのため、特に大きな山や岩、滝や木などに神の力を感じ、拝んでいた場所に社を建てたのが神社の始まりです。

神社とお寺の違いは？

大きな違いは、神社が祀っているのは日本古来の神様、お寺が祀っているのはインドから中国を経由して日本に伝わった仏様ということです。仏教が伝わったのは6世紀ですが、１００年ほどたつと神様と仏様は一緒であるという神仏習合《しんぶつしゅうごう》という考えが生まれます。そして明治時代になり、神様と仏様を分ける神仏分離《しんぶつぶんり》令《れい》が出されました。一般的に神社は開運などの御利益をお願いに行くところ。お寺は救いを求めたり、心を静めに行くところといわれています。

仏様

神様

神社で祀られている神様って？

日本人は「日本という国は神が造り、神が治めてきた」と思ってきました。そこで神社では日本を造り治めた神々、風や雨、岩や木に宿る神々を祀っています。さらに菅原道真公や織田信長公など歴史上に大きな功績を残した人物も神としてあがめてきました。それは一生懸命生きたことに対するリスペクトからです。

神主さんってどういう人？

神社で働く人のこと。神社内の代表者を宮司《ぐうじ》といいます。位階は宮司、権宮司《ごんぐうじ》、禰宜《ねぎ》、権禰宜《ごんねぎ》、出仕《しゅっし》の順となっています。宮司から出仕まで神に奉職する人を神職と呼び、神職を補佐するのが巫女《みこ》です。神職になるには神道系の大学で所定の課程を修了するか、神社庁の養成講習会に参加するなどが必要ですが、巫女は特に資格は必要ありません。

神社という場所とは

神社は神様のパワーが満ちている場所です。一般的には、神社に参拝するのは神様に感謝し、神様からパワーをもらうため。そのためには自分の望みは何か、意思を神様に伝え、祈願することが大事です。感謝の気持ちを忘れず、一生懸命にお願いし、行動している人に神様は力を与えてくれるからです。また災難を除けるお祓いを受ける場所でもあります。

「お祓い」を受ける理由

穢れを落とすためです。「穢れ」は洋服などの汚れと同じと考えればよいでしょう。生きるためには食事をしますが、食事は動植物の命を奪い、頂くことです。いくら必要とはいえ、他者の命を奪うことはひとつの穢れです。穢れは災難を呼びます。その穢れを浄化するのがお祓いです。ときにはお祓いを受けて、生き方をリセットすることも必要です。

神社めぐりをもっとディープに楽しむために

知っておきたい『古事記』と神様

日本を造った神様の興味深いエピソードが書かれているのが『古事記』です。『古事記』を読むと、神社に祀られている神様のことが深く理解できます。難しそうだけど、ポイントをおさえれば神社めぐりがより楽しくなること間違いなし！

『古事記』でわかる神様の履歴

『古事記』には神々がどのように誕生し、どんな力をもっているのかなど、さまざまなエピソードが紹介されています。つまり神様のプロフィールが記されているというわけです。神社の多くが『古事記』で登場する神々を御祭神として祀っています。ですから、『古事記』を読むとその神社の御祭神のことが、より深く理解できるようになるのです。

『古事記』は日本最古の歴史書

『古事記』という書名は、「古いことを記した書物」という意味。全3巻からなる日本最古の歴史書で、日本誕生に関する神話、神武天皇から推古天皇までの歴代天皇一代記などが記されています。皇室や豪族の間で語り継がれてきた話を太安万侶《おおのやすまろ》が文字に著し編纂、712（和銅5）年、元明天皇に献上しました。

御祭神を理解してから神社に参拝

神社の御利益は御祭神のプロフィールに大きく関係しています。例えば大《おお》国主命《くにぬしのみこと》。試練を乗り越えて恋人と結ばれたと『古事記』に書かれていることから、縁結びに強く、オオクニヌシを祀る島根県の出雲大社は日本一の良縁パワースポットといわれています。ですから、神社でお願いごとをするときには、御祭神について知っておくと、その神社はどんな御利益があるかがわかるようになるのです。

ここの神社の
神様は
確か……

『古事記』に登場する神様のなかでもまずは5大神様は知っておこう

国生みの神様、太陽神、縁結びの神様……。
大勢いる神様のなかでも絶対、知っておきたい最重要5大神様を紹介します。

神様PROFILE

1 日本を造った国生みの神
イザナギノミコト【伊邪那岐命】

神生み、国生みの男神。イザナミを妻とし、淡路島など数々の島を生み、日本列島を造りました。アマテラスやスサノオをはじめ、多くの神々の父親でもあります。妻が亡くなると黄泉《よみ》の国(死者の国)まで会いに行くという愛情の持ち主で、夫婦円満、子孫繁栄、長命、さらに厄除けにもパワーがあります。

御祭神の神社 ➡ 長神社(→P.88)、丑寅神社(→P.121)など

2 多くの神々を生んだ女神
イザナミノミコト【伊邪那美命】

イザナギの妻として神や日本を生んだ女神。イザナギとともに日本最初の夫婦神です。火の神を出産したことによる火傷で亡くなり、黄泉の国へ旅立ちます。そこで黄泉津大神《よもつおおかみ》として黄泉の国を支配する女王となります。神や国、万物を生み出す強い生命力の持ち主なので、参拝者の心や体にエネルギーを与えてくれます。

御祭神の神社 ➡ 日本第一熊野神社(→P.65)、勝間田神社(→P.81)など

3 天上界を治め、太陽を司る最高神
アマテラスオオミカミ【天照大神】

イザナギの禊によって生まれた女神。天上界である高天原を治める太陽神で八百万の神々の最高位に位置し、皇室の祖神とされています。全国の神明神社はアマテラスが御祭神で、その総本宮が伊勢神宮 内宮です。自分自身の内面を磨きたいとき、未来を開きたいときなどに力を貸してくれます。

御祭神の神社 ➡ 長神社(→P.54)、伊勢神社(→P.79)など

4 乱暴者でも正義感が強い神
スサノオノミコト【須佐之男命】

アマテラスの弟。イザナギの禊によって誕生。父からは海を治めるように命じられますが、母のいる国に行きたいと反抗したため、追放されて放浪の身に。出雲に降り、ヤマタノオロチを退治して美しい妻を得ます。乱暴者ですが、正義感が強く、厄除け、縁結び、開運など多くの願いごとに応えてくれます。

御祭神の神社 ➡ 瀧宮神社(→P.55)、素盞嗚神社(→P.86)など

5 優しくて恋多き、モテモテの神
オオクニヌシノミコト【大国主命】

スサノオの子孫です。ワニに毛をむしられた白ウサギを助けた神話『因幡の白ウサギ』で有名です。スサノオが与えた試練に耐え、人間界を治め、出雲の国造りを行いました。『古事記』によれば多くの女神と結ばれ「百八十」の神をもうけたとあり、良縁や子孫繁栄に御利益があるといわれています。

御祭神の神社 ➡ 比治山神社(→P.84)、備前国総社宮(→P.108)など

相関図

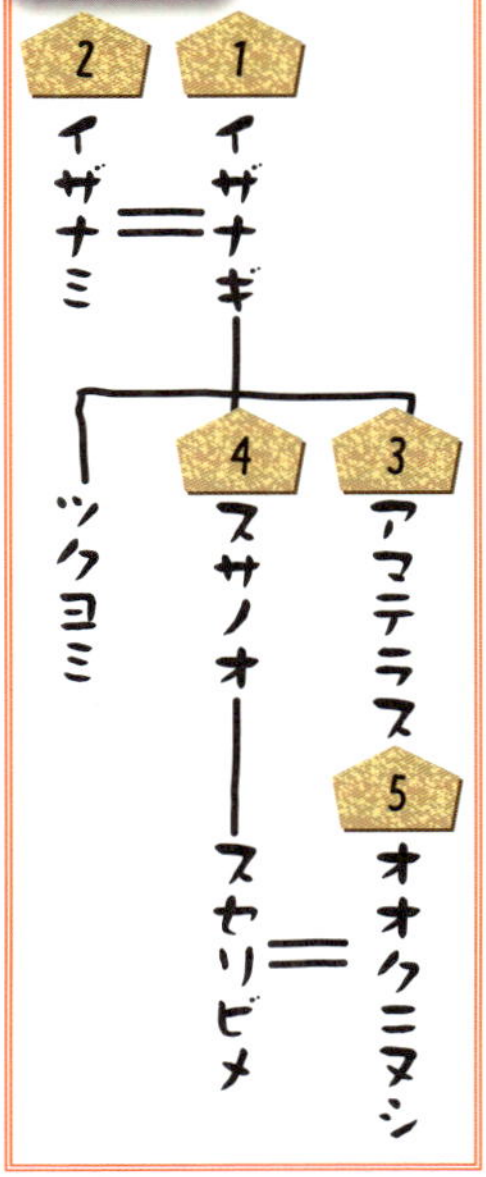

5大神様が主役。3つの神話

日本の神話で特に知っておきたい、3つの神話を『古事記』のなかからダイジェストでご紹介！

その1

日本列島とアマテラスの誕生

「国を完成させせよ」と天上から命じられたイザナギとイザナミ夫婦は矛で海をかき回し、日本で最初にできた島・オノゴロ島を造ります。島に降り立ち、夫婦は島や多くの神々を生んでいき、日本列島が完成しました。ところが、イザナミは火の神を出産したときに亡くなり、黄泉の国（死者の国）へ行ってしまいます。妻を忘れられないイザナギは、妻を連れ戻しに黄泉の国に行ったものの、イザナミは屍と化した醜い姿になっていて、ビックリ！　驚いて逃げる夫をイザナミは追いかけます。

壮絶な夫婦バトルの末、夫・イザナギは無事、黄泉の国から生還。イザナギは穢《けが》れを祓うため、禊を行います。この禊によって日本の神話で重要な神、アマテラスやスサノオ、ツクヨミが生まれたのでした。

Point!

多くの神様と日本列島を生んだことから、イザナミとイザナギの夫婦神は力強い生命力を与えてくれ、子孫繁栄や夫婦円満、厄除けの神様とされています。

その2

最高神アマテラスと凶暴な神スサノオ

凶暴な性格で、父に反抗して追放されたスサノオは姉のアマテラスに会いに、神々がすむ天上界を訪ねます。天上界の最高神・アマテラスは「弟が攻めて来たのか」と疑いますが、スサノオは邪心がないことを証明。そこで姉は弟に滞在を許します。しかし、スサノオの変わらない行儀の悪さに、怒ったアマテラスは天岩戸《あまのいわと》に籠ってしまい、天上界に光がなくなってしまいました。困った神々はアマテラスを岩屋の外に出して、光を取り戻そうと連日会議。「岩屋の扉の前で大騒ぎすれば、アマテラスは様子をうかがうために外に出てくるのでは？」と考え、岩屋の外で神々の歌や踊りが始まりました。アマテラスが外をうかがおうと扉を少し開けた瞬間、力の神・天手力男神《あめのたぢからお》が扉を開き、アマテラスを引き出し世界に光が戻りました。この事件の原因でもあるスサノオは天上界からも追放されてしまいます。

その後、出雲の国に降り立ったスサノオは美しいクシナダヒメに出会います。ヒメは泣きながら、8つの頭と尾をもつ大蛇ヤマタノオロチに襲われていると訴えるのです。スサノオはオロチを退治。出雲に宮殿を建て、クシナダヒメを妻に迎え、仲よく暮らしました。

なんだか楽しそう

Point!

神々を治める絶対神・アマテラス。伊勢神宮をはじめ全国の神社に祀られ、人々の内面を磨いて成長させる御利益があります。スサノオは凶暴ながら愛する者のために闘うという一途さがあり、厄除け、縁結びのパワーがあります。

その3

国造りと国譲り

オオクニヌシには八十神といわれる大勢の兄弟神がいて、いつもいじめられていました。兄弟神たちは因幡の国に住む美しい神・ヤガミヒメに求婚するため旅に出ます。オオクニヌシは彼らの荷物持ちとして同行。**道中、毛皮を剥がされ八十神にいじめられた白ウサギを助けると、そのウサギは「ヒメはあなたを選ぶでしょう」と予言。そのとおりに結ばれます。**怒った兄弟たちは、オオクニヌシを殺してしまいました。

しかし、オオクニヌシは母の力で麗しい男としてよみがえります。母が言うには「兄弟たちに滅ぼされる前に根の国に逃げなさい」。逃亡先の根の国は死者の国のような場所で、出雲から移ったスサノオが住んでいました。そこで**スサノオからさまざまな試練が課せられますが、スサノオの娘スセリビメにオオクニヌシは救われます。**ふたりは苦難を乗り越えて結婚。根の国を出て、出雲の国を造りました。

さて、天上界ではアマテラスが地上界を平定しようとしていました。アマテラスは交渉役としてタケミカヅチを出雲に送り込みます。彼はオオクニヌシの息子と力比べをして、勝利。そこで**オオクニヌシは国を譲ることになりました。**その交換条件として出雲に壮大な社殿＝出雲大社が建てられ、オオクニヌシは出雲の神として祀られたのでした。

Point!

出雲大社に祀られているオオクニヌシは国を譲るなど協調性のある神様です。また女神にモテる神で出会いや縁を大切にしました。そこで人と人とを円満に結びつける縁結びの御利益があります。

出雲で
ひとふんばり

以上、駆け足でお送りしました!
パチ
パチ
パチ

この神様もおさえておきたい

神武天皇

アマテラスの末裔が東征 国を治め初代天皇となる

地上に降りたニニギノミコトはコノハナサクヤヒメと結婚。ふたりの曾孫であるカムヤマトイワレビコは地上界を統治するのに最適な場所を探すため、日向（今の宮崎県）を出て東に向かいます。熊野からは八咫烏《やたがらす》の案内で大和に入りました。反乱を鎮め、奈良の橿原の宮で即位。初代・神武天皇となったのです。

ニニギノミコト

地上を支配すべく 天上界から降臨

地上界の支配権を得たアマテラスは、天上から地上に統治者を送ることにしました。選ばれたのが、孫であるニニギノミコトです。彼は天岩戸事件で活躍した神々を引きつれて、高千穂嶺に降臨。この天孫降臨により、天上界と地上界が結びつき、アマテラスの末裔である天皇家が日本を治めていくことになりました。

第一章

あなたの悩みに応えてくれる神様がすぐわかる！

神様との縁結びチャート

どの神様をお参りしようかと迷ったら、このチャートを試してみて。

簡単な質問に答えていくだけで、今のあなたに必要なパワーを授けてくれる神様が見つかります。

どの神様も本書で紹介している神社に祀られている神様ばかり。

あなたに必要な神様が見つかったら、さっそくパワーを頂きにお参りに行きましょう。

YESは → に、NOは → に進んでください

START!

今、いちばん悩んでいるのは異性関係だ

絶対に負けられない戦いがここにはある……仕事や勉強のライバルがいる

今、好きな人または、恋人がいる

しっかり寝てもダルい……最近ちょっと疲れ気味

雑誌やネットのチェックは欠かさず流行に敏感なほうだと思う

出世なんて興味なし私はマッタリ派

今の自分に自信がない

結婚している

反骨心と正義感の強い勝運、開運の神様

スサノオノミコト

どんな困難があっても、解決策を見つけて乗り越えていけて、時代の流れにも敏感でとても前向きな人のようです。でも、油断をすると思ってもみなかったような災難が襲ってきそう。スサノオノミコトは厄除けの御利益が絶大。あなたの周囲に潜む災難を遠ざけ、さらに自分を高め、キャリアアップしていけるパワーを頂きましょう。

自分磨きや未来を切り開くパワーをくれる女神

アマテラスオオミカミ

今の自分に自信がない人、ライバルはいるけれど現状維持で満足という人。ときには周囲やライバルに自分の存在をアピールすることも大切です。そこで、最高神とも呼ばれる女神のパワーを頂きましょう。ファッションセンスを磨いたり、趣味や教養を身につけたり、魅力アップの力や未来を切り開くパワーを授けてもらえます。

優しくて恋多きモテモテの神

オオクニヌシノミコト

縁結びでは最強のパワーがある神様。恋人との仲が進展しない、でも自分から行動する勇気がないという人には一歩前に進む力を授けてくれます。自分に自信のあるあなた。もしかして他人にとって少し怖い存在で孤立していませんか？仲間との協調性を身につけ、友人との良縁が結べるパワーを授けてもらいましょう。

夫婦円満と生命力をもたらす国を生んだ夫婦の神

イザナギノミコト
イザナミノミコト

国を生んだ二柱の神様は愛する人のいる人に、将来、何が起きても、ふたりの仲が壊れることなく、年月を重ねるごとに絆が強くなっていく力を授けてくれます。ライバルがいるあなたはストレスで少し、お疲れ気味。そこで、神様から生命力強化のパワーを頂きましょう。重い疲れが軽くなるかもしれません。

行きつけ神社の見つけ方！

困難にぶつかったとき、気分が晴れないとき、
そんなときに行きつけの神社があれば、
すぐに参拝してパワーをもらえたり、
心を落ち着かせたりすることができるでしょう。
行きつけの神社を見つけるヒントをご紹介します

撮影地：空鞘稲生神社

まずは土地の守護神に参拝を

日本全国には8万社もの神社があり、そのなかから「行きつけ神社」を見つけるには、まず自分が住んでいる地域の氏神《うじがみ》・産土《うぶすな》神《がみ》をお祀りする神社を調べましょう。氏神・産土神とはその土地の守護神のことで、自分がその土地に住み始めてからずっと見守ってきてくれた神様といえます。

昔の人々は血縁関係で結ばれた集団をつくって暮らすのが普通でした。彼らが守護神としてあがめたのが氏神です。例えば藤原氏は春日権現、源氏は八幡神を氏神にしていました。

一方、産土神は血族に関係なく、その土地を守る神様として崇敬されてきました。ところが、徐々に氏神も地域の守り神となり、両社の区別は曖昧になりました。現在では氏神も産土神も、その土地の守護神と考えられ、両社を総称して氏神としています。氏神に対し、神社のある地域に住んでいる人々を氏子といい、氏子を代表して神社との連携を図る役職を「氏子総代」といいます。どこの神社が自分の住所の氏神かは神社本庁のウェブサイトで各都道府県の神社庁の連絡先を調べて、電話で問い合わせると、教えてくれます。

やはり氏神の御朱印は頂いておきたいものです。また、転居したら、最初に氏神にあいさつに行きましょう。

よくある「八幡」「稲荷」はどんな神社？

神社めぐりをしていると、○○稲荷や○○八幡など同じ名前の神社が多くあることに気づきます。これらは同じ系列の神社で同じ御祭神を祀り、同じ御利益が頂けます。ですから、チャージしたいパワーによって参拝するべき神社が社名でわかるというわけです。ここでは本書に掲載している神社に関連する信仰の一部を紹介します。

☆神社本庁ウェブサイトは
http://www.jinjahoncho.or.jp

八幡信仰

京都の石清水八幡宮に代表される八幡神社は、武家の守護神として各地に祀られています。代表的な御利益は勝運。スポーツや勝負ごとだけでなく病気に打ち克つ力や弱気に勝つ力も頂けます。

稲荷信仰

御祭神はウカノミタマノカミ。本来は稲の成長を見守る穀物、農業の神ですが、現在は商売繁盛や出世運の御利益でも信仰されています。営業成績アップや招福の祈願にはお稲荷さんへ行くとよいでしょう。

祇園信仰

祇園信仰とは、牛頭天王および素戔嗚尊に対する神仏習合の信仰のこと。京都の八坂神社もしくは兵庫県の広峯神社を総本社としています。祇園祭は疫病を除けるために行われるお祭りです。

天神信仰

学問の神様とされる菅原道真公をお祀りする神社で、学業成就・合格祈願の参拝者で天神社や天満宮はにぎわいます。入試だけではなく、資格試験や昇進試験の合格祈願にも応えてくれます。

東照宮

東照宮は徳川家康公（東照大権現）をお祀りしている神社。栃木県の日光東照宮が有名ですが、諸大名が領内に建立したため、全国にあります。出世運や仕事運の向上をお願いしましょう。

熊野信仰

総本社は和歌山県熊野にある熊野本宮大社、熊野速玉大社、熊野那智大社です。人生の大切なターニングポイントで一歩踏み出したいときには、勇気や加護を授けてくれる御利益があります。

キーワードで知る神社

神社を参拝すると聞き慣れない言葉を耳にすることがあります。そこで、わかりにくい「神社ワード」をピックアップし、解説。これを知れば、神社めぐりがもっと楽しくなるはず。

【荒魂《あらたま》と和魂《にぎたま》】

神様がもつふたつの霊魂

荒魂は神様の荒々しい霊魂、和魂は穏やかな霊魂のことをいいます。どちらも神道における考え方で、三重県の伊勢神宮など、それぞれを祀るお宮が存在する神社もあります。

【御神木】

神域にある神聖な木

神社のシンボルであったり、神様が降臨する際の依代《よりしろ》（目印）であったり、神域にある特定の樹木や杜を、御神木と呼んでいます。御神木に注連縄《しめなわ》を張る神社もあります。

【勧請《かんじょう》・分霊】

別の土地の神様をお迎えします

離れた土地に鎮座している神様を分霊（御祭神の霊を分けて、ほかの神社に祀ること）し、社殿に迎え、奉ること。勧請はもとは仏教用語から来た言葉です。かつて分霊を勧請するときには神馬《しんめ》の背中に御神体をのせ、移動していたといわれます。

【大麻《おおぬさ》（大幣）】

祈祷などで使われるお祓いの道具

榊の枝や棒に紙垂《しで》（和紙でできた飾りのようなもの）、麻をくくりつけたものが一般的。この大麻を振ってお祓いをします。ちなみに伊勢神宮では御神札を「神宮大麻《じんぐうたいま》」といいます。

【宮司《ぐうじ》・権宮司《ごんぐうじ》】

栄えある神社のトップポジション

宮司は祈祷から神事まで幅広く従事する神社の代表のことをいいます。また権宮司はナンバー2のことで、一部の神社で宮司と禰宜の間に置かれているポジションになります。

【斎王《さいおう》】

神様に仕える未婚の内親王や女王

伊勢神宮などに奉仕する未婚の内親王または女王のこと。斎王の「斎」は、潔斎《けっさい》（神事などの前に心身を清めること）して神様に仕えるという意味です。京都の初夏を彩る「葵祭」の主役「斎王代《さいおうだい》」は、名前のとおり斎王の代理として神事を務めます。

【御祭神《ごさいじん》・御神体《ごしんたい》】

祀られている神様と神様の居場所

御祭神は神社にお祀りされている神様のこと。神社によっては複数の神様をお祀りしていて、主として祀られる神様を「主祭神」ともいいます。御神体は、神様が降臨するときに、よりどころとなる依代（目印）のようなもの。御神体そのものは神様ではありません。

【お札・お守り】

どちらも祈願を込めて祈祷されたもの

お札は神社で祈祷された紙や木、金属板のことです。災厄を除けるとされています。お守りはお札を小さくし、袋などに入れて、持ち歩けるようにしたものです。どちらも1年に一度は新しいものに替えるとよいとされています。

【神宮《じんぐう》】

皇室とゆかりのある由緒ある神社

神宮とは、皇室のご先祖や歴代の天皇を御祭神とし、古代から皇室と深いつながりをもつ特定の神社の社号です。なかでも「神宮」といった場合は、伊勢の神宮を指します。「伊勢神宮」は通称で、正式名称は「神宮」です。

【崇敬神社《すうけいじんじゃ》】

地域にとらわれず個人で崇敬する神社

全国の神社は伊勢神宮を別格として、大きくは崇敬神社と氏神神社に分けることができます。地縁などと関係なく、個人で信仰する神社を崇敬神社といい、人生のさまざまな節目などに参拝する人も。地域の氏神様と両方信仰しても問題はありません。

【神紋《しんもん》・社紋《しゃもん》】

神社で用いられている紋

神紋・社紋どちらも同じ意味です。神社にゆかりのある植物や縁起物、公家や武家の家紋が用いられることも。天満宮系はおもに「梅（梅鉢）紋」、春日大社系は「藤紋」と、社紋を見れば神社の系統がわかります。

【榊《さかき》】

神棚や神事などに欠かせない樹

ツバキ科の常緑樹で小さな白い花をつけます。「さかき」の語源は、聖域との境に植える木、栄える木からなど諸説あります。「神事に用いられる植物」の意味から「榊」の国字になったともいわれています。

【禰宜《ねぎ》・権禰宜《ごんねぎ》】

神社トップの補佐役を担う

禰宜は権宮司がおかれていない場合、宮司の補佐役にあたります。権禰宜は職員。御朱印を授与しているのはおもに権禰宜です。境内の掃除や参拝者の対応のほか、社務所内での書類作成などのデスクワークや取材対応など広報のような役割を担うこともあります。

【幣殿《ヘイデン》】

神様の食べ物をお供えする場所

参拝者側から見て、拝殿・幣殿・本殿の縦並びが一般的。嚴島神社（→P.46）などで見ることができます。神事を司る人が神前で参拝するときはこちらで。通常、一般の参拝者は入ることができません。

【巫女《みこ》】

神楽や舞を奉仕する女性

神職の補助や神事における神楽や舞を奉仕。神職にはあたらないため、資格は必要ありません（→P.35）。

【例祭《れいさい》】

神社の最も重要な祭祀

「例大祭」と呼ばれることも。基本的にはひとつの神社につき、例祭はひとつだけ。年に一度、日が決められていることがほとんどですが、参加者を考慮して週末などに開催されることもあります。

column

これを知っていれば、神社ツウ

境内と本殿様式

知ってるようで知らない境内のあれこれ。そして神様を祀る本殿の建築様式を知ると参拝がもっと楽しくなります！

参拝のための拝殿に本殿、摂社《せっしゃ》など盛りだくさん！

鳥居から本殿に向かって延びる道は参道です。参拝前に手や口を水で清めるところを手水舎《ちょうずや》＊といいます。御祭神をお祀りするのが本殿、その前にあるのが拝殿で参拝者は拝殿で手を合わせます。境内にある小さな祠《ほこら》は摂社、末社《まっしゃ》といいます。摂社は御祭神と関係が深い神様、末社にはそれ以外の神様が祀られています。拝殿前にある狛犬は、神様を守護する想像上の動物。正式には向かって右が獅子、左が狛犬です。本殿は建築様式によってさまざまなタイプがあります。いちばん大きな違いは屋根。おもな建築様式を下で紹介します。

＊「てみずしゃ」と読む場合もあり

本殿の建築様式。見分け方のポイントは屋根！

権現造《ごんげんづくり》

日光東照宮に代表される様式。拝殿と本殿の間に「石の間」と呼ばれる建物を設けています。屋根には神社ではあまり用いられない瓦葺《かわらぶき》も見られます。

神明造《しんめいづくり》

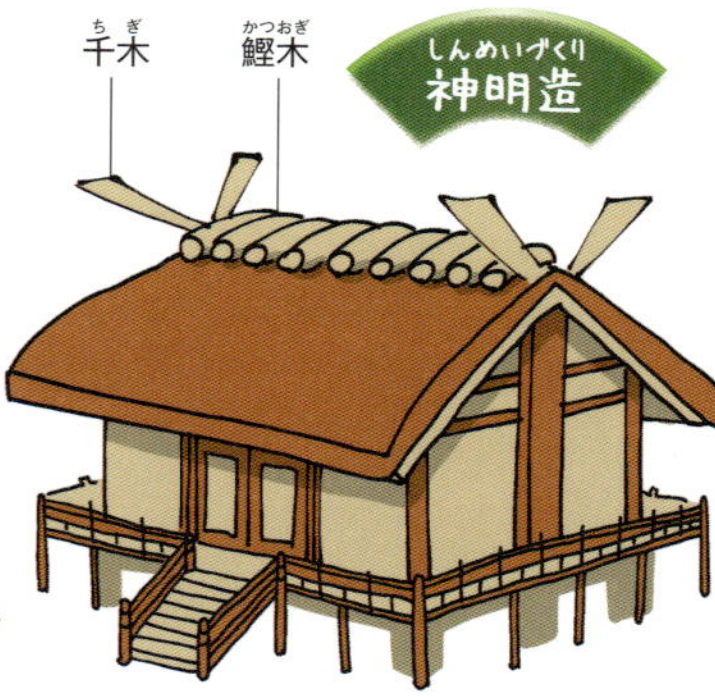

古代から伝わる高床式のスタイルで伊勢神宮が代表例。屋根には神社特有の千木、鰹木をのせています。檜皮葺《ひわだぶき》、茅葺《かやぶき》、板葺《いたぶき》がほとんどで勾配が急。

流造《ながれづくり》

神社建築で最も多いタイプ。側面から見ると正面にあたる屋根が長く前に延びているのがわかります。長く延びた部分を「庇《ひさし》」または「向拝《こうはい》」と呼びます。

ノスタルジックな
坂道の町を歩き
心と体をパワーチャージ！

★亀山八幡宮　★御袖天満宮
★艮神社　★瀧宮神社
★賀羅加波神社

P.52

神の島と
世界遺産をめぐり
最高の良縁を引き寄せる！

★嚴島神社　★豊国神社
★大頭神社　★塩屋神社
★早稲田神社

P.46

サイクリストの
聖地へ！
瀬戸内“しまなみ海道”
巡礼

★亀森八幡神社
★東八幡宮
★熊箇原八幡神社

P.56

第二章

話題の神社をめぐる開運さんぽへ

週末御朱印トリップ

ウイークエンドは御朱印＆御利益をたっぷり頂きに小さな旅へ出発！
楽しさいっぱいの広島 岡山神社めぐり旅をご紹介。

桃太郎パワーに
あやかる
吉備路開運サイクリング

★岡山神社　★吉備津彦神社
★吉備津神社　★御嵜神社
★備中国総社宮

P.58

国生み神話ゆかりの地で
女子力UPの
パワーをGET！

★玉比咩神社　★由加神社本宮
★木華佐久耶比咩神社
★日本第一熊野神社
★阿智神社

P.62

神の島と世界遺産をめぐり最高の良縁を引き寄せる！

1泊2日プラン
宮島&広島
1日目

広島湾に浮かぶ宮島は、島が神として崇められてきたパワーあふれる聖地です。三女神がさまざまな縁を結ぶ嚴島神社、絶景が広がる弥山、山陽道の御利益スポットをめぐり、すてきな出会いを引き寄せましょう。

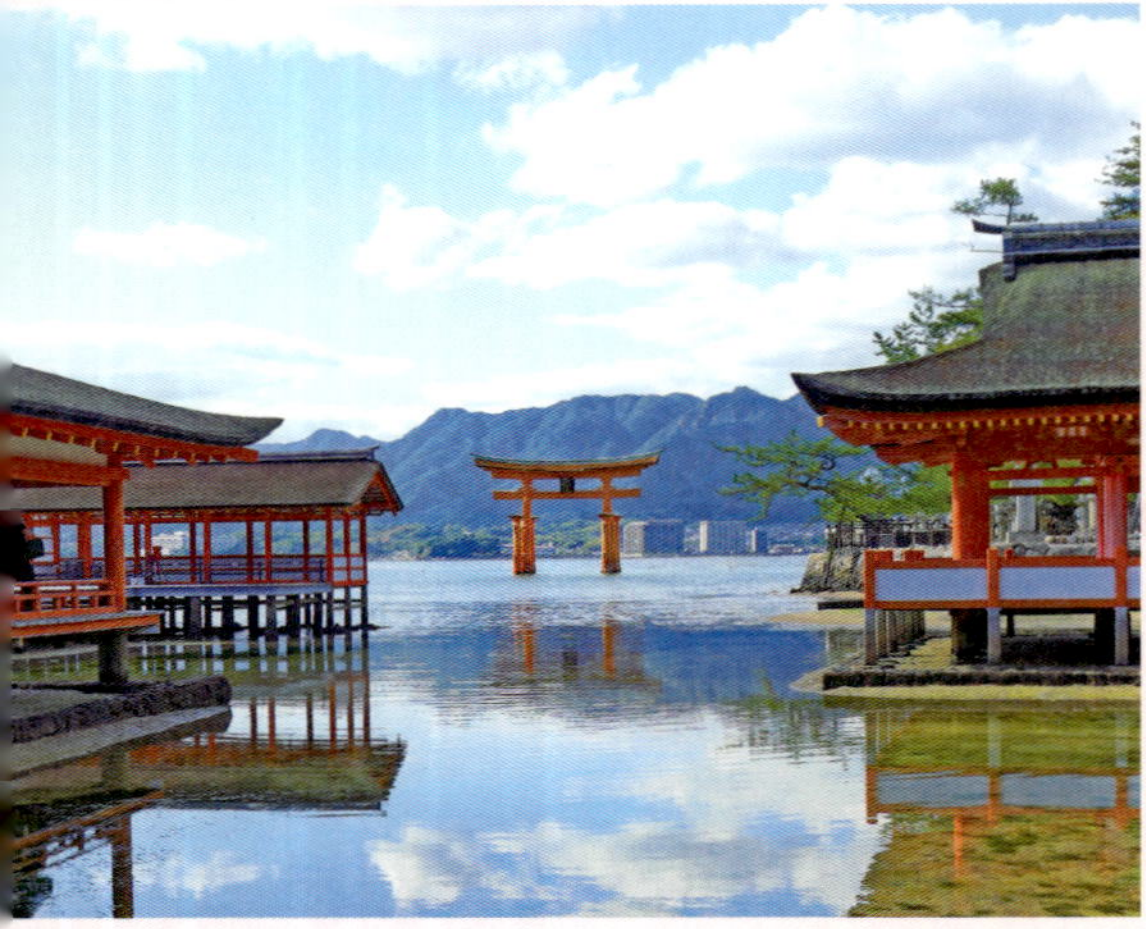

東廻廊の枡形からは大鳥居が望めます。丹塗りの朱色には魔除けの意味も込められています

主祭神
市杵島姫命《イチキシマヒメノミコト》
田心姫命《タゴリヒメノミコト》
湍津姫命《タギツヒメノミコト》

潮の満ち引きのある神域で美しい三女神を祀る平安の社

嚴《いつく》島《しま》神《じん》社《じゃ》

宮島へのアクセスで乗船したいのが大鳥居便です。直接フェリーターミナルに向かわず、船が大鳥居に大接近するのです。朱色の鳥居がぐんぐん近づいて、鳥居と社殿の感動的なツーショットが撮影できます。青い海、背後の山並みと一体となった風景は、まるで竜宮城のよう。平安時代の文化を色濃く残す社殿には、三姉妹の御祭神が祀られています。力を合わせて海の安全を守ってきました。三女の市杵島姫命は財福を授けてくださる女神です。東西に延びる廻廊に鎮座する、境内社も参拝しましょう。すべて国宝か重要文化財に指定されており、縁結びや心願成就のパワーも絶大です。

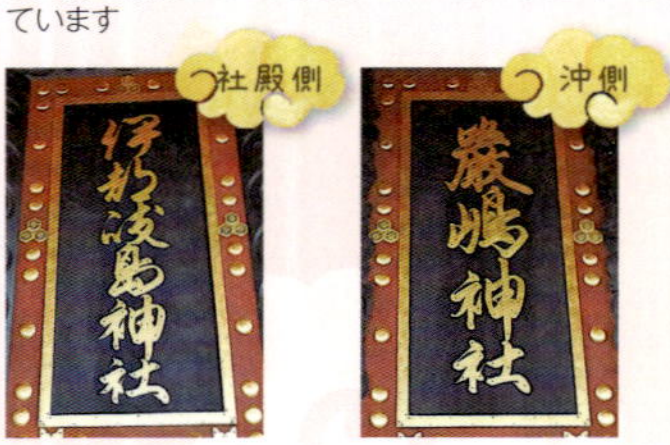

大鳥居の沖側は「嚴嶋神社」で行書体。社殿側は「伊都岐島神社」と草書体で万葉仮名。同じ鳥居で社名の表記が異なる珍しい扁額です

DATA
嚴島神社
創建／593年（推古天皇御即位の年）
本殿様式／両流造檜皮葺
住所／広島県廿日市市宮島町1-1
電話／0829-44-2020
交通／宮島口フェリーターミナルからフェリーで10分、またはひろしま世界遺産航路「もとやす桟橋」からフェリーで45分
参拝時間／1/1　0:00～18:30
1/2～1/3　6:30～18:30
1/4～2/28　6:30～17:30
3/1～10/14　6:30～18:00
10/15～11/30　6:30～17:30
12/1～12/31　6:30～17:00
昇殿料／大人300円、高校生200円、小・中学生100円
URL http://www.itsukushimajinja.jp

MAP

モデルプラン
1日目
10：00 「広島駅」 → 電車＋フェリー＋徒歩で60分 → 11：00 嚴島神社（滞在1時間）

御利益をもれなく頂く参拝ルート

START!

①参拝入口

入口は1カ所のみ。手前の石灯籠には神鴉（ごからす）の像が止まっています。神の使いとして先導し、この浜辺が神社の鎮座地となりました。よい導きを祈願して参拝をスタート！

高天原から来た神様の案内役です

②客神社《まろうどじんじゃ》

まずは祓串で左・右・左の順序で身を清めましょう。五男神をお祀りし、新たな縁を授けてくださいます。拝殿上部には「猪の目」と呼ばれる魔除けの伝統模様も彫られています。

国宝

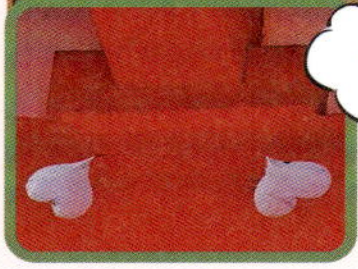

福を招くハート型の猪の目

③御本社《ごほんしゃ》

本殿には主祭神の三女神を祀っています。平清盛、毛利元就、豊臣秀吉など歴史上のヒーローが厚く崇敬し、心願を成就させました。財運アップや技芸上達をお願いしましょう。

国宝

御朱印や授与品も頂けます

④高舞台《たかぶたい》

御本社・祓殿の前に、朱塗りの高欄をめぐらした舞台があります。三が日のほか、4月15日の桃花祭、10月15日の菊花祭など、年に10回ほど、神々への舞楽が奉納されます。

雅やかな平安時代の舞です！

国宝

⑤門客神社《かどまろうどじんじゃ》

海に突き出した平舞台の両脇には、左門客神社・右門客神社が鎮座しています。大鳥居から直線で結ばれ、御本社を波風からも守ってきました。強い守護パワーを感じる絶景ポイントです。

国宝

⑥大国神社《だいこくじんじゃ》

大国主命が鎮まる縁結びの社です。本殿に鎮まる田心姫命、湍津姫命の二柱と結婚されているので、良縁や恋に勝つパワーは抜群です。順路から一歩奥に入った場所にあります。

重要文化財

⑦天神社《てんじんしゃ》

学問の神様として有名な菅原道真公を祀っています。結ばれた絵馬の数を見ればパワーのすごさがわかるはず。立身出世の御神徳もあるのでキャリアアップにも力を貸してくれます。

重要文化財

運気UP！授与品

おみくじ（100円）には古事記の一節が引用されています。吉と凶の間に「吉凶未分」や「始凶末吉」など、珍しい運勢もあります

「しゃもじ」（200円、箱付き500円）。広島随一の縁起物でご飯をよそい、福運を招きましょう。伝承によると形状は弁財天が持つ琵琶の曲線から考案されたとか

御朱印

御朱印帳はP.21で紹介！

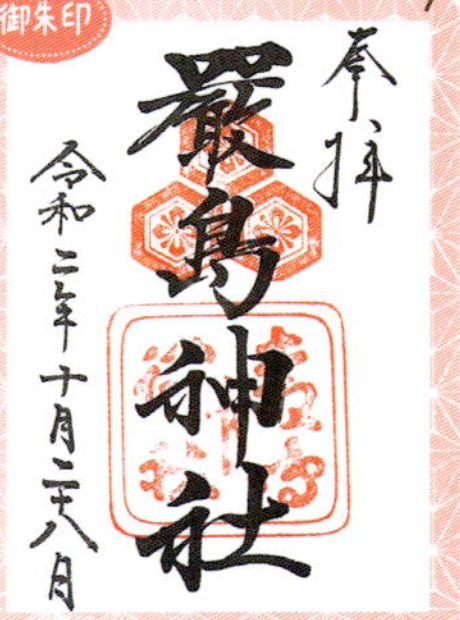

墨書／奉拝、嚴島神社　印／三つ亀甲剣花菱紋、嚴島御社　●嚴島の地名は「神を斎き祀る島」が由来とされます。島自体が信仰の対象となる神域でした

見どころCheck！ 参拝後には宝物殿へ

戦国武将から奉納された武具が展示され、刀剣女子は必見のスポットです。能楽の衣装や絵馬などの収蔵品は、国宝・重要文化財に指定されているものもあります。

DATA
嚴島神社宝物殿
入館時間／8:00〜17:00　休み／無休
入館料／大人300円（嚴島神社とのセット入場券あり）

徒歩5分 → 12:05 豊国神社（滞在25分） → 徒歩5分 → 12:35 表参道商店街でランチ（滞在1時間） → 徒歩+ロープウエーで30分 → 14:05 獅子岩展望台（滞在15分） → 徒歩20分 → 14:40 弥山本堂（滞在20分） → 徒歩すぐ → 15:00 霊火堂（滞在10分） → 徒歩10分 → 15:20 くぐり岩（滞在5分） → 徒歩3分 → 15:30 弥山展望台（滞在20分） → 徒歩+ロープウエーで40分 → 16:30 「紅葉谷駅」 → 徒歩25分 → 16:55 「宮島フェリーターミナル」

戦国時代のヒーローが
人や仕事との縁をパワーUP

豊《ほう》国《こく》神《じん》社《じゃ》

主祭神
トヨトミヒデヨシコウ
豊臣秀吉公
カトウキヨマサコウ
加藤清正公

社殿内は壁がなく、海風が吹き抜け、開放的。天井を見上げると大きなしゃもじが奉納されています。戦勝祈願のために奉納されたしゃもじは「めしとる」、つまり敵軍を召し取るからとか。勝利へのこだわりが感じられます。御祭神は農民から天下人まで登りつめた英雄。ビジネスとのよい縁を結び、キャリアアップや成功のパワーが期待できます。

豊臣秀吉公の命により建設された大経堂です

未完成の社殿には、絵馬や特大サイズのしゃもじが飾られています。今も宮島は木製しゃもじの生産量が日本一を誇ります

丸瓦には「王」の文字が刻まれています。金箔が施され、秀吉公の財運にあやかれるかも！

嚴島神社を見下ろす丘の上に建っています。壁がない構造なので、世界遺産の絶景を社殿から満喫できます

御朱印

墨書／奉拝、豊國神社　印／五七の桐紋、豊國神社、宮島千畳閣　●別称の千畳閣は畳857枚分の広さがあることに由来します。宮島で最大の木造建築物です

DATA
豊国神社
創建／1587（天正15）年
本殿様式／入母屋造
住所／広島県廿日市市宮島町1-1
電話／0829-44-2020（嚴島神社）
交通／宮島口フェリーターミナルよりフェリーで10分
参拝時間／8:30～16:30
御朱印授与時間／8:30～16:30
URL http://itsukushimajinja.jp

名物グルメでパワーチャージ

あなごめし

1901（明治34）年に、宮島口駅の駅弁として売り始めた、あなごめし発祥の店です。秘伝の甘辛タレで味わう名物丼を求めて、開店直後から行列ができる人気ぶり。弁当（レギュラーで2700円）は電話予約もできます。

あなごめし（並で2800円）は香ばしさとフワフワ食感が絶妙。売り切れ次第、営業終了です

DATA
あなごめし うえの 宮島口本店
住所／広島県廿日市市宮島口1-5-11
電話／0829-56-0006
交通／JR宮島口駅から徒歩1分
営業時間／10:00～19:00（水曜～18:00、弁当販売は9:00～）　休み／無休

焼がき

焼がきの発祥店として、毎日のように行列ができる人気店がこちら。最高級品質の「地御前かき」を使用したかき料理は、全16種類。どれもプリプリの食感と濃厚なうま味たっぷり。通年で生がきも味わえます！

かき三景定食（3500円）。焼きがき、生がき、かきフライ、かき飯がセットになって大満足！

DATA
焼がきのはやし
住所／広島県廿日市市宮島町505-1
電話／0829-44-0335
交通／宮島口からフェリーで10分。宮島フェリーターミナルから徒歩5分
営業時間／10:30～17:00　休み／水曜

表参道商店街でグルメ三昧

嚴島神社の北側に延びる約350mの商店街には、食事処やテイクアウトグルメの店が軒を並べています。名物のもみじまんじゅう、かまぼこ天、スイーツなど種類豊富で、お値段もリーズナブル。目に付いた店に立ち寄り、食べ歩きを楽しみましょう。

もみじまんじゅうの店は10軒以上あります。ホカホカのできたてをほお張りましょう！

サクサク食感が大評判の揚げもみじ（200円）。老舗店「紅葉堂」ではイートインもOKです

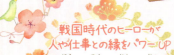

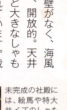

恋人の聖地までハイキング♥

弥山パワスポめぐり

宮島の中央部にある弥山は、嚴島神社とともに世界遺産に登録されているパワースポットです。神の山は、弥山原始林に覆われ、標高535mの頂上からは絶景が広がります。

START!

❶ 獅子岩《ししいわ》展望台《てんぼうだい》

ロープウエー終着駅から絶景地へ

ロープウエーの獅子岩駅を出ると、左手に展望台があります。瀬戸内海の大パノラマを、標高433mから一望できて壮観です。体力に自信がない人、時間がない人は、ここだけでも訪れて絶景を満喫しましょう。

❷ 弥山本堂《みせんほんどう》

弘法大師が修行した歴史的パワスポ

針葉樹が生い茂る遊歩道を20分ほど歩くと、弥山本堂に到着です。弘法大師が宮島に立ち寄った際、山の姿が須弥山（インド神話の聖地）に似ていることから「弥山」と名づけ、ここに本堂を建て100日の修行を行いました。

参拝時間／8:00～17:00

御朱印あり!

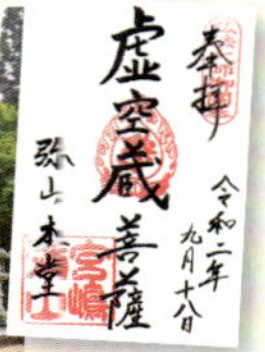

❸ 霊火堂《れいかどう》

愛の火を消さない恋人の聖地♥

弥山本堂の前には「恋人の聖地」に認定されたお堂があります。弘法大師が修行した際の霊火が、1200年たった今も燃え続けているのです。愛の火をともし続けるパワーを「消えずの火」から頂ける、奇跡のスポットです。

参拝時間／8:00～17:00

❹ くぐり岩

神秘的な巨岩トンネル

山頂まであと10分。遊歩道には不思議な形の巨岩が次々と現れます。大きな岩が寄り添ってできた「くぐり岩」のトンネルでは、大いなる自然の力を体感。周囲には弥山七不思議に数えられる「干満岩」なども点在しています。

❺ 弥山展望台《みせんてんぼうだい》

絶景パワースポット

くぐり岩を抜け、山頂に建つ展望台へ。瀬戸内海の島々や広島市街など遮るものがない360度の大パノラマが広がります。3階建ての展望台から、日本三景の眺望を眺めて、心と体に自然のパワーをチャージしましょう！

好天の日には四国連山まで望めます!

弥山MAP

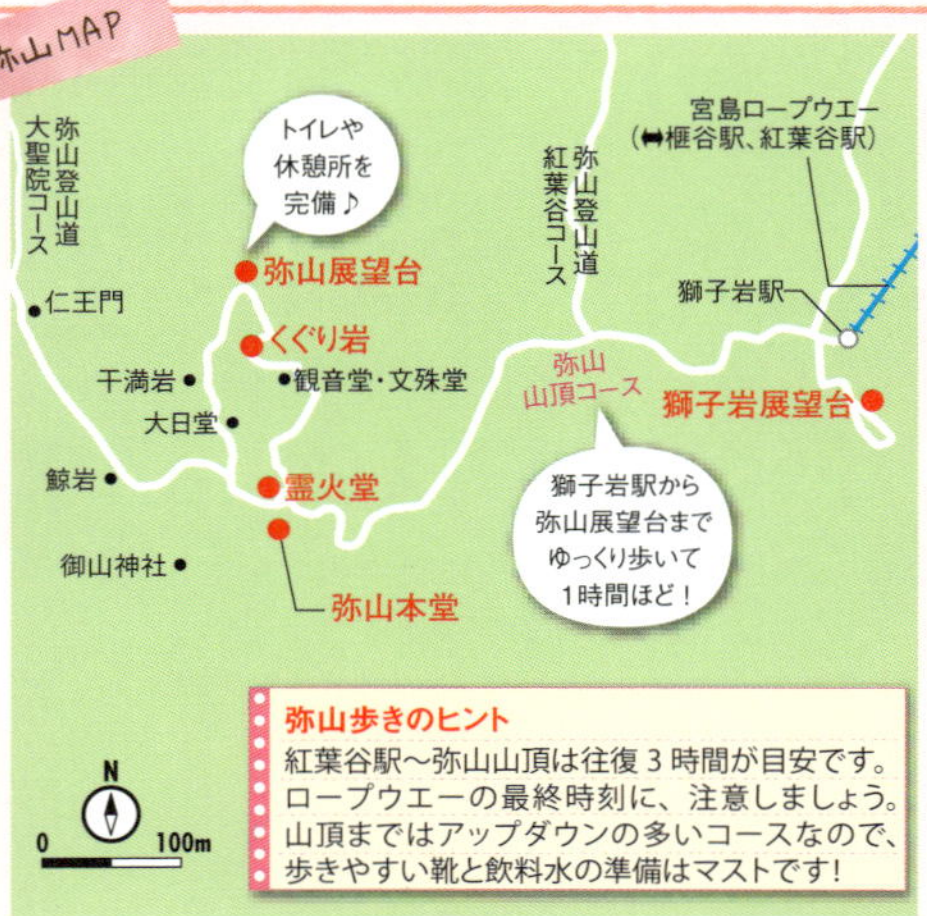

弥山歩きのヒント

紅葉谷駅～弥山山頂は往復3時間が目安です。ロープウエーの最終時刻に、注意しましょう。山頂まではアップダウンの多いコースなので、歩きやすい靴と飲料水の準備はマストです！

まだあります!

＼御利益スポット@宮島／

パワー絶大の不動明王 大聖院《だいしょういん》

嚴島神社から南へ徒歩5分。弥山の麓にある、弘法大師が開基した宮島最古の寺院です。御朱印には波切不動明王と大書されています。秀吉公も戦勝祈願をした御本尊に、運気を大きく上げてもらいましょう。本堂の奥にある『一願大師』は、ひとつだけ願いごとをかなえてくれるお地蔵様です。

参拝時間／8:00～17:00

URL https://daisho-in.com

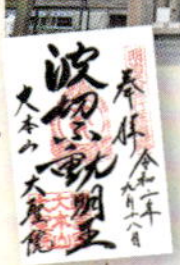

御朱印あり!

日本三大弁財天を祀る 大願寺《だいがんじ》

嚴島神社の出口から徒歩1分。御本尊の嚴島弁財天は弘法大師作と伝わる、日本三大弁財天のひとつです。通常は非公開の秘仏ですが、6月17日の弁財天大祭にご開帳されます。明治の神仏分離令でこの寺に遷されるまでは、嚴島神社の本殿内陣に祀られていました。技芸上達のパワーが強力です。

参拝時間／8:30～17:00

御朱印あり!

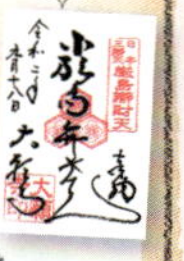

2日目

主祭神
大山祇命《オオヤマヅミノミコト》
国常立命《クニノトコタチノミコト》
佐伯鞍職命《サエキノクラモトノミコト》

仲むつまじい夫婦滝に
和合や縁結びをお願い！

大《おお》頭《がしら》神《じん》社《じゃ》

鳥居をくぐり赤い欄干の太鼓橋へ。清流が流れる神域を歩くだけで、全身が浄化されるかのよう。拝殿右手に見える雌滝と、背後の山に落ちる雄滝を合わせ「妹背の滝」と呼ばれています。妹背とは夫婦のこと。ふたつの滝は異なる川を水源としていますが、拝殿横を流れる毛保川で合流しているのです。縁結びや夫婦円満、さらに新しいステキな出会いもお願いできます。特殊神事「四鳥の別れ」で嚴島神社と密接につながる神社ですので、両参りすれば御利益もアップします！

春には桜、秋には紅葉が楽しめる景勝地です

運気UP! 授与品

おみくじ

おみくじ（300円）。天然石の根付入りです

お守り

桜の花が良縁を結んでくれる「妹背幸福御守」（800円）

絵馬

ハート型の縁結び絵馬（500円）

御朱印

墨書／奉拝、大頭神社　印／三つ亀甲剣花菱紋、大頭神社、大頭神社宮司之印　●嚴島神社の初代神職も御祭神です

＼御朱印帳はこちら！／

表に御社殿、裏に妹背の滝を描いた御朱印帳（1500円）

DATA
大頭神社
創建／603（推古天皇11）年
本殿様式／三間社流造
住所／広島県廿日市市大野5357
電話／0829-55-0378
交通／JR山陽本線「大野浦駅」から徒歩20分
参拝時間／日の出から日没
御朱印授与時間／9:00～16:00
※神職の在社時のみ
URL https://ogashira.jp

見どころCheck!

境内奥の夫婦滝でリフレッシュ

境内は妹背の滝公園に面しています。落差30mの雄滝は拝殿右手から、川沿いの遊歩道を歩いて3分ほど。水量が豊富で、年始には県内の神職が禊の滝行を行います。

御利益スポットが超充実！
御祭神がステキな出会いへ導く

主祭神
猿田彦大神《サルタヒコノオオカミ》

塩《しお》屋《や》神《じん》社《じゃ》

御祭神は災いを除き良縁に導いてくれるパワーの持ち主。境内はさほど広くありませんが、乙姫様のモデルで良縁を授ける女神を祀る龍宮神社、良縁への導き石、願いごとがかなう大慶の木などなど良縁のパワスポがいっぱいです！参拝後には腰を掛けると神様に優しく背中を押していただける「腰掛石」でひと休み。御朱印を頂くと「縁のはじまり」の印が入っていました。恋人、仕事、友達とあらゆる縁結びが期待できる神社です。

縁結びの御利益でパワスポ好きの女子に人気の神社です。時計回りに回ると良縁に導かれる「導き石」もあります

恋文の玉

龍宮神社の女神が、山幸彦に書いたとされる恋文になぞらえた授与品（300円）です。願いごとを赤白の玉に収めれば想いが届くはず！

御朱印

御朱印帳はP.24で紹介！

墨書／奉拝、塩屋神社　印／三亀甲剣花菱紋、塩屋神社、鳥居印、縁のはじまりは塩屋神社から

日本最古のラブレターで恋愛成就！

DATA
塩屋神社
創建／620（推古28）年頃
本殿様式／流造
住所／広島県広島市佐伯区海老山町8-12
電話／082-922-5128
交通／JR山陽本線「五日市駅」から徒歩10分
参拝時間／自由
御朱印授与時間／9:00～17:00
URL http://shioya-jinja.jp

見どころCheck！

大慶《おおけい》の木

鳥居前のケヤキは、枝がOKという指の形に見えます。無理めな願いごとでもかなうかも？

五色縁結び紐

赤、水、黄、緑、白のひもを麻緒に結びつけて、神様とのご縁も結びましょう。恋愛祈願は赤色、金運アップなら黄色です！

龍宮神社

祠の前には龍宮神話の伝承地の石が置かれています。切麻（きりぬさ）を落とし、石の窪みに納まれば恋愛が成就します。

社殿の右手には弥生時代の墳墓があり、資料館には縄文時代の出土品も展示されています

主祭神
帯中津日子命《タラシナカツヒコノミコト》
品陀和気命《ホンダワケノミコト》
生長帯日売命《オキナガタラシヒメノミコト》

女性をやさしくサポートする太古からのパワースポット

早稲田神社《わせだじんじゃ》

神域には縄文時代から人が住み、境内は弥生時代の古墳も残る聖地です。神社の建つ牛田山は、龍の形をした龍脈といわれています。龍脈とは地中を流れる、エネルギーの通り道のことです。御祭神は父母子供のファミリー。特に母神のお力が強く、戦前から女性神職も多く奉職されています。新たな一歩を踏み出すときに参拝したい、大地の気がみなぎるパワースポットです。

御朱印

限定御朱印はP.16で紹介！

墨書／安藝國牛田鎮座、垚乃宮、早稲田神社　印／注連縄、三つ巴紋、早稲田神社、早稲田神社参拝記念

美的センスが境内の随所で光ります。※毎月15日には花手水で彩られます

DATA
早稲田神社
創建／1511（永正8）年
本殿様式／神明造
住所／広島県広島市東区牛田早稲田2-7-38
電話／082-221-1885
交通／広電バス「牛田旭」から徒歩3分、または広電バス「牛田東一丁目」から徒歩8分
参拝時間／自由
御朱印授与時間／9:00～17:00
URL https://wasedajinja.jp/

運気UP！授与品

お守り

「稲穂御守」（700円）。実りある人生になるようにと祈願されています

御神木

御神木のヤマモモは原爆の爆風にも耐えたもの。神霊が宿るとされ、古来からの信仰の対象となっています

モデルプラン 2日目

9:05「宮島フェリーターミナル」 → フェリー＋電車＋徒歩で45分 → 9:50 大頭神社（滞在40分） → 徒歩＋電車で50分 → 11:30 塩屋神社（滞在30分） → 徒歩＋電車で45分 → 12:50「八丁堀駅」周辺でランチ（滞在50分） → バス＋徒歩で15分 → 14:00 早稲田神社（滞在30分） → 徒歩＋バスで20分 → 14:50「広島駅」

日帰りコース 1

尾道＆三原

ノスタルジックな坂道の町を歩き 心と体をパワーチャージ！

迷路のような尾道の路地には、勝運や良縁を授かれる神社が点在しています。江戸～明治時代の名工たちが奉納した狛犬や常夜燈など、隠れた御利益スポットもめじろ押し！ 路地散歩でのんびりリフレッシュしたら、旅情を誘う三原市の神社へ足を延ばしましょう。

現地の観光マップでは地名由来の「久保八幡神社」と表記されています

勝負運

尾道の町を見守ってきた
横綱ゆかりのパワースポット

亀《かめ》山《やま》八《はち》幡《まん》宮《ぐう》

主祭神
品陀和気命《ホンダワケノミコト》
帯中津日子命《タラシナカツヒコノミコト》
息長帯日売命《オキナガタラシヒメノミコト》

境内と参道は国道2号線とJR山陽本線によって分断されています。南側のレトロな住宅地には一の鳥居と随神門。踏切を越えて北側に社殿が鎮座しているのです。境内には幕末期に横綱として活躍した、陣幕久五郎の手形が彫られた石碑があります。手形に自分の手を合わせるとその大きさにびっくり。横綱在位2場所で勝率10割と伝わる横綱から、立身出世と勝運のパワーをもらいましょう。社務所では尾道七社の御朱印も頂けます。

DATA

亀山八幡宮
（久保八幡神社）

創建／貞観年間（859～877年）
本殿様式／三間社流造
住所／広島県尾道市西久保町2-1
電話／0848-37-4317
交通／おのみちバス「防地口」や「西国寺下」から徒歩3～5分
参拝時間／自由
御朱印授与時間／9:00～17:00

玉乗り狛犬は尾道型と呼ばれてます

尾道石工の高い技術を物語る狛犬が守護します。石工の神様が鎮座する高御倉神社も境内にあります

二の鳥居前にある軍配灯篭。陣幕久五郎の手形が入った石碑も手前にあります

運気UP! 授与品

絵馬

勾玉の神社印が押された「絵馬」（500円）

お守り

金色の亀が健康長寿のほか、幸運や金運も招く「健康守」（500円）

御朱印

墨書／奉拝、亀山八幡宮　印／亀山八幡宮（勾玉印）、産土神之御璽、備後國尾之道御鎮座　●鎮座地から「久保八幡神社」の社名でも知られています

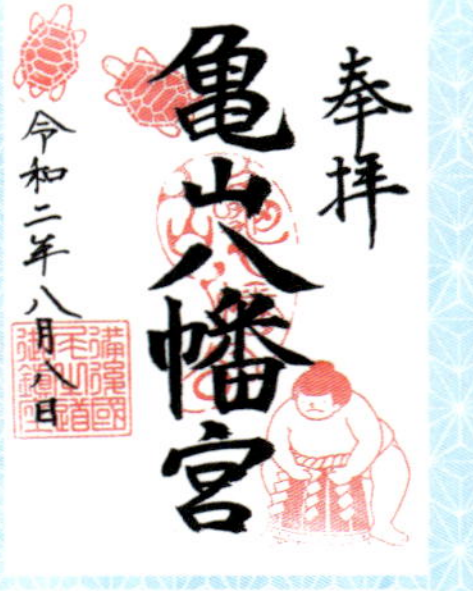

墨書／奉拝、亀山八幡宮　印／亀山八幡宮（勾玉印）、横綱印、亀印、備後國尾之道御鎮座　●神社を崇敬した横綱、陣幕久五郎の印が頂けます

MAP

縁結び

人や物などあらゆる縁を結ぶ
学問の神の「片袖」を祀る神社

御《み》袖《そで》天《てん》満《まん》宮《ぐう》

随神門から見上げると、55段の急な石段が続きます。尾道で生まれ育った大林宣彦監督の名画で、少年と少女の心が入れ替わるシーンは、この階段で撮影されました。つなぎ目のない5m幅の石段を境内まで上り、箱庭のような日本遺産の景観を眺めれば、晴れやかに心機一転できるはず。御神体は菅原道真公の片袖。「神には古来より、縁の意味もあり、人や物との縁を結んでくれます」と神職が教えてくれました。和歌にも詠まれた「神に香を焚く」風習にならう、香りの授与品も頂けます。

主祭神
菅原道真公《スガワラノミチザネコウ》

見どころCheck!
学業成就と健康を授ける天神さまのさすり牛

境内にある臥牛像には「学問の道は牛歩の如く努力を積み重ねて成し遂げられるもの」という、学問の神様の想いが込められています。自分の体で気になる箇所を、牛の像でさすると改善する御利益も頂けます。

ねこ好きも癒やします

運気UP! 授与品

お守り

「袖守り」(800円)。就職や受験はもちろん、良縁成就もサポートします

香皿

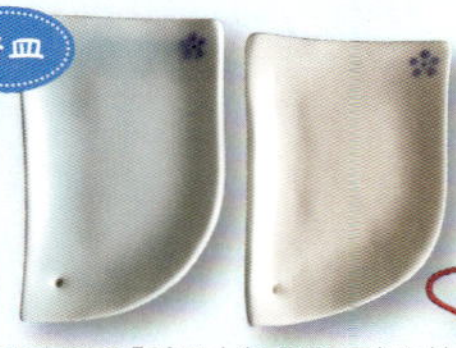

線香を立てる「香皿」(1000円)も袖がモチーフ。尾道の工房で作られています

お守り

「梅いちりん守り」(800円)。梅は1年で最初に咲く花。よい知らせが誰よりも早く手に入るようにと願いが込められています

絵馬

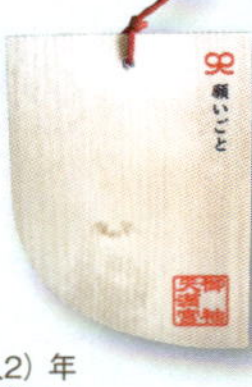

「袖絵馬」(800円)

御朱印

御朱印帳はP.23で紹介!

墨書／奉拝、御袖天満宮　印／御袖天満大神御神霊、備後國尾之道御鎮座　●社紋は御祭神ゆかりの梅の花。御神体の片袖に道真公が自画像を描かれたそうです

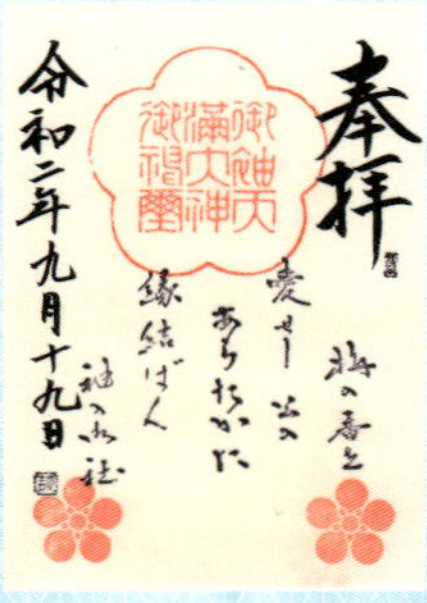

墨書／奉拝　印／御袖天満大神御神霊、梅の香を愛せし公のあらたかに縁結ばん袖の御社、梅鉢紋　●和歌は紫綬褒章を頂いた尾道在住の書道家による潤筆です

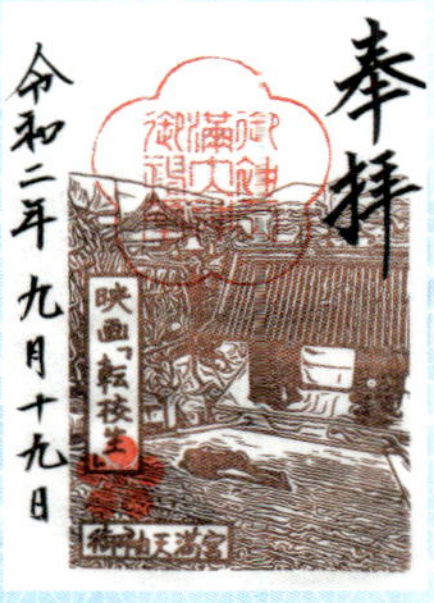

墨書／奉拝　印／御袖天満大神御神霊、映画「転校生」、御袖天満宮、梅鉢紋　●版画調で描かれた映画ロケ地の記念版です。階段落ちで男女の心が入れ替わります

DATA
御袖天満宮
創建／1070(延久2)年
本殿様式／入母屋造
住所／広島県尾道市長江1-11-16
電話／0848-37-1889
交通／おのみちバス「長江口」から徒歩5分
参拝時間／自由
御朱印授与時間／9:00～17:00
URL http://misodetenmangu.or.jp

モデルプラン 日帰り

- 9:00 「尾道駅」
- バス+徒歩で15分
- 9:15 亀山八幡宮（滞在30分）
- 徒歩15分
- 10:00 御袖天満宮（滞在30分）
- 徒歩8分
- 10:40 艮神社（滞在30分）
- 徒歩5分
- 11:15 「猫の細道」周辺を散策&ランチ（滞在2時間）
- 徒歩15分
- 13:30 「尾道駅」
- 電車+徒歩で30分
- 14:00 瀧宮神社（滞在40分）
- バス+徒歩で8分
- 14:50 賀羅加波神社（滞在20分）
- 徒歩+バス+電車で45分
- 15:55 「尾道駅」

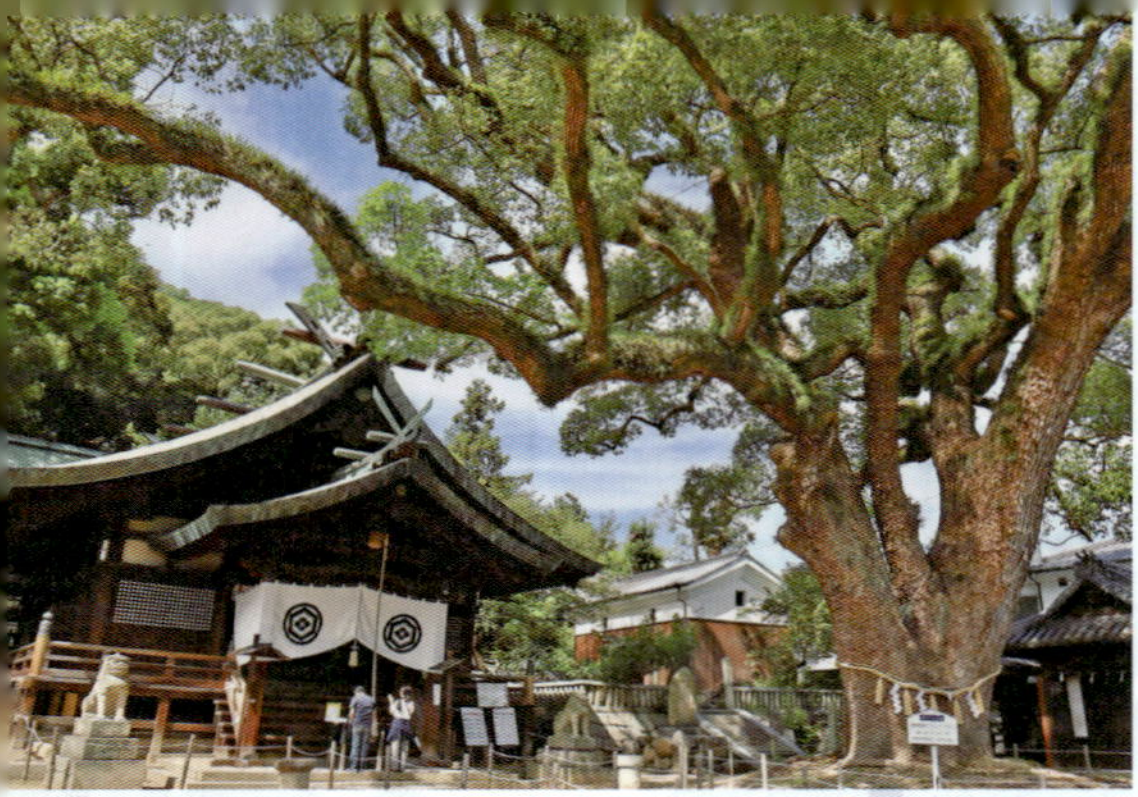

主祭神
天照大御神《アマテラスオオミカミ》
伊邪那岐命《イザナギノミコト》
素戔男命《スサノオノミコト》
吉備津彦命《キビツヒコノミコト》

良縁導き

樹齢900年のクスノキから清らかなエネルギーをチャージ！

艮《うしとら》神《じん》社《じゃ》

千光寺山ロープウェイ山麓駅のすぐ横にある、尾道市内で最古の神社です。社殿を覆い尽くすように御神木のクスノキが樹冠を広げ、境内には澄み切ったエネルギーが充満しています。天然記念物に指定されている巨木に直接触れることはできませんが、その生命力を間近で感じれば、すべてのことがよい方向に導かれるのだとか。拝殿の左奥には、注連縄が張られた巨岩も鎮座し、神々しいオーラを放っています。今にも神が舞い降りてきそうなパワースポットです。

御神水

手水舎では玄武（げんぶ）の石像から御神水が流れています。「艮の名水」と呼ばれ、古くから尾道の茶人が汲みに来ていたそうです。水神の玄武は長寿と繁栄をもたらします

御朱印

御朱印帳はP.29で紹介！

墨書／奉拝、うしとら、艮神社　印／艮神社御神璽、備後國尾之道御鎮座　●時間外でも頒布していただくことが可能です

運気UP! 授与品

お守り

涼しい音色を奏でる「清めの雫鈴」（1000円）

「艮神社御守」（1000円）

DATA
艮神社
創建／806（大同元）年
本殿様式／三間社神明造
住所／広島県尾道市長江1-3-5
電話／0848-37-3320
交通／JR「尾道駅」から徒歩15分、またはおのみちバス「長江口」から徒歩2分
参拝時間／自由
御朱印授与時間／8:30～17:00

見どころCheck！

注連縄がかけられた御神木のクスノキ

拝殿東側と本殿南側にある4本のクスノキは尾道のシンボル的な存在です。樹齢900年、幹の周囲が約7mの巨木からパワーをたっぷりチャージしましょう。境内の真上を通過する千光寺山ロープウェイからも、森のように広がる木々の威容を望むことができます。

伐採した枝に神印が押されたお守りです

御神木の保全のためクスノキ基金を募っています。1000円以上の寄付で「御神木御守」が頂けます

時間があったら立ち寄りたい！尾道開運スポット！

持光寺《じこうじ》

大石門をくぐって元気を注入！

境内入口の花崗岩で造った巨大な石門に圧倒される浄土宗の寺です。願いを込めながら、粘土を片手で握って造る「にぎり仏」体験が人気です。

にぎり仏は窯で焼いて郵送されます

御朱印あり！

DATA
持光寺
住所／広島県尾道市西土堂町9-2
電話／0848-23-2411
交通／JR「尾道駅」から徒歩5分
参拝時間／9:00～16:30
URL jikouji1.blog.fc2.com

千光寺《せんこうじ》

宝珠の巨岩に神が宿る

弘法大師の開基とされる、大宝山の中腹にある名刹です。境内は玉の岩や鏡岩などパワースポットの宝庫。「恋人の聖地」の千光寺公園では、ハート型の愛鍵を誓いのフェンスに付けて、幸せをロックしましょう！

御朱印あり！

DATA
千光寺
住所／広島県尾道市東土堂町15-1
電話／0848-23-2310
交通／千光寺山ロープウェイ「山頂駅」から徒歩5分
参拝時間／9:00～17:00
URL https://www.senkouji.jp

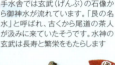

厄除け
三原城を守護する厄除けの社で健康運と新たな良縁を引き寄せる
瀧宮神社(たきのみやじんじゃ)

主祭神 須佐之男命(スサノオノミコト)

三原城の北東に鎮座する、鬼門封じの「厄除けの社」です。節分祭では人形(ひとがた)に自分の穢れを移し、それを持って茅の輪をくぐり無病息災を祈ります。主祭神は悪縁を絶ち、良縁を招くパワーが強力なので、人生の岐路でもサポートしていただけます。御朱印は通年で10種類ほど神事や風物詩を描いた限定御朱印をお守りとされる方もいるそうです。

御朱印 限定御朱印はP.15で紹介！

墨書／瀧宮神社　印／備後國三原郷櫻山麓御鎮座、桜山の印
●桜山は御祭神が降臨された丘です。その中腹にあった瀧が社名の由来です

元気UP授与品／お守り
「開運ひょうたん守り」(800円)。思いがけない幸福を招いてくれます

無病息災が祈祷されている「厄除開運守」(700円)

DATA 瀧宮神社
創建／544(欽明5)年
本殿様式／大社造
住所／広島県三原市中之町1-1-1
電話／0848-62-2577
交通／JR山陽本線「三原駅」から徒歩10分
参拝時間／自由
御朱印授与時間／9:00〜17:00

見どころCheck！ 祈願鳥居に願いを込めるお宮

随神門の右手にある子安社には、玉姫命が祀られています。「祈願鳥居」に想いを書いて納めれば、子授けや子育て、安産の御神徳が頂けます。

所願成就
わがままなお願いもオールOK 六柱の御祭神から加護を頂く
賀羅加波神社(からかわじんじゃ)

主祭神
アマテラスオオミカミ 天照大御神　スサノオノミコト 素盞嗚尊
トヨウケヒメノミコト 豊受比賣命　アメノフトダマノミコト 天太玉命
アメノウズメノミコト 天宇受賣命　セオリツヒメノミコト 瀬織津比賣命

参道を進むと、大空へと延びる御神木に圧倒されます。三原市の天然記念物に指定されている大イチョウは、樹高33m以上。拝殿の東側には樹齢千三百年とされるケヤキも根を下ろす、聖樹パワーみなぎる社です。多くの神事を司る六柱をお祀りしているので、恋愛や開運など御利益はオールマイティ。参拝後は愛、夢、絆などの朱書きが入った銀杏を授かれます。選んだ文字はいつしか運命になるはず！

御朱印
墨書／奉拝、延喜式内、賀羅加波神社　印／延喜式内賀羅加波神社之靈、賀羅加波神社
●「延喜式神名帳」に記されている格式ある古社です

MAP 三原市内の移動
タクシーは三原駅前から利用でき、各神社からの呼び出しも可能です。

DATA 賀羅加波神社
創建／不詳　本殿様式／三間社流造
住所／広島県三原市中之町5-10-20
電話／0848-62-5818
交通／中国バス「千川神社前」から徒歩3分　参拝時間／自由
御朱印授与時間／9:00〜17:00
URL https://karakawajinja.mystrikingly.com

元気UP授与品／お守り
シールタイプの「御守護」(1000円)

しまなみ海道 フリープラン

サイクリストの聖地へ!

瀬戸内“しまなみ海道”巡礼

広島県尾道市から愛媛県今治市まで延びる「瀬戸内しまなみ海道」沿いには、緑豊かな島々を守る神社が点在しています。尾道大橋で結ばれた向島、村上水軍ゆかりの因島の神社をめぐるサイクリング参拝に出かけましょう!

嚴島神社 →P.132

手漉き紙の御朱印をゲット

富浜の桟橋から200mほど

女神から安産・勝運を頂く

東《ひがし》八《はち》幡《まん》宮《ぐう》

平安中期の歌人、和泉式部の創建と伝わる神社です。静かな住宅地の丘に鎮座し、拝殿は備後地方でも最大級。主祭神の故事にちなんだ「おはけ祭」で使われる白石には、安産の御利益も!

DATA
創建／990年頃(正暦年中)
本殿様式／流造
住所／広島県尾道市向東町3933
交通／本四バス「二番潟」から徒歩10分
参拝時間／自由(日中のみ)
御朱印授与時間／
事前に要問い合わせ:0848-44-0305
URL https://sites.google.com/view/higashi80k/

主祭神
誉田別命《ホンダワケノミコト》
帯仲津彦命《タラシナカツヒコノミコト》
息長足姫命《オキナガタラシヒメノミコト》

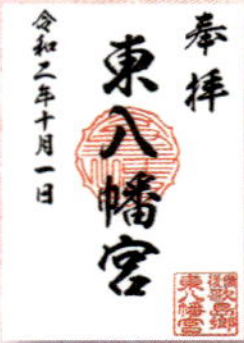

墨書／奉拝、東八幡宮
印／備後歌島郷東八幡宮、東八幡宮の神印

所願成就の氏神様

熊《くま》箇《が》原《はら》八《はち》幡《まん》神《じん》社《じゃ》

1200年前に景行天皇の子孫が熊野権現を奉斎した因島の古社です。参道を上り随神門、36灯篭の先に、拝殿が鎮座します。授与所不在の場合が多いので、御朱印の授与は事前に連絡を入れましょう。

厄除御守
(1000円)

DATA
創建／887(仁和3)年
本殿様式／神明造
住所／広島県尾道市因島中庄町420-3
電話／0845-24-2039
交通／因島路線バス「水軍城入口」から徒歩10分
参拝時間／自由
御朱印授与時間／8:00~17:00

主祭神
誉田別尊《ホンダワケノミコト》
息長帯比売命《オキナガタラシヒメノミコト》
宗像三女神《ムナカタサンジョシン》
熊野権現十二神《クマノゴンゲンジュウニシン》

墨書／奉拝、熊箇原八幡神社 印／裏菊紋、宮司之印

出発前に試し乗りをしましょう

レンタサイクルも利用できます

しまなみ海道ではレンタサイクルも利用できます。尾道駅前のレンタルショップで借り、因島・土生港のショップで乗り捨てる片道利用も可能です(電動アシスト自転車は借りた場所でのみ返却可能)。尾道ポートターミナルから渡し船で向島へ、さらに因島大橋を渡り、自転車の神様を祀る大山神社まで約20km(自転車に乗りなれた女性なら移動のみで片道2~3時間が目安です)。交通量の多い幹線道路や坂道も多く、ややハードな行程ですが、潮風に吹かれながらのサイクリングが楽しめます。

しまなみ海道

尾道市

山陽本線

佐木島

生口島

因島

大三島

E76

生口橋

土生港

GOAL！

向島に鎮座する県社

亀森八幡神社《かめもりはちまんじんじゃ》

国道317号線に面した、向島を代表する神社です。うっそうと木々が生い茂る境内には、尾道で栽培が盛んだった除虫菊の神社など、ユニークな境内社も鎮座しています。厄除けと所願成就の御利益で知られています。

主祭神
品多別尊《ホンダワケノミコト》
息長帯比売命《オキナガタラシヒメノミコト》

DATA
創建／770（宝亀元）年　本殿様式／流造
住所／広島県尾道市向島町723
電話／0848-44-0862
交通／向島運航「向島・富浜港」から徒歩10分
参拝時間／6:00～17:00
御朱印授与時間／9:00～17:00

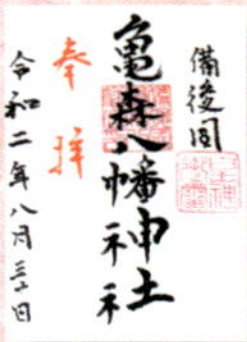

墨書／備後国、亀森八幡神社、奉拝　印／皇神御璽、備後国亀森八幡宮印

自転車は尾道駅前でレンタルできます

新鮮な島グルメを満喫しましょう

駅弁の持ち込みも◎

はっさく屋

フルーツ大福でひと休み！

因島大橋を望む和菓子店です

耕三寺

ミュージアムも必見です！

日本文化の粋を体感できます

MORE！

日本総鎮守の大山祇神社へ！

大三島に鎮座する大山祇神社にもぜひ足を延ばしてみましょう。日本総鎮守と称されるように守護パワーが強力です。宝物館には国宝・重要文化財の武具が収蔵されています。

DATA
URL https://oomishimagu.jp

自動車を使えば因島から30分ほどです

未来心の丘

広大な白い大理石の庭園

映えるスポットとして人気です

大山神社 →P.131

自転車の神様をお祀りしてます

サイクリストの聖地です

多々羅大橋

空と海が溶け合います！

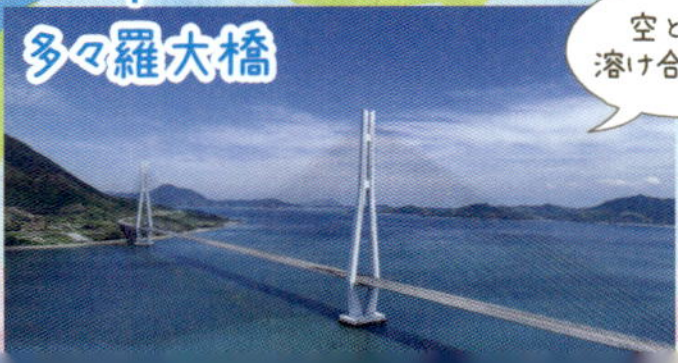

桃太郎パワーにあやかる吉備路開運サイクリング

日帰りコース2
岡山＆総社

MAP

吉備路自転車道路
吉備津彦神社から備中国総社宮まで約 12km で道路も平坦です。天候がよければレンタサイクルで田園地帯をめぐりましょう!

岡山市北西部と総社市を結ぶ「吉備路」は古墳時代からのパワスポです。スピリチュアル感度を高めるため、まずは岡山神社へ。桃太郎伝説の地では、自転車巡礼で御利益チャージ！ 四季折々の美景にも癒やされます。

スピリチュアルな女神様に女子力アップをお願い！

縁結び

主祭神
倭迹迹日百襲姫命《ヤマトトトビモモソヒメノミコト》

岡《おか》山《やま》神《じん》社《じゃ》

岡山城の守護神として祀られ、旭川を挟んで後楽園を遠望できます。御祭神は聡明な女神。明るい境内、白い石造りの拝殿はクールビューティな女神のお住まいにぴったりです。神職の説明によれば女神は予言により、争いや疫病を未然に防いだとか。女子力をアップし、人間関係の悩みを解決するパワーを授かりましょう。御朱印は拝殿左の社務所で頂きます。墨書の書体は、草書と楷書の2種類です。どちらの御朱印になるかは、浄書されてからのお楽しみ！

御朱印

墨書／奉拝、岡山神社　印／五七桐紋、岡山神社、岡山城鎮守の印　●「モモソヒメ御朱印帳」にはオリジナルの限定印が入ります

墨書／奉拝、天満宮　印／梅鉢紋、岡山神社　●天満宮のほかにも境内社の「清光稲荷・日吉神社」、兼務社の「甚九郎稲荷・天神社」なども頂けます

限定御朱印や御朱印帳はP.15・23で紹介！

DATA
岡山神社
創建／貞観年間（859～877年）
本殿様式／流造
住所／岡山県岡山市北区石関町2-33
電話／086-222-7198
交通／宇野バス「表町入口」から徒歩4分、または岡山電気軌道「城下駅」から徒歩4分
参拝時間／自由
御朱印授与時間／9:00～16:30
URL https://www.okayama-jinjya.or.jp

見どころCheck！
ピンチを救う狛狐を参拝

境内社の「清光稲荷・日吉神社」は強力なパワスポです。祠を守護する狛狐は、第2次世界大戦で空襲の前に突然鳴き出し、周囲に危険を知らせたという言い伝えもあります。

お守り
運気UP! 授与品

「えんむすび守」（1000円）はピンクと青の2色で、市松模様に社紋が入ります

「勝守」（1000円）は必勝を祈願して、勝どきを上げる騎馬武者がガッチリ応援！

モデルプラン 日帰り

9:10「岡山駅」→ バス＋徒歩で10分 → 9:20 岡山神社（滞在25分）→ バス＋徒歩で13分 → 10:17「岡山駅」→ 電車14分 → 10:31「備前一宮駅」→ 自転車5分 → 10:40 吉備津彦神社（滞在40分）→ 自転車10分 → 11:30 吉備津神社（滞在40分）→ 徒歩すぐ → 12:10 桃太郎でランチ（滞在1時間）→ 自転車1時間 → 14:10 御嵜神社（滞在25分）→ 自転車15分

諸願成就

絶対無敵の桃太郎パワーで
穢れを祓い運気を上げる

吉《き》備《び》津《つ》彦《ひこ》神《じん》社《じゃ》

神池の中に、松並木の参道が真っ直ぐ伸びています。夏至には正面鳥居からの陽光が、この参道を通り、社殿内へと差し込むことから「朝日の宮」と称されます。太陽の恵みを受け、美しい自然と調和する、古来からの祈りの神域です。お祀りしているのは昔話「桃太郎」のモデルとされる大吉備津彦命。吉備国を治めた御祭神の屋敷跡に、御社殿を建てたことが神社の始まりなのだそうです。境内には多様な御神徳をもつ20を超える摂社・末社が鎮座します。良縁祈願は拝殿北側にある、子安神社でお願いしましょう。

高さ11.5m、笠石は8畳もある日本一大きな石燈籠は、岡山市の重要文化財です

「一品一宮（いっぽんいちぐう）」は、朝廷直属の宮に与えられた称号です

見どころCheck！

桃太郎から魔除けパワーを頂く

御祭神にあやかり、桃の授与品を頂きましょう。桃の実は「大神実命（おおかむづみのみこと）」の神名を授かった魔除けの果実。陶製の「桃のおみくじ」（500円）は、家の玄関に置いて、除災福徳を願いましょう。

駐車場を入って右手奥には桃太郎像が立っています。隠れた撮影スポットです

運気UP! 授与品

穢れを祓う「茅の輪守り」（1000円）。無病息災を祈念してあります

紙の「桃みくじ」（100円）

御朱印

御朱印帳はP.21で紹介！

墨書／奉拝、吉備津彦神社
印／備前國一宮、菊紋、五七桐紋、吉備津彦神社
●正月、夏祭り、秋祭りなど年間を通して特色のある限定御朱印も頒布しています

「備前一宮駅」や「総社駅」の駅前にはレンタサイクル店があります。1日乗り放題（1000円）なら、別の店で乗り捨てる片道利用も可能です。営業は9:00～18:00

DATA
吉備津彦神社
創建／不詳
本殿様式／三間社流造
住所／岡山県岡山市北区一宮1043
電話／086-284-0031
交通／JR吉備線「備前一宮駅」から徒歩3分
参拝時間／6:00～18:00
御朱印授与時間／8:30～17:00
URL https://www.kibitsuhiko.or.jp

お祭りは時代絵巻！

壮大な神事を体験しよう

8月2～3日に行われる「御田植祭」は五穀豊穣を祈り、自然災害を鎮める神事です。早乙女による田舞も奉納されます。

10月第3土曜・日曜の「秋季例大祭」は勇壮な流鏑馬神事が必見。古文書によると14世紀頃から行われていたそうです。

※御田植祭や秋季例大祭は天候により内容が変わる場合があります

16：21「岡山駅」 ←（電車 30分）← 15：51「総社駅」 ←（自転車 10分）← 14:50 備中国総社宮（滞在30分）

主祭神
オオキビツヒコノミコト
大吉備津彦命

開運・勝運

鬼退治の神話が残る山麓で
勝運と健康の加護を頂く

吉《き》備《び》津《つ》神《じん》社《じゃ》

神の山として崇敬されてきた吉備中山の麓に鎮座し、全国唯一の比翼入母屋の社殿は国宝に指定されています。自然の地形をなぞるように続く廻廊の先にあるのは、釜の鳴動で吉凶を占う御竈殿《おかまでん》。すっきり決断できない迷いごとがあったら、鳴釜《なるかま》神事で自分の心の声を聞いてみるといいでしょう。昔話の「桃太郎」は御祭神の伝説を童話化したもので、健康・安産・学問・芸術など幅広く守護してくださいます。勝負運や開運祈願で、大切な試合を控えた有名アスリートの参拝も多いそうです。

見どころCheck!

室町時代から続く自身で見極める神事

神事の釜の音が豊かに鳴れば吉、途切れれば凶

「鳴釜神事」では祈願成就の可否を占います。神職の祝詞に合わせ、巫女が釜に放つ米の音（大小長短）で、祈願者自身が吉凶を判断します。釜の下には鬼として退治された温羅（うら）の首が埋まっているそうです。

廻廊

自然の地形に沿って延びる廻廊は全長約360m。岡山県指定の重要文化財です

運気UP! 授与品

災除けの「桃守」（800円）。桃にある小さな穴をのぞくと桃太郎の姿が映ります。恋愛成就のマストアイテムです

御祭神の大吉備津彦命から勝ち運を頂ける「勝守」（800円）

授与所の脇にはおみくじコーナーがあります。おみくじは、花、よろこび、子供、いにしえ、英語の5種類

岩山宮への参道には、約1500株のあじさい園が広がります。見頃は6月下旬です　©岡山県観光連盟

御朱印

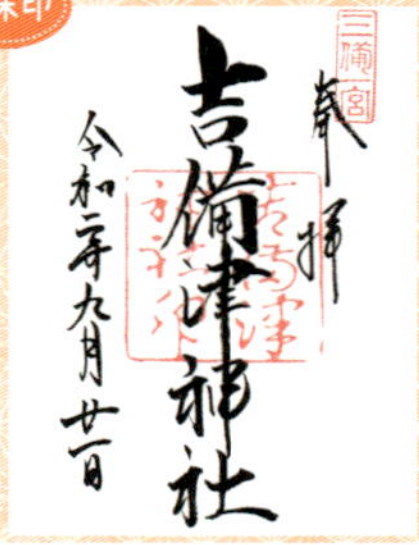

墨書／奉拝、吉備津神社　印／三備一宮、吉備津神社印　●三備（備前・備中・備後）の一宮と称される、吉備国の総鎮守です

御朱印帳はP.22で紹介！

お守り

魔除けパワーを身につける「災難厄守」（800円）。桃型の鈴が付いています

DATA
吉備津神社
創建／不詳　※西暦200年～300年頃と推測される
本殿様式／吉備津造（比翼入母屋造）
住所／岡山県岡山市北区吉備津931
電話／086-287-4111
交通／JR吉備線「吉備津駅」から徒歩10分
参拝時間／5:00～17:30
（閉門は18:00）
御朱印授与時間／9:00～16:00
URL http://www.kibitujinja.com

ランチはここで！

お昼時に混み合うお食事処

吉備津神社の門前にある、おみやげ屋さんが兼業する食堂です。うどん、そば、カレーのほか、かき氷や甘酒など甘味でひと休みするのもおすすめ。きび団子が入った桃太郎ぜんざいが人気です。

DATA
桃太郎
住所／岡山県岡山市北区吉備津915
電話／086-287-5654
営業時間／9:00～17:00

名物の「桃太郎うどん」（1550円）。キジ肉やきび団子など具だくさん

主祭神
大己貴神《オオナムチノカミ》
素戔嗚尊《スサノオノミコト》
少彦名命《スクナヒコナノミコト》

悪縁消除

古代からのパワースポットで
悪縁を断ち良縁をゲット!

御《おん》嵜《ざき》神《じん》社《じゃ》

周囲には巨大な前方後円墳が点在する、丘陵地帯に鎮座します。鳥居から社殿まで長く回廊が延び、境内は古墳時代からの厳かな空気でピリピリするほど。悪縁を絶つお守りや御符には強力なパワーがあり「一唱一筆の古法により御祭神の力を封じ込めています」と神職が教えてくれました。授与品や御朱印に、社務所を兼ねた宮司宅で頂けます。

御朱印

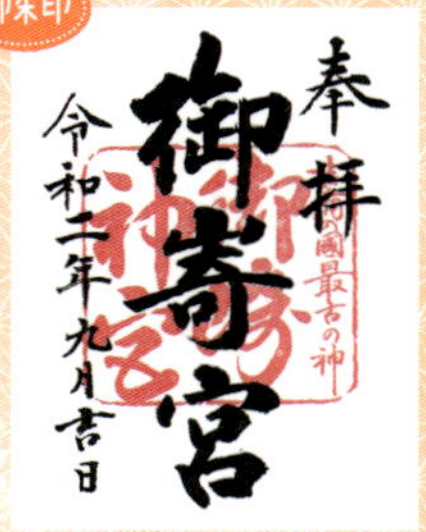

墨書／奉拝、御嵜宮　印／吉備の國最古の神　御嵜神宮　●有史以前から三座の磐境(いわさか)が祀られた霊山から遷座したとされています

運気UP! 授与品

お守り

特別に祈祷された「道通護符御守」(2000円)。授与された人は「アジマリカウム」と常に唱えると守護されるそうです

DATA
御嵜神社
創建／1365(貞治4)年
本殿様式／春日造
住所／岡山県総社市地頭片山183
電話／0866-92-1521
交通／JR吉備線「東総社駅」から車で10分、またはJR伯備線「総社駅」から車で15分
参拝時間／自由
御朱印授与時間／電話で事前確認

見どころCheck!

容姿端麗な姫君の石殿

境内社の須賀神社には、黒日売命（くろひめのみこと）をお祀りした石殿があります。仁徳天皇から寵愛を受けた吉備国の姫君に、美容アップや縁結びをお願いしましょう。

主祭神
大名持命《オオナムチノミコト》
須世理姫命《スセリヒメノミコト》

縁結び

324社の神々に祈願して
良縁成就の総仕上げ!

備《びっ》中《ちゅうの》国《くに》総《そう》社《じゃ》宮《ぐう》

平安時代に備中国（岡山県西部）の324社を勧請しました。神池を囲む前庭や、長い回廊で結ばれた社殿など、雅な伝統美の世界が広がります。父神からの試練を乗り越えて、結婚された大名持命と須世理姫命が主祭神なので、縁結びや恋愛成就のパワーをがっつり頂きましょう。本殿の周囲には12の境内社も鎮座しています。金運アップや福徳を願うなら、神池のほとりにたたずむ笑主《えびす》神社の参拝を忘れずに！

見どころCheck!

心を鎮める広大な神池

前庭に広がる神池は、上空から見ると「心」の字をくずした形。心字池（しんじいけ）と呼ばれる造園技術です。心身のエネルギーを補充しましょう。

御朱印帳はP.21で紹介!

御朱印

墨書／奉拝、備中國總社宮　印／備中國總社宮、横木瓜紋、總社宮印　●備中にあった全神社を合祀しました。総社の地名の由来ともされる社です

DATA
備中国総社宮
創建／平安時代
本殿様式／流造
住所／岡山県総社市総社2-18-1
電話／0866-93-4302
交通／JR吉備線「東総社駅」から徒歩3分
参拝時間／8:00～17:00
御朱印授与時間／8:00～17:00
URL https://www.soja-soja.jp

運気UP! 授与品

お守り

「幸守」(500円)。対で舞う鳳凰は夫婦和合の象徴です

日帰りコース3

児島半島

国生み神話ゆかりの地で 女子力UPのパワーをGET!

世界が注目するジャパンデニム発祥の地、児島。その歴史は『古事記』の国生み神話まで遡ります。神話ゆかりの聖地には、女子力をアップしてくれるパワフルな神社が点在。御朱印を集めながら参拝すればヘルシー＆ビューティな心とカラダをゲットできます！

主祭神
豊玉姫命《トヨタマヒメノミコト》

運気アップ

巨大な霊石にタッチして たっぷり運気をチャージ

玉《たま》比《ひ》咩《め》神《じん》社《じゃ》

児島半島を海沿いに南下すると、陽光を浴びて輝く巨岩が突如出現！「霊岩」と呼ばれる御神体です。巨岩には石橋が架けられ、直接触れることができます。そっと手を当ててエネルギーをチャージしましょう。「巨岩を崇敬する原始信仰が当社の起源です。この地はかつて海岸で、満潮になると霊岩は海水に隠れたそうです」と宮司は言います。主祭神は竜宮城の乙姫様ともされる美貌の神。海の女神と霊岩からのパワーで、元気と運気をアップさせましょう。

見どころCheck!

臥龍山に鎮座する境内社

本殿の裏手から徒歩5分、臥龍山の中腹にある「臥龍稲荷神社」は隠れたパワースポット。背後に岩壁がそびえ、奥宮もおかれた巨石信仰の聖地です。ここから瀬戸内海の景観も望めます。

霊岩

「立石」とも呼ばれる霊岩に手で触れ、願掛けをし、岩の周囲をひと回りします。生命力と運気が頂けます！

運気UP! 授与品

お守り

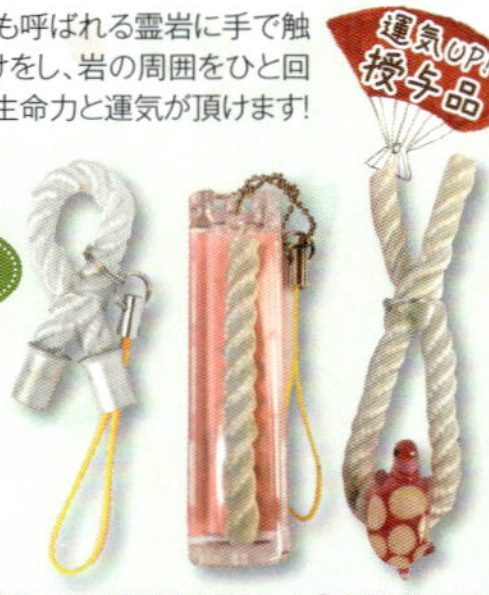

縁結びや開運を祈祷した「支綱（しこう）守り」。厳粛な進水式の儀式で実際に使われた支え綱です。ストラップ500円、ケース入り600円、トンボ玉付き1500円

MAP

移動のポイント
由加神社本宮への公共交通はありません。宇野駅を起点とするタクシー会社で手配しておくと便利です。

御朱印

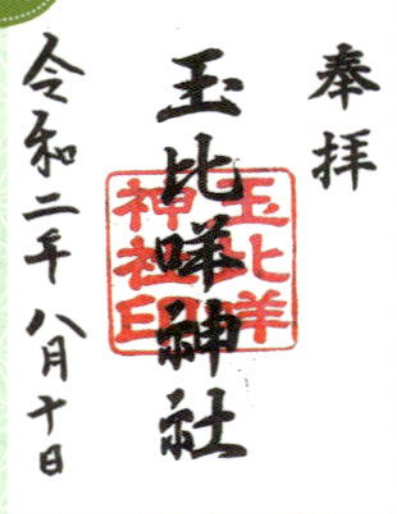

墨書／奉拝、玉比咩神社　印／玉比咩神社印　●玉は神霊を意味し、かつて巨岩は玉石とも呼ばれました。玉野市の地名も御神体の霊岩に由来するそうです

DATA
玉比咩神社
創建／不詳
本殿様式／流造
住所／岡山県玉野市玉5-1-17
電話／0863-31-6805
交通／両備バス「玉比咩神社前」から徒歩1分
参拝時間／自由
御朱印授与時間／9:00～17:00

モデルプラン 日帰り

9:05「岡山駅」→（バスと徒歩で65分）→10:10 玉比咩神社（滞在40分）→（車で20分）→11:10 由加神社本宮（滞在40分）→（車で30分）→12:20「児島駅」周辺でランチ（滞在60分）→（バス＋徒歩で20分）→13:40 木華佐久耶比咩神社（滞在50分）→（バス＋徒歩で20分）→14:55 日本第一熊野神社（滞在40分）→（バス＋徒歩で35分）→16:10 阿智神社（滞在40分）→（徒歩で10分）→17:00「倉敷駅」

主祭神
彦狭知命《ヒコサシリノミコト》
手置帆負命《タオキホオイノミコト》

厄除け

心機一転で幸せをキャッチする
パワフルな厄除けの総本山へ

由《ゆ》加《が》神《じん》社《じゃ》本《ほん》宮《ぐう》

表参道から19段、25段、33段、42段、61段と厄除けの石段が続きます。さすが厄除けの総本山。厄年にちなんだ長い階段を上りきると、すっきり穢れが落ち心と体が軽くなります。浄財箱が一段一段に置かれていて、自分の年齢分の一円玉やお米を奉納しながら上がると、さらに厄除け効果がアップするそうです。御祭神は「求めがあれば必ず応じてくれる(有求必應)」という、とても頼もしい神様。開運や健康運はもちろん、恋愛成就もバックアップしてくださいます。良縁祈願は「縁結びの小路」を通って拝殿の床下に入り、男獅子・女獅子にも念押しのお願いをしましょう！

三の鳥居が建つ表参道入口から厄除けの石段が始まります。参道脇の花々を眺めながら上りましょう

備前焼で造られた鳥居としては日本一の大きさです。両脇には備前藩主が奉納した、備前焼の狛犬が鎮座します

運気UP! 授与品

金運アップで幸福を招く「黄金お守り」(800円)。宝くじやtotoが当選したとの声も多いそうです

お守り

「八方除御守」(800円)。八角柱の上部に四神、下部に方位除けが刻まれ、災難からガードしてくれます

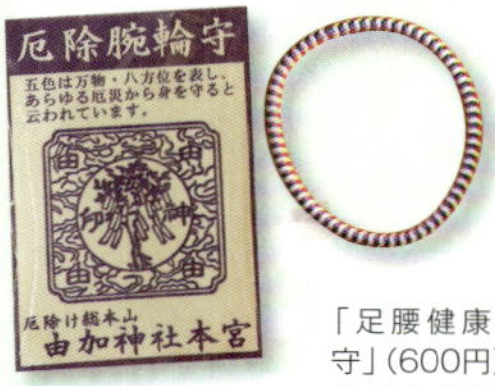

「厄除腕輪守」(600円)。厄災から身を守る、八方位を示す5色のブレスレットです

「足腰健康御守」(600円)。金のわらじは「元気に歩く」健康と、縁結びの縁起物です

見どころCheck！

厄祓いの橋

「厄絵馬」に願をかけ、厄の字を切り取って、自分の穢れを厄祓いの橋に捨てましょう。心を清めて心機一転できます。橋を通るときは、他人が捨てた厄の字を踏みつけても、避けて歩いても、どちらでも大丈夫です！

縁結びの獅子

拝殿から縁結びの小路を通り、スサノオ神を祀る祠へ。2体の獅子が鎮座し、女性は右の男獅子、男性は左の女獅子に祈願すると恋愛が成就するそうです。真剣に祈ったらすてきな出会いに恵まれた、という感謝の声も多いのだとか。

子授けの御神木

拝殿の右手にあるクスノキの大木からは、子授けの御利益を頂けます。かつて備前藩主もこの御神木を参拝して、子供を授かったそうです。男の子を願うなら右回りに3周、女の子を願うなら左回りに3周し、強く念じます。

見どころCheck!

弁天様の御霊水

本殿地下から湧き出る霊水で、お金を洗い清めると福銭に！ 何倍にもなって返ってくるとか。

タコ神様の像

児島半島は全国有数のタコ漁地。大鳥居の脇にある航海安全の神様は、人気の撮影スポットです。

磐座

拝殿の左奥にある巨岩は、磐座（いわくら）信仰の御神体です。強力なパワーが頂けます。

さらにCheck! 御利益スポット

御朱印

御朱印帳はP.24で紹介！

墨書／奉拝、由加宮、くらしき由加山　印／大権現の印、神籬の印、由加宮宮司印　●神印の神籬（ひもろぎ）は神様の依り代（よりしろ）を示します。御祭神の加護を授かれます

御朱印と一緒に由加大神の御姿も頂けます

体をさすれば痛みが取れる消痛の小槌！拝殿にあります

DATA
由加神社本宮
創建／733（天平5）年
本殿様式／比翼入母屋造
住所／岡山県倉敷市児島由加山2852
電話／086-477-3001
交通／JR瀬戸大橋線「児島駅」から車で20分
参拝時間／自由
御朱印授与時間／8:30〜16:30
URL https://www.yugasan.or.jp

お茶屋でひと休み

由加山名物「あんころ餅」

400年以上も愛されている銘菓を、表参道に面した茶屋で味わいましょう。あんころ餅と抹茶のセット。ドリンクはお茶やコーヒーにも変更できます。

あんころ餅は持ち帰りもOKです

DATA
由加山 太助茶屋
電話／086-477-7112
営業時間／9:00〜16:00
休み／無休

主祭神
木華佐久耶比咩命《コノハナサクヤヒメノミコト》
大山祇命《オオヤマヅミノミコト》
大名持命《オオナモチノミコト》

縁結び・美容

桜のように麗しい女神が恋活を優しくサポート

木《この》華《はな》佐《さ》久《く》耶《や》比《ひ》咩《め》神《じん》社《じゃ》

湖畔に沿って参道が真っすぐに延びます。右手に奥宮が鎮座する福南山が広がり、歩くだけで神聖な空気に癒やされます。景観に溶け込む御社殿に祀られているのは、天孫がひとめで恋に落ちるほど美しい女神です。御神徳が「美の増進」とあって、女子力アップや美人祈願の参拝者があとを絶ちません。御朱印は拝殿でのセルフ頒布となります。

見どころCheck!

奥宮が立つ福南山の山頂

山頂にある奥宮まで徒歩20〜30分ほどです。もともと社殿があった場所なので強いパワーがあります。好天の日には、瀬戸大橋も望めます。

御朱印

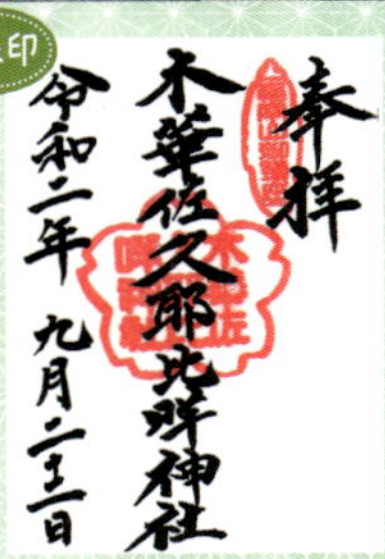

墨書／奉拝、木華佐久耶比咩神社　印／福南山御鎮座、木華佐久耶比咩神社　●桜の花の社印は麗しい主祭神を表します。境内は知る人ぞ知る桜の名所です

運気UP! 授与品

お守り

「はなさち守」（800円）。桜パワーで良縁をゲット

DATA
木華佐久耶比咩神社
創建／600〜700年頃
本殿様式／流造
住所／岡山県倉敷市福江1671-4
電話／086-485-0047
交通／下電バス・天城線「木華佐久耶比咩神社入口」から徒歩3分
参拝時間／自由
御朱印授与時間／9:00〜17:00

身体健全

国生みの女神と八尾の狐に
健やかな毎日をお願い

日《に》本《ほん》第《だい》一《いち》
熊《くま》野《の》神《じん》社《じゃ》

主祭神
伊邪那美命《イザナミノミコト》

頭、髪、皮膚、心臓、リンパ、血液など、部位ごとの「からだ守り」は60以上！女性が気になる、アレルギーや膀胱なども、守護していただけます。「お守りを持つことで自分の体を気遣うことが大切です」という神職の言葉を肝に銘じましょう。日本有数の豊富さを誇る、お守り授与所の脇には、八尾羅宮が鎮座します。嫁いびり防止の社として、古くから信奉されました。家庭やオフィスでの人間関係の悩みは「いじめ除けの神」に祈願すれば、心の健康も授かれます。

見どころCheck!

魂が生まれ変わる「蘇りの橋」

参道から進み、本殿の手前に「蘇りの橋」と呼ばれる小さな橋が架かっています。渡ると心魂が蘇生するとされ、気持ちをリセットしてくれます。生まれ変わった気持ちで、新たな恋や生活をスタートしましょう。

狛犬

社殿を備前焼の狛犬が守護しています。赤茶色のユーモラスな表情が緑のバックに映えて、撮影ポイントとしても人気です。

御社殿

社殿は左から第三殿・第一殿・第二殿・第四殿・第五殿・第六殿と並びます。和歌山の熊野本宮大社と似た形式で、第二殿は国の重要文化財に指定されています

お守り

運気UP!授与品

ピンポイントで気になる健康運をアップ!

「からだ守り」（各1000円）。気になる部位や病気の種類は、これからも増え続けるそうです。国生みの主祭神パワーで、健康と生命力アップを授かりましょう

御朱印

墨書／奉拝、熊野神社　印／八咫烏印、社紋（十六菊に一の文字）、日本第一熊野神社社紋　●月替わりで境内に咲く花の挿絵が入った御朱印も頂けます

墨書／奉拝、八尾羅宮　印／八尾羅宮印、伝説の飾印　●八尾羅宮は8つのお願いができるお宮です。稲荷神の眷属であるキツネが祀られています

DATA
熊野神社
創建／701（大宝元）年
本殿様式／春日造、入母屋造
住所／岡山県倉敷市林684
電話／086-485-0105
交通／下電バス「熊野神社入口」から徒歩10分、またはJR瀬戸大橋線「木見駅」から徒歩20分
参拝時間／自由
御朱印授与時間／無人の授与所で書き置きを随時頒布
URL http://kumano-jinjya.com

割札

「八尾羅宮割札守」（1000円）。ふたつに割って願いごとを奉納し、お守り札は身につけます

主祭神
ムナカタサンジョシン
宗像三女神

女子力アップ

ハッピーな未来へと誘う！
恋する乙女たちの強い味方

阿《あ》智《ち》神《じん》社《じゃ》

倉敷美観地区の東山には、標高40mの鶴形山があります。風情ある商店街から石段を登れば、倉敷の街並みが見下ろせます。旧倉敷の鎮守、宗像三女神を祀る神社は山頂に鎮座しているのです。御祭神の別名は道主《みちぬしの》貴《むち》。ターニングポイントでよい方向へ導いてくれる開運の神様です。「美容と芸能上達の女神をお祀りしているので、縁結びや女子力アップの御利益を願う女性参拝が増えています」とご神職。境内に咲く藤の花をモチーフにしたお守りや、随身門を飾るウサギを配した御朱印帳など、乙女心をくすぐる授与品が揃います。

見どころCheck!

美観地区を彩る古くからの風物詩

天然記念物の「阿知の藤」が見頃となる5月上旬には、境内の藤棚でお茶席が開かれ、雅楽も演奏されます。ピンクの印の限定御朱印も頂けます。

藤見の会

御神幸行列

秋季例大祭が行われる10月の第3日曜には、約200名の時代行列が美観地区を練り歩きます。三女神の舞や、獅子舞も披露され、祭りを盛り上げます。

随身門

見つけると幸運を招くという、ウサギが彫られています。急な傾斜の石段にあり、四季折々の景色を美しく見渡せる、撮影スポットとしても人気です

御朱印帳にもデザインされてます！

御朱印

限定御朱印や御朱印帳はP.14・21で紹介！

墨書／奉拝　印／三つ巴紋、阿智神社　●倉敷市街の9社も兼務しています。青江神社などの御朱印は必ず参拝した後に申し込んでください

墨書／奉拝、倉敷護國神社　印／菊に桜紋、倉敷護國神社　●本殿の右手にある境内社の御朱印です。戦争で散華された御英霊3416柱をお祀りしています

運気UP!授与品

お守り

「心願成就守」（1000円）

「星海守」（500円）。宗像三女神が人生の航路を安全に導いてくれます

DATA
阿智神社
創建／不詳
本殿様式／入母屋造
住所／岡山県倉敷市本町12-1
電話／086-425-4898
交通／JR「倉敷駅」から徒歩10分、または下電バス「倉敷芸文館東」から徒歩5分
参拝時間／自由
御朱印授与時間／9:00～17:00
URL https://achi.or.jp

第三章

御利益別！　今行きたい神社

Part 1

総合運

恋愛、仕事、健康、金運……どれも大切で、全部願いをかなえたい！　そんなあなたは、こちらの神社へＧＯ！

★総合運★絶対行きたいオススメ神社３選

- 広島護國神社（広島）／牛窓神社（岡山）／空鞘稲生神社（広島）
- 吉備津神社（広島）／
- 安仁神社（岡山）
- 三蔵稲荷神社（広島）
- 伊勢神社（岡山）
- 白神社（広島）
- 石上布都魂神社（岡山）／
- 多家神社（埃宮）（広島）
- 岡山縣護國神社（岡山）
- 速谷神社（広島）
- 勝間田神社（岡山）／
- 福山八幡宮（広島）
- 中山神社（岡山）
- 廣瀬神社（広島）
- 沼名前神社（広島）／
- 三輪明神広島分祠（広島）
- 一之宮めぐりで頂く御朱印

☆総合運☆ 絶対行きたいオススメ神社 3選

多彩な御神徳で全方位から人生をサポート

どこから開運さんぽを始めようか迷う人や、あれもこれもお願いしたい人におすすめの神社をセレクトしました。歴史がある、宮司さんが優しいなど、広島 岡山のなかでも特にパワーのある神社へ足を運んでみましょう。

絶対行きたい
オススメ神社 1

広島一の勝ち運を授かる復興のシンボル

明治維新の戊辰の役で活躍した広島藩士などを祀ります。初詣の参拝者は中国地方で最も多い神社です。

広島

広島護國神社
【ひろしまごこくじんじゃ】

400年以上の歴史をもつ広島城の本丸跡に鎮座します。原爆により焼失した社殿が、政治・経済の中枢に造営され、復興を遂げました。人々を思う平和の守り神が、幸福と健康をもたらすパワーはとても強力！ 特に勝負事に御神徳があり、広島東洋カープが必勝祈願に参拝することでも有名です。英霊に深く感謝し、勇気や元気を授かりましょう。

主祭神

高間省三命《タカマショウゾウノミコト》以下七八柱

英霊《エイレイ》約九万二千柱

仲睦まじい鯉にあやかり恋愛成就！

拝殿で神様にご挨拶した後には、社務所の前にある双鯉の像（そうりのぞう）から恋愛パワーを頂きましょう。「鯉」は「恋」につながり、夫婦円満や恋愛成就のスポットとして評判です。

限定御朱印と御朱印帳はP.17・22で紹介！

墨書／広島護國神社　印／鯉城跡鎮座、菊桜紋、広島護國神社　●神紋は皇室ゆかりの十六菊で、その中央に英霊への敬意を示す桜の紋が入ります

お守り

恋愛運や金運を強い力で呼び寄せる「こい守」（1000円）。「恋・来い」とかけてあります

おみくじ

「鯉おみくじ」（300円）のほか、キュートな干支おみくじも人気です

5月最終の金・土・日曜の「万灯みたま祭」は慰霊と感謝の祭です。みこ踊りも舞われます

みんなのクチコミ!!

拝殿の右脇にあるのは昇鯉（しょうり）の像。難関突破や目標達成などの御利益を頂けます

DATA

広島護國神社

創建／1868（明治元）年
本殿様式／護國造
住所／広島県広島市中区基町21-2
電話／082-221-5590
交通／アストラムライン「県庁前駅」から徒歩10分、または広電白島線「女学院前駅」から徒歩12分
参拝時間／自由
御朱印授与時間／9:00～17:00
URL https://www.h-gokoku.or.jp

神社の方からのメッセージ

5月5日に行われる「広島泣き相撲」は、生後6ヵ月から1歳半の赤ちゃんによる奉納行事。「泣く子は育つ」といわれるように心肺機能を高めて健やかな成長を祈願します。元気な泣き声は邪気を祓い、福を招きます。

神社が鎮座する広島城の別称は「鯉城（りじょう）」。築城された土地が己斐の浦（こいのうら）と呼ばれていたため、あるいは堀に鯉が多かったからなどが名前の由来とされています。広島城の天守閣から市内を眺めると、城郭の規模が実感できます。

絶対行きたい
オススメ神社2

神功皇后と牛鬼の伝説が残るパワスポ

瀬戸内の海に囲まれた豊かな自然からパワーチャージ！陽気な宮司さんや、カラフルな限定御朱印も人気です。

岡山

牛窓神社【うしまどじんじゃ】

「日本のエーゲ海」と称される風光明媚な浜辺から、長い参道が延びています。神門を通り、深い森へ上っていくと、神聖な空気に浄化されることを実感できるはず。主祭神は巫女であり、皇軍も率いた神功皇后。牛窓神話でも活躍が描かれた古代のヒロインが、女子力をアップしてくれるパワースポットとして人気を集めています。手水舎で「五つの気」を充電し、穢れを清める力水を授かりましょう。

主祭神

神功皇后《ジングウコウゴウ》
応神天皇《オウジンテンノウ》
比売大神《ヒメオオカミ》
武内宿禰《タケノウチノスクネ》

古代神話の光景に思いをはせる

参道沿いにある蕪崎園地の展望台は、必ず訪れたい絶景スポットです。紺碧の海と、牛窓の伝説にも登場する島々が一望できます。瀬戸内海国立公園にも指定されています。

授与品

手作りの牛の陶磁器（2000円）は開運を招き、災い除けの縁起物です。須恵器の聖地として国指定の史跡がある「寒風」の工房で作られます

お守り

「えんむすび守」（800円）。下駄のコッポリは、良縁や夫婦円満を招いて、旅の安全も加護します！

邪気を祓う牛鬼くんの力水。元気、やる気、勇気、本気、根気のパワーを手水舎で授かれます

みんなのクチコミ!!

宮司さんはとても気さくで、気軽に話しかけてくれます。お会いできたら、牛窓の歴史、御祭神や御利益についてお伺いしてみるのも楽しいはず

限定御朱印と御朱印帳はP.14・22で紹介！

墨書／御神拝、神功皇后御聖地、備前、岡山、牛窓神社、元気、やる気、勇気、根気、本気、五氣の杜　印／瀬戸内海国立公園、御守護、神紋（五三の桐）、牛窓神社、牛窓神社社務所之印

お守り

オリーブの実と瀬戸内海が描かれた「肌守り」（800円）

DATA

牛窓神社

創建／不詳　※平安時代の長和年間（1012～1017年）の頃
本殿様式／入母屋造
住所／岡山県瀬戸内市牛窓町牛窓2147
電話／0869-34-5197
交通／両備バス「オリーブ園入口」から徒歩20分
参拝時間／自由　※夜間は参拝不可
御朱印授与時間／9:00～17:00
URL https://ja-jp.facebook.com/ushimadojinja

＼神社の方からのメッセージ／

秋季大祭の「牛窓秋祭」では、名物の胴六角の御神輿のほか、各地区の船形だんじりが見ものです。太刀踊り、唐子踊りの奉納もあります。フェイスブックやインスタグラムで情報を発信しているのでチェックしてみてください。

『備前国風土記逸文』によると、神功皇后が男装して備前の海上を航海中に、大きな牛が現れて船を覆そうとしたそうです。これを老翁の姿で現れた住吉明神が投げ倒して難を逃れました。この逸話から、この地が牛転（まろ）び→牛窓と呼ばれるようになったのだとか。

絶対行きたい
オススメ神社 3

五穀豊饒の神様が生活全般をサポート！

豊かな衣食住を司る稲の精霊が主祭神です。城下町の発展を導いた道開きの御利益も頂けます！

広島

空鞘稲生神社【そらさやいなおじんじゃ】

古書によると毛利輝元が広島城の築城を決めた際に、空鞘大明神としてこの地に祀られました。旧太田川の流れ込む湾のほとりが「広島」と名付けられたのもその頃で、城下町の繁栄をずっと見守ってきた古社です。食物を司る神様をお祀りしていることから、食べることに困らない招財のパワーは絶大。また市場の神様もお祀りしているので、商売繁昌の御利益も高く、数多くの例祭で地域住民と深く結びついています。

主祭神

宇迦之御魂神《ウカノミタマノカミ》　宇気母智神《ウケモチノカミ》
和久産巣日神《ワクムスヒノカミ》

みんなのクチコミ!!

参道に3つの末社が鎮座しています。事代主を祀る恵美須神社、猿田彦を祀る幸神社、そして稲生神社。参拝すればすべての御朱印を頂けます！

「氣御守」(1000円)は宮司が直筆した字を刺繍しています。「米」が入る旧字には、生命のエネルギーが込められています

境内を埋め尽くす福かき熊手

11月14日にはえびす祭が盛大に執り行われます。境内いっぱいに福かき熊手を並べ、神職が清め祓い、祝詞をあげてすべての授与品に入魂するため御利益が期待できます。名筆で知られる宮司直筆の名札も付きます。

爆心地の近くで芽吹いた「原爆クスノキ」は生命力を頂ける御神木です。元安橋左岸を整備する際に、境内へと移されました。今では神社を見守る大木となり、そのパワーにあやかる参拝者も多いそうです

限定御朱印と御朱印帳はP.14・23で紹介！

墨書／奉拝、空鞘稲生神社　印／社紋(三つ亀甲剣花菱)、空鞘稲生神社　●社名の「空鞘」は境内の松の木に、刀の鞘が掛かっていた伝承に由来します。独創的な丸い書体は宮司の潤筆です

墨書／開運招福、そらさや、恵美須神社　印／蔓柏紋、空鞘神社之印

墨書／みちひらきの神、そらさや、幸神社　印／五瓜に梅鉢紋、空鞘神社之印

DATA

空鞘稲生神社

創建／天文年間(1532～1555年)
本殿様式／一間社流造
住所／広島県広島市中区本川町3-3-2
電話／082-231-4476
交通／広島電鉄「本川町駅」、「寺町駅」から徒歩5分
参拝時間／自由
御朱印授与時間／9:00～17:00
URL www.sorasaya.or.jp

神社の方からのメッセージ

当社では「神社は日常にある非日常な空間」を合言葉に神社をお守りしています。心にゆとりができる境内で、ふらっと立ち寄り手を合わせたり、出先で神社を見つけ足を踏み入れたりと、ぜひお気軽にお参りください。

主祭神の宇迦之御魂神・宇気母智神は生きる根源である食物を司る神様で、人々の生命を養い育てる力があるとされています。御祭神の名に付く「ウカ・ウケ」は「清浄、あるいは立派な食物」を表し、稲穂に米(子)がたくさん実ることから安産の御利益もあります。

備後開拓の神を祀る一宮

広島

吉備津神社
【きびつじんじゃ】

桃太郎のモデルとされる大吉備津彦命を祀る備後国の一宮で、地元では一宮《いっきゅう》さんの名で親しまれています。約4万坪の境内は全域が国の史跡で、本殿は国指定の重要文化財。小高い丘に鎮座する十二神社には、主祭神に縁の深い神々が祀られ、願望成就の御利益を頂くことができます。

墨書／吉備津神社　印／備後國一之宮、備後一宮吉備津神社　●一宮の印を2ヵ所に頂けます。境内社の十二神社や櫻山神社の御朱印もあります

天然記念物の大イチョウは樹齢600年。市立大祭ではこの広場にたくさんの露店が並びます

御朱印帳

境内の寒桜や本殿、御池がカラーで描かれた木製の「御朱印帳」(2000円)

主祭神
大吉備津彦命《オオキビツヒコノミコト》

DATA
吉備津神社
創建／806(大同元)年
本殿様式／入母屋造
住所／広島県福山市新市町宮内400
電話／0847-51-3395
交通／中国バス「一ノ宮」から徒歩4分、またはJR福塩線「新市駅」から車で5分
参拝時間／自由
御朱印授与時間／9:00～17:00
URL http://bingokibitujinja.com

みんなのクチコミ!!

参拝後には一ノ宮バス停前にある「カフェ・なつめ庵」でおいしいコーヒーを楽しみましょう。土・日曜のみ営業してます

幸福に導く城北のお稲荷さん

広島

三蔵稲荷神社
【さんぞういなりじんじゃ】

水野勝成公が福山城を築城する際、守護神として城郭の北に祀りました。江戸中期から福山藩主となった阿部家も篤く崇敬し、災難から救われた伝承も残っています。ピンチの際におすがりしたい神様といえるでしょう。スキルアップや金運向上の祈願にもおすすめです。

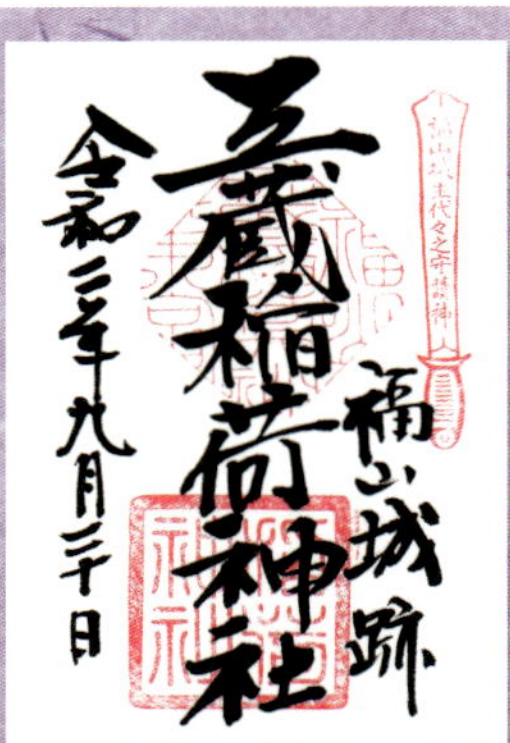

墨書／福山城跡、三蔵稲荷神社　印／福山城主代々之守護神、三蔵稲荷福山本宮、稲荷神社　●福山城を守護する剣の印が刀剣女子に人気です

墨書／奉拝、石鎚神社、福山城遥拝所　印／伊豫高峯鎮座、石鎚神社の社紋、福山鎮座　●境内社である石鎚神社の御朱印も頂けます。総本宮の御神体は西日本最高峰の石鎚山です

お守り

左から「幸せを呼ぶ桜のお守り」、「えんむすび御守」(各1000円)

主祭神
宇賀魂大神《ウガノミタマノオオカミ》　猿田彦大神《サルタヒコノオオカミ》
大宮女大神《オオミヤメノオオカミ》

DATA
三蔵稲荷神社
創建／1619(元和5)年
本殿様式／三間社流造
住所／広島県福山市丸之内1-8-7
電話／084-922-1569
交通／JR「福山駅」から徒歩5分
参拝時間／自由
御朱印授与時間／8:00～17:00
URL http://www.sanzoinari.jp

みんなのクチコミ!!

「湯立神事」では神霊を乗り移らせたお湯に笹の葉を浸し、氏子は笹の枝を持ち帰ります。1年健康に過ごせるそうです

みんなが仲よくすることで福を招く

大切な人との仲を取り持つ菊理姫が主祭神です。境内にある広島の歴史を知る史跡も見逃せません。

広島

白神社

【しらかみしゃ】

原爆の爆心地より490mの地点に鎮座しています。赤く変色した岩礁やクスノキなど樹木には被爆の痕跡が残り、境内は厳かな雰囲気に満ちています。

神社正面の注連柱前にある石柱は、原爆で破損した石鳥居の柱を再利用しており、復興した姿で広島の人々を励ましました。ともに力を合わせることで困難を乗り越えてきた歴史から、和合招福の御利益が授かれます。主祭神は和合の神徳をもつ菊理姫神。伊邪那岐神と伊邪那美神を仲直りさせた力で、大切な人との仲もサポートしてくれます。

主祭神

菊理姫神《ククリヒメノカミ》　伊邪那岐神《イザナギノカミ》
伊邪那美神《イザナミノカミ》　天御中主神《アメノミナカヌシノカミ》
高皇産霊神《タカムスビノカミ》　神皇産霊神《カミムスビノカミ》
天照皇大神《アマテラススメオオカミ》

自然のパワーを感じる御神木のクスノキ

境内奥には3本のクスノキが葉を茂らせています。被爆により地上部が消失したものの、焼け残った根本から新芽が吹き、成長しました。再生のシンボルともされる御神木もお参りし、パワーを頂きましょう。

御朱印帳はP.23でも紹介！

墨書／奉拝、安芸の国、白神社　印／白神社の印　●拝殿内で御朱印や授与品を頒布しています。書き置きはありませんので御朱印帳を持参しましょう

参拝すると神職が大幣でお祓いをしてくれます。広島では昔から続く作法なのだそうです

みんなのクチコミ!!

境内前に広がる緑地帯は「旧国泰寺の愛宕池」です。城下町の遺構として市指定の史跡となっています

御朱印帳

丸に崩し違い鷹の羽の神紋が入った「特製御朱印帳」（2000円）。浅野家から賜った特別な紋です

お守り

復活のパワーを頂ける「肌守り」（800円）

拝殿の右にある常磐稲生神社は広島城の三ノ丸にあった社殿に、城内の各鎮守社を合祀して1870（明治3）年に遷座されました。岩の上にお祀りされています

DATA
白神社
創建／不詳　※1387（元中4）年以前
本殿様式／神明造
住所／広島県広島市中区中町7-24
電話／082-247-1363
交通／広島電鉄「袋町駅」から徒歩1分、または広電バス「袋町」から徒歩1分
参拝時間／自由
御朱印授与時間／9:00～16:00

神社の方からのメッセージ

社殿の後ろには、かつてこの地が海中だった頃、海面に突き出ていた岩礁が残っており、「白神社の岩礁」として市指定史跡と天然記念物となっています。奥まで進むとその岩礁の上に本殿が鎮座していることが理解できます。

中町一帯がまだ海だった頃、白神社のある場所は岩礁で、そこに衝突する船の事故を防ぐために白幣を立てて安全祈願をしていました。干拓で岩礁が地上に露出し海難事故はなくなりましたが、安全な航海に貢献した白幣に代わる守り神として神社が建てられたそうです。

初代天皇を祀るパワースポットで強力開運！

神武天皇が建国の旅で立ち寄った聖地です。「誰曽廼森」で勝運と活力を授かりましょう。

広島

多家神社（埃宮）

【たけじんじゃ（えのみや）】

神武天皇一行が東征の途中で7年滞在したとされる多祁理宮《たけりのみや》（埃宮）に鎮座します。困難な旅を乗り越えて初代天皇となった御神徳から、開運や勝利祈願に訪れる人が後を絶ちません。神武天皇をサポートした鳥にちなんだ授与品も多く、道案内をした八咫烏《やたがらす》は導き、ピンチを助けた金鵄《きんし》は勝負事の御利益が期待できます。道に迷ったときには背中を押していただける神社なので、人生の変化のタイミングに訪れてみるのもいいでしょう。

主祭神

神武天皇《ジンムテンノウ》　安芸津彦命《アキツヒコノミコト》

広島城から移築された貴重な遺構

境内にある校倉造の宝蔵は、広島城から移築された稲荷神社の一部です。大正時代に社殿は焼失し、宝蔵のみ残りました。広島城にあった現存する唯一の文化遺産です。

境内に広がる社叢は誰曽廼森（たれそのもり）と呼ばれています。当地に着いた神武天皇が地元民に「曽は誰そ（あなたは誰か）」と尋ねたことが由来だとか

森を含めて約5000坪の広大な神域が広がります

みんなのクチコミ!!

4月の第1日曜に行われる春季例大祭では、神武天皇の建国の偉業をたたえます。境内で奉納少年剣道大会や、舞踊などが披露されます

授与品

勝負の年に授かりたい「勝運の矢」（1500円）、道開きの「お導きの矢」（1500円）。どちらも新年～2月までの時期と数量限定品

お守り

肌身離さず持つことで願いがかなう「心願成就御守」（800円）

絵馬

八咫烏と金鵄から必勝パワーが頂ける「願絵馬」（800円）

墨書／奉拝、多家神社　印／安芸国開祖、多家神社　●書き置きに日付を入れての頒布が基本です。御朱印帳へ墨書を希望する場合はいったん預かり、後日のお渡しとなります

墨書／奉拝、埃宮　印／古事記・日本書紀ゆかりの地、埃宮、金鵄、八咫烏　●埃宮とは日本書紀の神武紀に記されたこの地の名称です

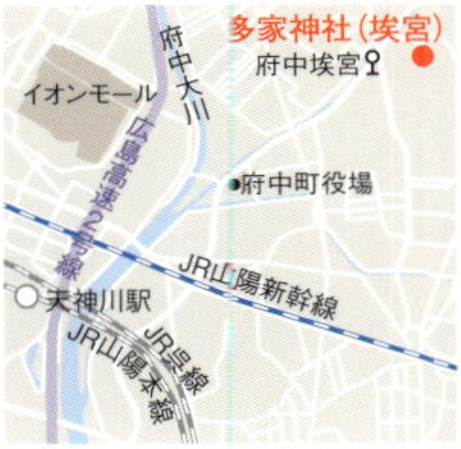

DATA

多家神社（埃宮）

創建／1873（明治6）年
本殿様式／三間社流造
住所／広島県安芸郡府中町宮の町3-1-13
電話／082-282-2427
交通／広電バス「府中埃宮」から徒歩3分、またはJR山陽本線「天神川駅」から徒歩15分
参拝時間／自由
御朱印授与時間／9:00～17:00
URL http://www.takejinja.net

神社の方からのメッセージ

古事記・日本書紀ゆかりの聖地として、全国から参拝者がいらっしゃいます。神武天皇や安芸津彦命はもとより、八幡大神、安芸国のすべての神々、大国主神も相殿神としてお祀りし、縁結びや厄難除けなどの御神徳もあります。

神社の南東にある松崎八幡宮跡は、神武天皇が腰掛けて休んだという「腰掛岩」が残されています。現地に駐車場はありませんが、多家神社から歩いても10分ほどの距離です。腰掛岩への地図が多家神社の社務所に用意されています。

山陽道の守り神が人生の旅路もサポート

産業の道を切り拓いた飽速玉男命を祀る
日本有数の交通安全祈願の神社です！

広島

速谷神社【はやたにじんじゃ】

畿内と九州を結ぶ山陽道沿い、かつて人や物が行き交った経済と文化の要衝に鎮座しています。

御祭神は国土を開拓し、交通の便を開いた安芸国の祖神。古来より長旅の安全がここで祈られた故事にちなみ、今も交通安全祈願の神社として日本各地からドライバーが訪れます。戦国時代には大内義隆、福島正則、毛利元就など武将にも信仰されました。新たな旅立ちや挑戦を決意したときに参拝すれば、強力な勝運も頂けるはず。

主祭神

飽速玉男命《アキハヤタマオノミコト》

樹木のパワーに守られた長寿の神

拝殿奥の樹木に包まれた岩木神社に祀られているのは岩木翁神。この地主神は163歳まで生きた伝説があり、健康長寿、病気平癒の御利益が頂けます。小さな古墳のようなパワースポットです。

みんなのクチコミ!!

運送会社や旅行業界の参拝が多く、交通安全を祈願する車は年間10万台以上だとか。県外からのマイカー祈願も珍しくなく、広島では「車を買ったら速谷さん」といわれています！

参道を進むと大きな楼門が現れます。4本の大柱は1本のヒノキの巨木を4等分して使われているそうです

墨書／奉拝、速谷神社　印／安藝國総鎮守、速谷神社
●広島県西部を中心とする安芸国の総鎮守です。安芸の地名は「飽＝アキ」に由来するという説があり、飽には「豊か」という意味もあります

御朱印帳

社殿をモチーフにした「オリジナル御朱印帳」（1000円）。赤と青の2種類から選べます

お守り

小さな破魔矢をかたどった「交通安全御守」（1000円）。追突したのに軽微で済んだという感謝の声も多いそうです

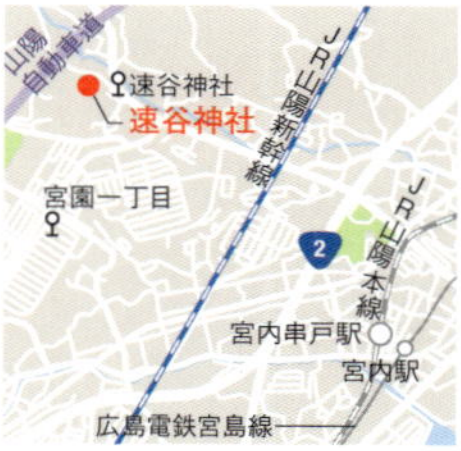

DATA

速谷神社

創建／不詳
本殿様式／三間社流造
住所／広島県廿日市市上平良308-1
電話／0829-38-0822
交通／広電バス「宮園一丁目」から徒歩12分、またはJR山陽本線「宮内串戸駅」から車で10分
参拝時間／日の出から日没
御朱印授与時間／8:00～17:00
URL http://www.hayatanijinja.jp

神社の方からのメッセージ

毎年10月12日に催される例祭（阿岐祭）は、安芸国の建国を祝う重要なお祭りです。例祭の前後には、氏子や崇敬者による神輿渡御や、広島県や島根県に伝わる神楽舞の奉納もあります。

創建の年代は明らかではありませんが、約1800年前から鎮座すると伝えられています。平安時代には官幣大社の格式を頂き、朝廷から厚遇を受けました。官幣大社は中国・九州地方には当社しかなく、山陽道八ヵ国でも最高の神格を誇ったのだそうです。

東西の社殿で八幡三神のパワーが倍増

参道から本殿まですべて同じ様式で造られたふたつの八幡宮が力を授けてくれます！

広島

福山八幡宮

【ふくやまはちまんぐう】

「両社八幡」と呼ばれ、同一規模の社殿がふたつ並ぶ、全国的にも珍しい神社です。それぞれで崇敬されていた2社を江戸時代に遷座し、東御宮、西御宮として福山城を望む丘でお祀りしています。社殿だけでなく、鳥居、石階段、随神門なども双子のように同じ形式。武家の氏神と、町人の産土神を平等に扱って総鎮守とし、人々の融和を願ったのでしょう。オフィスや学校での人間関係を円満にするなど、御神徳も2倍頂けそうです。

主祭神

応神天皇《オウジンテンノウ》　比賣大神《ヒメオオカミ》

神功皇后《ジングウコウゴウ》

みんなのクチコミ!!

水野家家臣の氏神だった野上八幡宮と、町人に信奉された延広八幡宮が東西に並び壮観です。今でも氏子はそれぞれの惣門を通り、東御宮と西御宮に分かれて参拝するそうです

日本で3番目に古い木造の鳥居

ふたつの社の参道に立つ両部鳥居は、日本で3番目に古いそうです。社号額は左大臣だった近衛基熙公によるもの。鮮やかな朱漆塗りの鳥居は東御宮と西御宮で、同様に見られます。

東御宮と西御宮の間には中央拝殿が鎮座します。御鎮座300年を記念して1984（昭和59）年に創建されました。一般的な祈祷や参拝はこちらで行います

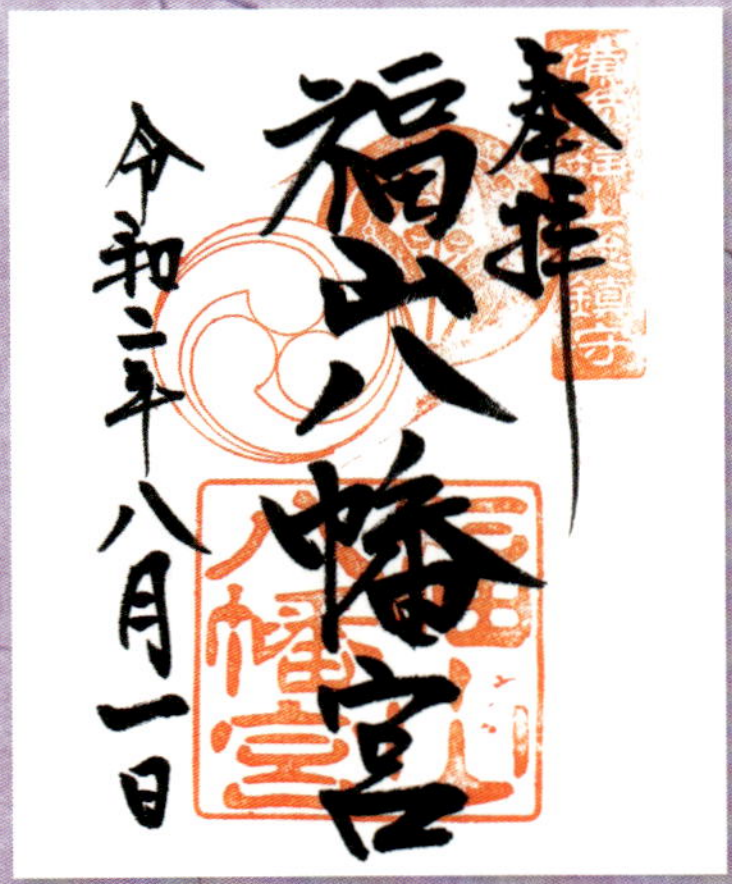

墨書／奉拝、福山八幡宮　印／備後福山総鎮守、神紋（抱き沢瀉、三つ巴）、福山八幡宮　●抱き沢瀉は水野家の家紋です。福山藩4代藩主の水野勝慶公の時代に、今の松廼尾山に移転し総鎮守となりました

お守り

三つ巴の紋があしらわれた「開運健康守」や「福の山守」で幸福を招きましょう（各1000円）

絵馬

神馬が描かれた心願成就の「祈願絵馬」（500円）。就職や受験など人生の大切な場面で勝運をゲット

DATA

福山八幡宮

創建／1683（天和3）年
本殿様式／入母屋造
住所／広島県福山市北吉津町1-2-16
電話／084-924-0206
交通／JR「福山駅」から徒歩8分
参拝時間／自由
御朱印授与時間／8:30～17:00
URL http://www.fukuyamahachimangu.or.jp

＼神社の方からのメッセージ／

後の福山城地にあったふたつの八幡宮が、延広小路と野上口へそれぞれ遷され、それから今の松廼尾山の東西に並び建てられたという複雑な歴史があります。昭和44年に両社の法人格を合併して、福山八幡宮となりました。

西御宮の裏には福山藩初代藩主の水野勝成公を祀る「聡敏神社」があります。また東御宮の奥に「艮神社」へつながる近道があります。どちらも福山八幡宮とともに「福山城周辺の七社」に数えられ、福山駅の観光案内所で「福山城周辺の七社」のパンフレットも入手できます。

美人三女神に開運をお願い！

開運成就を女神三姉妹がサポートします。カラフルな月替わり御朱印も人気です。

広島

廣瀬神社【ひろせじんじゃ】

原爆の被害を受け、古文書が焼失。そのため、創建年代は不明ですが、天正年間（1573〜92）には広瀬村の総鎮守であったと伝わります。社殿は焼失しましたが、鳥居、狛犬、手水鉢は原爆にも耐え、現存しています。きっと三女神が戦火から守ってくれたのでしょう。その鳥居を入ると、正面には緑の樹木を背景に社殿がたたずみます。うつくしの杜と呼ばれる神社では運気アップのほか、心身を美しくする御神徳にもあやかりましょう。

主祭神

市伎島毘賣神《イチキシマヒメノカミ》　多紀都毘賣神《タギツヒメノカミ》

多紀理毘賣神《タギリヒメノカミ》

みんなのクチコミ!!

宮司さんが明るく対応してくださいます。近くの胡子神社も兼務されており、外祭などで不在の場合もあります

魔除けのパワーを狛犬から頂く

昭和20年の原爆で樹齢300年以上の大樹や森は焼失しましたが、爆風に耐えた8体の狛犬は今も境内を守っています。黒く変色したり、ところどころ破損しているのは被災の影響です

限定御朱印はP.16で紹介！

墨書／奉拝、廣瀬神社　印／三つ盛り二重亀甲に剣花菱、廣瀬神社　●御朱印に押印する季節の花は月替わりとなっています。正月や秋季大祭では限定御朱印も頒布されます（書き置き）

お守り

美と縁に恵まれる桃の花柄の「うつくし守」（800円）。匂い袋になっており白檀と柚の香りがあります

絵馬

女性参拝者に評判の「桃の絵馬」（500円）。美容にまつわるお願いも祈願できます

御朱印帳

「オリジナル御朱印帳」（1500円）は2種類。薄いピンクは表に桃、裏に紫陽花の絵柄です。紫色には鳳凰が描かれています

DATA

廣瀬神社

創建／不詳

本殿様式／流造

住所／広島県広島市中区広瀬町1-19

電話／082-231-8614

交通／広島電鉄「寺町駅」から徒歩2分、または広島交通バス「広瀬町」から徒歩3分

参拝時間／自由

御朱印授与時間／9:00〜17:00

URL https://www.hirosejinjya.jp

神社の方からのメッセージ

当社は美しい女神を祀ることから「うつくしの杜」と称しています。毛利輝元が広島城を築城する以前から、この場所に廣瀬弁財天というお社があったのが始まりとされ、縁結びを祈願される方もたくさんいらっしゃいます。

「中のくんち4社めぐり」として廣瀬神社、空鞘稲生神社、三篠神社、旭山神社の4社で、秋季大祭限定の御朱印が頒布されました。4社すべての御朱印を頂くと「蘇民将来」の文字が揃うという共同企画です。最新情報はSNSなどでチェックしましょう。

港町を見守る「鞆の祇園さん」

広島

沼名前神社
【ぬなくまじんじゃ】

鞆の浦に鎮座する福山市随一の古社です。神功皇后が海上安全を綿津見命に感謝し、神社に高鞆《たかとも》を奉納したことから、この地が鞆と呼ばれるようになりました。地元では「鞆の祇園さん」の名前で親しまれているように、須佐之男命も奉斎されており、健康運や縁結びの御利益も頂けます。

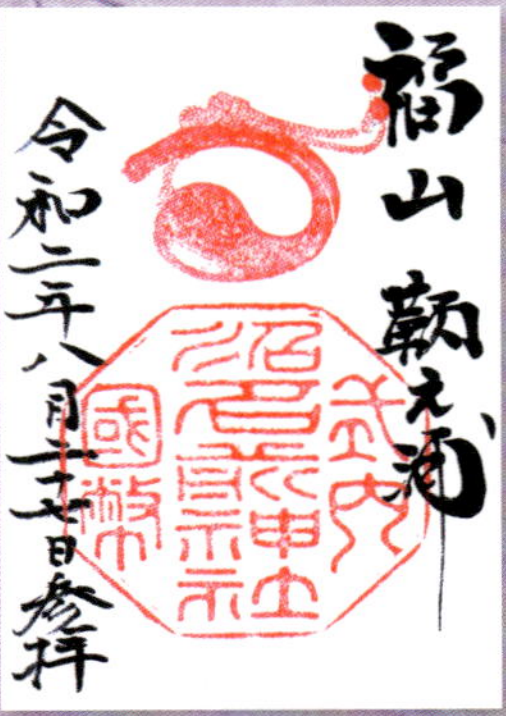

墨書／福山、鞆之浦　印／稜威の高鞆印、式内、國幣、沼名前神社　●稜威の高鞆（いづのたかとも）は弓を射る際の武具で、神功皇后から賜りました

組立式能舞台は日本唯一のもので国の重要文化財です。京都の伏見城にありました

お守り

瀬戸内の海と青い空で運気も上がる「何とかなる守」（1000円）。何事も前向きに！と神様に背中を押していただきましょう

主祭神

大綿津見命《オオワタツミノミコト》　須佐之男命《スサノオノミコト》

DATA

沼名前神社
創建／193（仲哀天皇2）年
本殿様式／流造
住所／広島県福山市鞆町後地1225
電話／084-982-2050
交通／トモテツバス「鞆の浦」から徒歩7分
参拝時間／自由
御朱印授与時間／9:00～17:00
URL https://tomo-gionsan.com

みんなのクチコミ!!

豊臣秀吉が愛した能舞台など歴史遺産の宝庫です。境内にある力石は海上安全の願いが込められ、祭礼時に港の男たちが力比べしたそうです

幸せと良縁を招く三輪明神

広島

三輪明神広島分祠
【みわみょうじんひろしまぶんし】

日本最古の神社とされる、三輪明神 大神神社から御霊を分祀され創建されました。主祭神は大国主神の和魂《にぎみたま》。日本の守護神として幸せを司り、人と人との縁も結んでくれます。高台にある境内には地下水が湧き出る御神水所もあります。厄災を祓い清める水を頂けば、明るい毎日が送れるはず。

墨書／奉拝、三輪明神広島分祠　印／三杉の神紋、三輪明神広島分祠　●神紋は国造りを成就させるために大物主大神をお祀りした三輪山を表します

お守り

鯉の滝登りで運気をアップさせる「昇鯉守」（1500円）。しょうり＝勝利となり、開運や勝運の御利益にも繋がります

境内からは広島市街や瀬戸内海が見渡せ、春には桜の名所としてにぎわいます

主祭神

大物主大神《オオモノヌシオオカミ》　大己貴大神《オオナムチオオカミ》
少彦名大神《スクナヒコナオオカミ》　豊受大神《トヨウケオオカミ》
大山祇大神《オオヤマヅミオオカミ》　火之迦倶槌神《ヒノカグツチカミ》

DATA

三輪明神広島分祠
創建／1955（昭和30）年
本殿様式／吉備津造
住所／広島県広島市西区古江上1-376-15
電話／082-271-6004
交通／ボンバス「古江」から徒歩8分、または広島電鉄宮島線「古江駅」から徒歩15分
参拝時間／7:00～17:00
御朱印授与時間／9:00～16:00
URL https://nishinomiwasan.or.jp

兄弟神と閑静な森からパワーチャージ

神武天皇の兄、五瀬命を祀る皇室ゆかりの神社です。里山にひっそりたたずむ神域で、心身を浄めましょう。

岡山

安仁神社

【あにじんじゃ】

神武天皇の長兄である五瀬命が主祭神です。社伝によれば、日本平定を目指し兄弟一行が東進する際、この地に滞在し稲作や紡織を伝えたとされています。そして神武天皇が即位された後に、志半ばで倒れた五瀬命のために「兄を祀る神社」を創建したといわれています。悠久の社叢は、まさに古代神話の舞台なのです。兄弟への愛があふれる神社では、財運や心願成就などの御神徳が頂けます。大切な家族の幸せもしっかりお願いしましょう。

主祭神

五瀬命《イツセノミコト》　稲氷命《イナヒノミコト》

御毛沼命《ミケヌノミコト》

新春の海で身を浄める神事

毎年2月11日の建国記念日には、宝伝海水浴場で自らの罪・穢れを清める海中禊が行われます。男性は白ふんどし、女性は白の襦袢を着て海へ。禊のあとには鎮魂行事があり、お粥を頂きます。

本殿の左右には左補神社・右補神社が鎮座。五瀬命に同行した将軍たちを幾多神（いくばくのかみ）として祀っています

みんなのクチコミ!!

周囲の森は郷土自然保護地域。ヒノキやクスノキなどが生い茂り、森林浴と散策が楽しめます。本殿の奥にある御神水の場所は、日光が差し込むパワースポットだそうです

墨書／奉拝、安仁神社　印／備前國、安仁神社之印、宮城山　●宮城山（みやしろやま）の中腹に社殿が鎮座しています。古代はこの山の麓までが入江で、五瀬命たちも船で到着したとされます

お守り

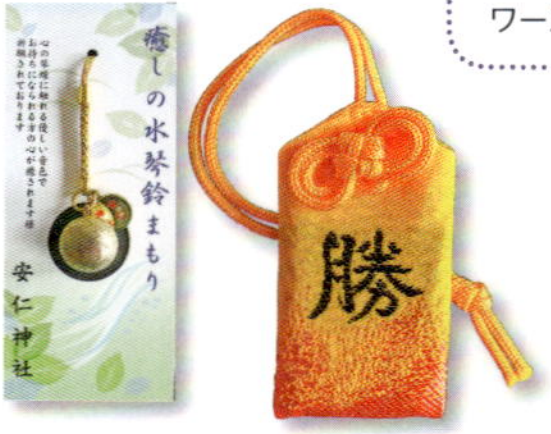

右から安仁神社オリジナルの「勝守」（700円）、涼やかな音色で癒やされる「水琴鈴まもり」（800円）

備前焼の狛犬が神域を守護。周囲にはのどかな田園の風景が広がります

DATA

安仁神社

創建／不詳

本殿様式／流造

住所／岡山県岡山市東区西大寺一宮895

電話／086-946-1453

交通／両備バス「宿毛」から徒歩30分、またはJR赤穂線「西大寺駅」から車で15分

参拝時間／自由

御朱印授与時間／9:00～16:00

URL https://www.anijinja.net

＼神社の方からのメッセージ／

平安時代の「延喜式神名帳」には備前国唯一の名神大社として記されています。旧社格は国幣中社です。社務所が不在の場合もありますので、御朱印を希望される方は事前に電話で連絡してください。

安仁神社の周辺にはパワースポットも点在。1kmほど南の山中には、古代祭祀跡とされる磐座や列石がある「綱掛石神社」が鎮座します。この磐座は、かつて神武天皇や五瀬命が寄港した際に、船の「ともづな」を掛けたという伝承が残っています。

諸国を旅した女神が未来を開く！

伊勢神宮に鎮座する38年前に天照大神が祀られた元伊勢です。最高神がリッチな未来へと導きます。

岡山

伊勢神社【いせじんじゃ】

宮中で祀られていた天照大神が現在の伊勢神宮に鎮座するまで、89年も遷宮を繰り返しました。吉備国の名方濱宮には4年間鎮座。その「元伊勢」こそが二千有余年の歴史を誇る伊勢神社です。旭川の西岸、住宅地に囲まれていますが、江戸初期までは1万～2万坪も境内が広がっていたそうです。太陽を司る女神の御神地なので、開運や女子力アップを願う参拝者も多いのだとか。人生の節目に参拝すれば、進む道を照らしてくれます！

主祭神

天照皇大神《アマテラススメオオミカミ》　豊受大神《トヨウケノオオカミ》

伊勢神宮と深い繋がりを示す千木

本殿の屋根の両脇にある千木は、拝殿から見て左が内削ぎ、右が外削ぎとなっていて、他に類のない構造です。由緒は不明とのことですが、伊勢神宮の内宮・外宮と御祭神を同殿に奉斎したものと推測されます。

みんなのクチコミ!!

倭姫命世記という書によれば、元伊勢には天照大神と一緒に、草薙の剣も祀られていたそうです。ヤマトタケルの難を救った霊剣にあやかって、開運厄除けのパワーも頂けます！

社務所では名誉宮司（2代目）てんちゃんがお出迎えしてくれることも。人懐っこくて、どこか達観したような雰囲気です

墨書／奉拝、伊勢神社　印／皇大御神御璽　●皇大御神（すめおおみかみ）は御祭神である天照皇大神の別名です。御璽（ぎょじ）とは天皇の印鑑を意味します。神札と同じ意味をもつありがたい御朱印です

お守り

参拝後は「身体堅固の御守」（1000円）を頂きましょう

拝殿正面に掛けられた奉額は、吉田神道を継承する吉田家の長、卜部良長によるものです

DATA

伊勢神社

創建／紀元前44（崇神天皇54）年
本殿様式／神明造
住所／岡山県岡山市北区番町2-11-20
電話／086-222-5018
交通／岡電バス「南方交番前」から徒歩3分、または宇野バス「就実高校中学校前」から徒歩5分
参拝時間／自由
御朱印授与時間／9:00～17:00

神社の方からのメッセージ

本殿の千木など、社殿の細部を見るとほかの神社とは異なる造りに気づくはずです。2000年以上の時間の流れに思いを馳せながら、その歴史を肌で感じてみてください。境内にあるオガタマノキは御神木です。

備前国で最も社歴の古い神社で、室町時代までは岡山の総氏神として崇拝されました。「備前太鼓唄、備前獅子舞」の発祥地としても知られています。毎年10月16・17日に開催される秋祭と例祭では、拝殿で正調の獅子舞が奉納されます。

素盞嗚命の霊剣で邪を断つ

岡山

石上布都魂神社

【いそのかみふつみたまじんじゃ】

大松山の中腹にある備前国の一宮です。明治時代までは、素盞嗚命の霊剣である布都御魂を、御祭神として祀っていました。大蛇を退治した剣は、困難に打ち勝ち、未来を切り拓く力のシンボルです。境内から御神体の磐座《いわくら》がある本宮まで足を延ばし、古代神話の世界を全身で感じてみましょう。

お守り

災難や凶事から身を守ってくれる「十握剣 太刀守」(800円)、「癌封じ御守」(800円)

本宮と磐座がある山頂までは険しい坂道を10分ほど上ります。大火で焼失するまで社殿も鎮座していました

主祭神

素盞嗚命《スサノオノミコト》

墨書／奉拝、石上布都魂神社　印／備前國一宮、布都魂　●布都魂はヤマタノオロチを退治した霊剣で、十握剣(とつかのつるぎ)とも呼ばれています

DATA

石上布都魂神社

創建／不詳
本殿様式／一間社流造
住所／岡山県赤磐市石上字風呂谷1448
電話／0867-24-2179
交通／JR津山線「金川駅」から車で20分
参拝時間／自由
御朱印授与時間／土･日･祝9:00～16:00(平日は自動授与機で頒布)

みんなのクチコミ!!

山頂には神霊が宿る巨石が鎮座。本宮付近の溜り水は、イボを取るという伝承もあります

平和の守護神に深い感謝を

岡山

岡山縣護國神社

【おかやまけんごこくじんじゃ】

森に囲まれた広大な境内に入ると、心が洗われるような静謐な空気に包まれます。社殿には明治の戊辰戦争以降に国難に殉ぜられた、岡山県出身や縁故のある方々をお祀りしています。地域や子孫を守ろうと尽力された御英霊に深く感謝を捧げ、仕事や学業などすべてに勇気をもって取り組む力を頂きましょう。

お守り

肌身離さず持って生活全般に御神徳を頂く「肌守」(800円)

英霊たちの妻である「母の像」が、子供を抱いて境内から本殿を見つめています。世界恒久平和を願って、終戦30周年に建立されました

主祭神

英霊五万六千七百余柱

墨書／奉拝、岡山縣護國神社　印／岡山縣護國神社　●平和の礎となられた英霊を思い、戦争のない時代に感謝して頂きたい御朱印です

DATA

岡山縣護國神社

創建／1869(明治2)年
本殿様式／流造
住所／岡山県岡山市中区奥市3-21
電話／086-272-3017
交通／両備バス「護国神社前」から徒歩7分
参拝時間／自由
御朱印授与時間／9:00～16:00
URL http://okayama-gokoku.jp

みんなのクチコミ!!

境内には特攻隊最後の指揮官として知られる宇垣纏海軍中将の慰霊碑もあります

☆総合運☆

最強の勝運アップはこちら！

岡山

勝間田神社

【かつまだじんじゃ】

「勝田郡勝央町勝間田」と、地名の頭に3つの勝の字が入ることから、勝負運の最強スポットとして参拝者が訪れます。主祭神は日本最初の夫婦神となり、多くの神々をお産みになった伊弉冉尊。負けられない試合、受験合格はもちろん、ライバルに勝って恋の成就も強力に応援してくれます。

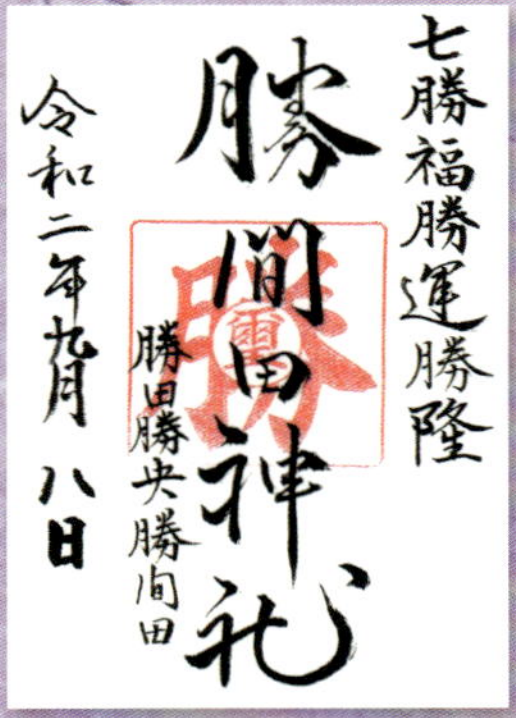

墨書／七勝福勝運勝隆、勝間田神社、勝田勝央勝間田　印／神紋（勝璽）　●「七勝（必勝）を願い八勝を得る」ことを祈願し、「勝」の文字が8つ入ります！

授与品

勝運を祈願して玄関やデスクに飾りたい「勝ボール」（1000円）。練習球としても使用できるそうです

お守り

青海波に勝の文字が浮かび上がる「勝守」（800円）。色は白・赤・青の3色

主祭神

伊弉冉尊《イザナミノミコト》（伊邪那美命）

DATA

勝間田神社

創建／1478（文明10）年
本殿様式／一間社流造
住所／岡山県勝田郡勝央町勝間田287　電話／090-3177-0243
交通／JR姫新線「勝間田駅」から徒歩12分
参拝時間／自由
御朱印授与時間／基本無人のため、前日の9:00～16:00までに連絡を入れること

みんなのクチコミ!!

1987（昭和62）年に氏子の寄付で再建し、伊勢神宮より花菱の社紋を頂き、参拝が増えたとか

腕を上げたいアート系女子にも人気

岡山

中山神社

【なかやまじんじゃ】

壮大な本殿が国の重要文化財に指定されている、美作国の一宮です。三種の神器のひとつ、八咫鏡《やたのかがみ》を作った神様をお祀りしているので、工芸家やアーティストが参拝すれば、新たな発想を頂けるかもしれません。津山城二ノ丸から移築された神門や、樹齢800年のケヤキなど、歴史散歩ものんびり楽しみましょう。

「今昔物語」にも登場した本殿の奥にある猿神社。赤い布で作られた小さなサルの人形が奉納されています。牛馬の安産守護の神です

神門の手前にはサル顔の狛犬が、一対鎮座しています。特に口を開いた阿形（あぎょう）の像はとてもユーモラスで写真映えします

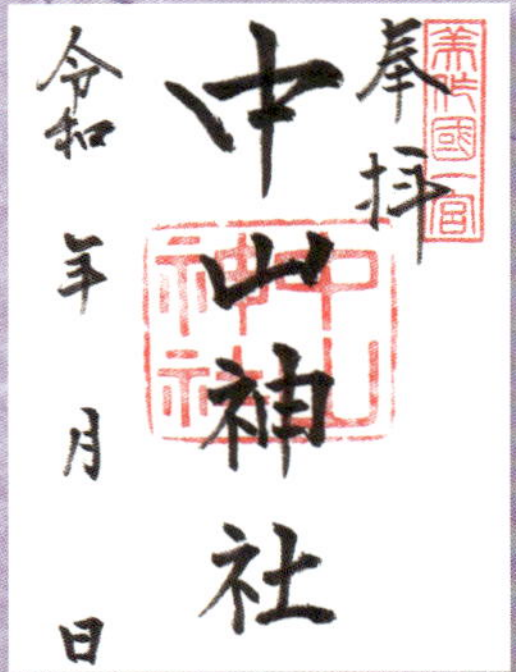

墨書／奉拝、中山神社　印／美作國一宮、中山神社　●社名の中山は、かつては「ちゅうざん（ちゅうぜん）」と音読みされたそうです。延喜式には美作国唯一の名神大社として記載されました

主祭神

鏡作神《カガミツクリノカミ》

DATA

中山神社

創建／707（慶雲4）年
本殿様式／入母屋造
住所／岡山県津山市一宮695
電話／0868-27-0051
交通／JR「津山駅」から車で15分
参拝時間／日の出から日没
御朱印授与時間／8:30～16:30

みんなのクチコミ!!

1559（永禄2）年に再建された本殿は入母屋造で、正面には妻入りの唐破風の向拝が付きます。他の地方で見ることがない独特の様式のため、「中山造」とも呼ばれています

一之宮めぐりで頂く御朱印

日本全国にある一之宮は各地域の位の高い神社。昔から多くの人にあがめられてきました。
そんな風格ある一之宮（一の宮）の御朱印を集めてみませんか？

日本全国にある一之宮とは、今の都道府県になる前の68の国で、最も位が高いとされる神社のこと。どちらもその土地で古くからあがめられてきた歴史と風格のある神社ばかりです。江戸時代には全国の一之宮をめぐる旅が大流行しました。そんな一之宮で頂ける御朱印には、堂々と「一之宮」「一宮」の文字が入っているものが多くあります。昔の人にならって一之宮をめぐり、由緒正しい御朱印を頂けば、多くの御利益が期待できそうです。

備前国
吉備津彦神社

備後国
吉備津神社

備中国
吉備津神社

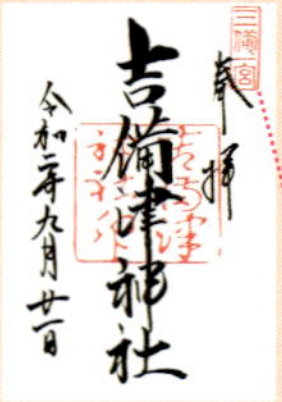

吉備三国の総鎮守を示す印です

美作国
中山神社

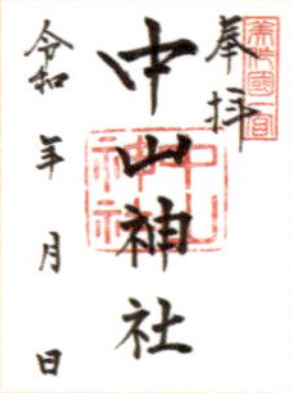

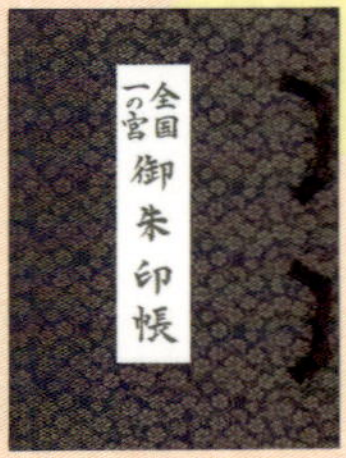

「全国一の宮巡拝会」の御朱印帳も一部の一之宮で入手可能です

日本全国の一之宮

北海道・東北の一之宮
北海道神宮、岩木山神社、駒形神社、鹽竈神社、大物忌神社、伊佐須美神社、石都々古和気神社、都々古別神社

関東の一之宮
鹿島神宮、日光二荒山神社、宇都宮二荒山神社、貫前神社、氷川神社、氷川女體神社、秩父神社、香取神宮、玉前神社、安房神社、洲崎神社、鶴岡八幡宮、寒川神社

甲信越の一之宮
浅間神社、諏訪大社（上社・下社）、彌彦神社、居多神社、度津神社、高瀬神社、氣多神社、雄山神社、射水神社、氣多大社、白山比咩神社、氣比神宮、若狭彦神社・若狭姫神社

東海の一之宮
三嶋大社、富士山本宮浅間大社、小國神社、事任八幡宮、砥鹿神社、真清田神社、大神神社（一宮市）、水無神社、南宮大社、敢國神社、椿大神社、都波岐奈加等神社、伊雑宮、伊射波神社

近畿の一之宮
建部大社、賀茂別雷神社（上賀茂神社）、賀茂御祖神社（下鴨神社）、出雲大神宮、籠神社、住吉大社、坐摩神社、枚岡神社、大鳥大社、大神神社、伊太祁曽神社、日前神宮・國懸神宮、丹生都比売神社、伊弉諾神宮、伊和神社、出石神社、粟鹿神社

中国の一之宮
宇倍神社、倭文神社、出雲大社、熊野大社、物部神社、水若酢神社、由良比女神社、吉備津神社（岡山市）、吉備津彦神社、石上布都魂神社、中山神社、吉備津神社（福山市）、素盞嗚神社、嚴島神社、住吉神社（下関市）、玉祖神社

四国の一之宮
大麻比古神社、田村神社、大山祇神社、土佐神社

九州・沖縄の一之宮
筥崎宮、住吉神社（福岡市）、高良大社、與止日女神社、千栗八幡宮、天手長男神社、興神社、海神神社、阿蘇神社、宇佐神宮、西寒多神社、柞原八幡宮、都農神社、鹿児島神宮、新田神社、枚聞神社、波上宮

「全国一の宮巡拝会」より

第三章 御利益別！ 今行きたい神社

Part2

縁結び

恋愛成就は女子も男子も永遠のテーマ！
すてきな出会い、仕事の人脈、夫婦円満など、
あらゆる良縁と幸せをゲット♡

♥縁結び♥ 絶対行きたいオススメ神社 3選

恋愛から仕事の人間関係まで、最良のご縁を頂く！

恋人が欲しい、絶賛婚活中、すんなりいかない恋にヤキモキしている……恋の悩みは尽きないもの。
そんなとき、力になってくれるのが山陽地方で名高い縁結びの神社。男女のご縁だけでなく、友人や仕事をはじめ、さまざまな縁を結び、良好な関係を築いてくれます。

絶対行きたい
オススメ神社 1

良縁を引き寄せ、人生最大のイベントを

大国主から最強の縁結びパワーを頂けます。清浄な空気が流れる杜での神前結婚式も人気です。

広島

比治山神社

【ひじやまじんじゃ】

春には桜のお花見スポットとして賑わう、比治山の麓にある神社です。主祭神は縁結びの大神とあって、神前結婚式の人気が高く、「親子3代に亘って当社で結婚式を挙げられた方も多いですよ」と宮司さんは言います。親から子へと良縁が、脈々と受け継がれているのでしょう。毎月五日は「ご縁の日」として縁結び祈願も行っており、恋愛成就にもパワー絶大！ 参道の狛犬を撫でると、厄除けや安産の御神徳も頂けるそうです。

古くより魔除けとされた五芒星の神紋

神紋には陰陽道で魔除けとされる五芒星（ごぼうせい）が入ります。「亀甲の中星」が社殿のあちこちできらめき、御朱印にも押して頂けます！

主祭神

大国主大神《オオクニヌシノオオカミ》　建速須佐之男大神《タケハヤスサノオノオオカミ》
少名毘古大神《スクナヒコナノオオカミ》　一寸島比売大神《イチキシマヒメノオオカミ》
車折大明神《クルマザキダイミョウジン》

ほかにも商売繁盛、厄除けなどの御利益が……

墨書／比治山神社　印／奉拝、赤ヘル印、廣島鎮座、神紋（亀甲の中星）、比治山神社、季節の印　●1月は門松、7月は七夕、10月はお神輿など、月替わりの印が入ります（モチーフは毎年変わる）

巫女か神主が拝殿に常時いて、お詣りすると御幣でお祓いしてくださいます

縮緬の「オリジナル御朱印帳」（2000円）。カラフルなピンクの花柄と、亀甲の中星の神紋が印象的な若草色の2種類です

御朱印帳

みんなのクチコミ!!

ご祈祷も予約なしでも受け付けていただけます。週末にお願いするなら、午前中は混み合うので午後がおすすめです

DATA
比治山神社
創建／不詳
本殿様式／流造
住所／広島県広島市南区比治山町5-10
電話／082-261-4191
交通／広島電鉄「段原一丁目駅」や「比治山下駅」から徒歩3分、または広電バス「稲荷町」から徒歩8分
参拝時間／9:00～17:00
御朱印授与時間／9:00～12:30、13:30～16:30
URL http://hijiyama-jinja.jp

神社の方からのメッセージ

毎月5日には縁結びの特別なご祈祷をしており、御朱印にも「ご縁の日」と墨書を入れております。また毎年10月の第4土・日曜に行われる秋季例大祭の祭礼日の夜は、神楽舞や神輿、俵みこしが出て圧巻です。

神社が鎮座する比治山は標高80mほどの小高い丘で、広島市でも指折りの桜の名所として知られています。春になると1300本もの桜が一斉に見頃を迎え、多くの見物客でにぎわいます。ぼんぼりに照らされた夜桜も見応えがあります。

絶対行きたい
オススメ神社 2

ハート形の松に縁結びをお願い！

海の女神に祈り、縁結びの松を参拝すれば効果絶大。カラフルな版画のアート御朱印も評判です。

岡山

羽黒神社

【はぐろじんじゃ】

瀬戸内でも屈指の商港として栄えた、玉島の守り神です。社殿の屋根から町を見守る、からす天狗が神社のシンボルで、その姿が描かれた御朱印を求めて、毎日のように参拝者の列ができます。お祀りしている玉依姫は、魂と魂（玉）を引き（依）合わせる、縁結びの女神。何かを始める際によい方向へと導くお力があり、新しい恋も後押ししてくれます。本殿脇には良縁パワーを頂ける「むすびの松」や、幸福をもたらす「七福神像」があります。

主祭神

玉依姫命《タマヨリヒメノミコト》
素盞鳴尊《スサノオノミコト》
大国主命《オオクニヌシノミコト》
事代主命《コトシロヌシノミコト》

ほかにも商売繁盛、家内安全、身体健固などの御利益が……

日本遺産の神社は芸術の森

日本遺産構成文化財をもつ神社の社殿には、江戸後期の彫り物が施されています。拝殿ではからす天狗や龍などの飾り瓦、幣殿では二羽のうさぎが並んで跳ねる姿が拝めます。大国主ゆかりのうさぎを見つけて良縁を祈願しましょう。

高さ3mほどの「むすびの松」は、ひとつの幹から二股になった枝が、2重に結ばれてハートの形です！　恋活中の女性はマスト参拝です

みんなのクチコミ!!

本殿は木彫りの七福神で装飾されています。石像も本殿を囲むように祀られており、合わせて参拝すれば御利益がアップしそうです

限定御朱印と御朱印帳はP.13・23で紹介！

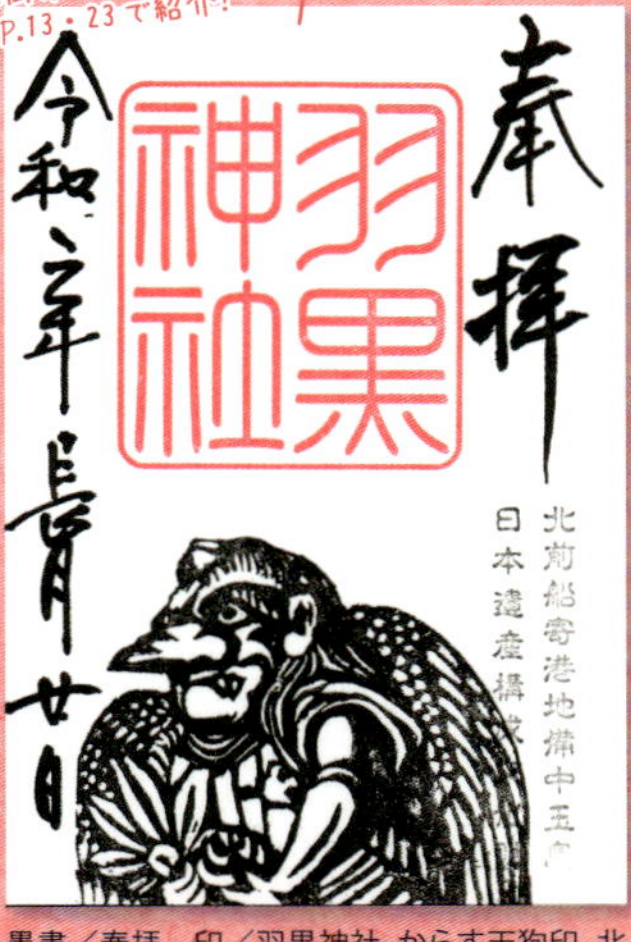

墨書／奉拝　印／羽黒神社、からす天狗印、北前船寄港地備中玉島日本遺産構成文化財　●社名は出羽の羽黒山から勧請されたことに由来しています。北前船の寄港地と栄えた玉島の氏神様です

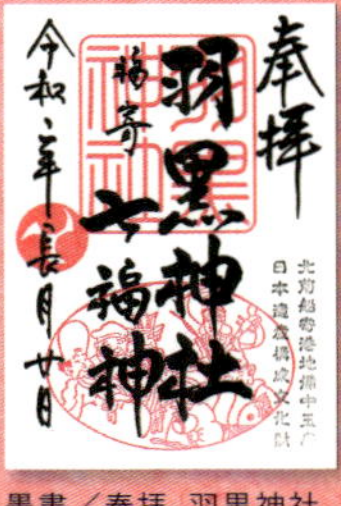

墨書／奉拝、羽黒神社、福寄七福神　印／羽黒神社、巴紋、七福神印、北前船寄港地備中玉島日本遺産構成文化財

お守り

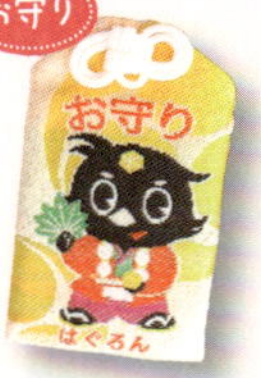

「はぐろんお守り」（800円）。からす天狗を模したゆるキャラで、さまざまな縁を結びます

DATA

羽黒神社

創建／1658（万治元）年
本殿様式／入母屋造（千鳥破風、向拝唐破風付き）
住所／岡山県倉敷市玉島中央町1-12-1
電話／086-522-2695
交通／両備バスや井笠バス「玉島中央町」から徒歩3分
参拝時間／自由
御朱印授与時間／9:00～16:00（御朱印帳を預け、後日受け取りか郵送対応が基本となる）
URL https://hagurojinja.jimdofree.com

神社の方からのメッセージ

休日には御朱印の頒布まで数時間お待ちいただく場合もあります。神社の周囲はお茶屋さん、和菓子店、造り酒屋などが点在する町並み保存地区。玉島の歴史を感じる町並みを、ゆっくり散策されるのもおすすめです。

羽黒神社の御朱印インスタグラムには、限定の御朱印や受付時間の情報などが随時アップされています。月替わりの御朱印は江戸時代に造られた社殿の装飾がモチーフ。神社では本殿扉の迦陵頻伽（かりょうびんが）や、幣殿の二羽のうさぎなどアート鑑賞も楽しめます。

絶対行きたい
オススメ神社 3

悪縁を断って、幸せをつかみ取る！

蘇民将来伝説の舞台となるパワースポットです。恋のライバルに打ち勝つ力を授かりましょう。

広島

素盞嗚神社

【すさのおじんじゃ】

茅の輪神事の発祥地とされる古社です。旅の宿を求めた素盞嗚尊を、この地に住む蘇民将来はもてなしました。年を経て、素盞嗚尊は蘇民将来に茅の輪を授け「茅の輪を付けた人は今後の災いを免れる」と教えました。この伝承が元となり、茅の輪くぐりの神事が始まったそうです。神話の舞台となった神社だけに、厄除けのパワーは強力です。悪縁や進展しない恋を断ちたいときにも力を授けてくださいます。

主祭神

素盞嗚尊《スサノオノミコト》　奇稲田姫命《クシナダヒメノミコト》

八王子《ハチオウジ》　蘇民将来《ソミンショウライ》

ほかにも子孫繁栄、病気平癒などの御利益が……

1000年以上続く勇壮な神輿合わせ

7月の第3日曜を含む金・土・日に、祇園祭が行われます。3体の神輿が町内を巡行し、日曜の夜には素盞嗚命の御霊の乗り移った御輿が、境内で激しくぶつかり合います。

御朱印帳

祇園祭のけんか神輿が表紙の「御朱印帳」（1500円）

絵馬

「祈願絵馬」（500円）

お守り

神輿の担ぎ棒で作られた「担守」（800円）。担ぎ手のあつい思いが込められています

お守り

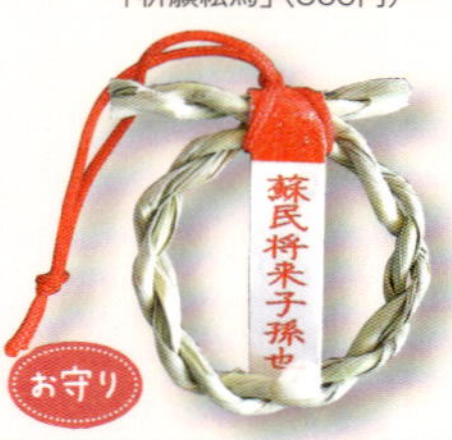

悪疫除けの「茅の輪御守」（800円）。すべて手作りの限定品です

みんなのクチコミ!!

境内の天満宮はもともと本地堂で、聖観音像が祀られていました。このような本地堂が残っているのは全国的にもまれです

茅の輪くぐり大祓い式は8月8日に行われます。全国的に行われている神事の発祥地です！

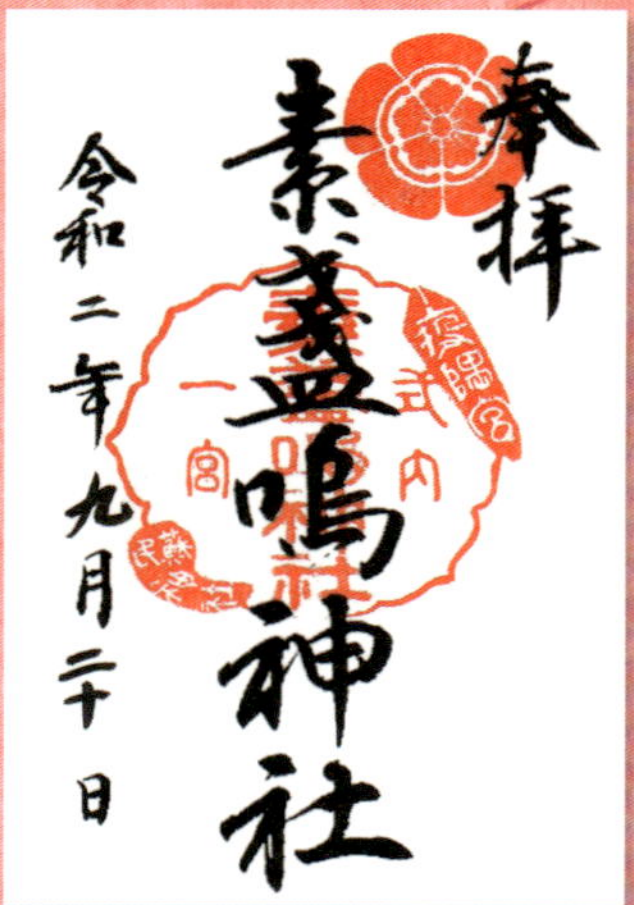

墨書／奉拝、素盞嗚神社　印／五瓜に唐花紋、疫隅宮、式内一宮、素盞嗚神社、蘇民神社　●疫隅宮は「備後風土記逸文」で紹介されている素戔嗚神社の比定地です

DATA

素盞嗚神社

創建／673～686年頃（天武天皇の御代）
本殿様式／入母屋造唐破風の向拝付き
住所／広島県福山市新市町大字戸手1-1
電話／0847-51-2958
交通／JR福塩線「上戸手駅」から徒歩3分
参拝時間／自由
御朱印授与時間／9:00～17:00
URL https://susanoojinja.com

神社の方からのメッセージ

備後風土記に由来する蘇民将来の伝説が伝わっており、境内には蘇民神社もお祀りしております。素盞嗚尊には、奇稲田姫命と結ばれたことによる縁結びの神、8人のお子様がいることから子孫繁栄の御神徳もあります。

茅の輪は災厄を祓い、疫病を除いて、福を招く呪力をもつ祭具です。神社に造られる直径2mほどの大きな輪は、唱え詞（となえことば）を唱えながら、8の字にくぐり抜けます（神社により作法が異なります）。授与品の小さな輪はお守りとして身に付けましょう。

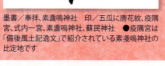

ラブパワーあふれる小さな聖地へGO!

レトロな尾道の町並みに溶け込む小さな相殿神で
女性のための神様が縁結びをサポートしてくれます。

広島

厳島神社・八坂神社

【いつくしまじんじゃ・やさかじんじゃ】

明治時代の神仏分離令により、寺の境内に祀られていた祇園社が、厳島神社に合祀されました。主祭神の伊知岐島姫命は、神仏習合の時代に弁財天として崇《あが》められた美貌の神です。容姿端麗で舞を踊ることから、舞妓さんや芸妓さんからも強く崇拝され、好きな人との仲を取り持つパワーも折り紙付き。片思いも玉の輿も、あらゆる良縁祈願をサポートしてもらえます。境内にあるかんざし灯篭も、恋愛パワスポなので参拝をお忘れなく!

♥ 縁結び ♥

かんざし灯篭に恋の成就をお願い

豪商の跡取りとの結婚がかなわず、井戸に身を投げた娘の霊を慰める灯篭です。かんざしを挿してお祈りしたり、かんざしを奉納すると恋愛が成就し、失恋しないといわれています。

広島玉獅子は尾道が発祥。境内の狛犬は市内一の大きさです。本殿屋根のふき替えは、江戸時代の横綱陣幕が発起人です

お守り

恋愛成就のマストアイテムとして人気の「明神さんの願い玉かんざし」(2000円)。結った髪に挿して使えます

授与品

「祇園祭の三体神輿」(6000円)。テーブルの上で紙相撲のように両端をたたき、けんか神輿を再現する伝統玩具です。氏子さんの手作りです

主祭神

イチキシマヒメノミコト 伊知岐島姫命
タギツヒメノミコト 湍津比女命
タギリヒメノミコト 湍理比女命
スサノオノミコト 須佐之男命
クシナダヒメノミコト 櫛名田晛女命
イナダノミヤノヤツミミノミコト 稲田宮八耳命

ほかにも疫病退散、技芸上達、開運厄除けなどの御利益が……

みんなのクチコミ!!

拝殿前にある陰陽石は、この場所が船着場だった頃の悪霊祓いの名残です。境内を出て本殿の東側に回り込むと、当時の石垣が残り、神社が海沿いにあったことがわかります

墨書/奉拝、厳島神社　印/三つ亀甲剣花菱紋、厳島神社、備後国尾之道御鎮座　●御朱印は近くの亀山八幡宮で頂けます

墨書/奉拝、八坂神社　印/八坂神社、神紋、備後国尾之道御鎮座　●明治初年にこの地に合祀され相殿神となりました

厳島神社・八坂神社

創建/不詳
本殿様式/切妻造
住所/広島県尾道市久保2-15-31
電話/0848-37-4317
交通/おのみちバス「防地口」から徒歩3分
参拝時間/自由
御朱印授与時間/兼務社の亀山八幡宮(P.52)で頒布

\神社の方からのメッセージ/

明神さん(厳島神社)と祇園さん(八坂神社)が合祀された小さな神社です。普段は無人で御朱印や授与品は亀山八幡宮でお渡しししています。玉乗り狛犬と灯篭逸話のかんざしの印が入った御朱印もございます。

6月の最終土曜に行われる「祇園祭」の最大の見どころは「三体廻し」です。八坂神社の名前が記された1本の幟(のぼり)の周囲を、三体の神輿が勢いよく回りながらタイムを争う光景はとても勇壮です。三体廻しは渡し場広場で開催されます。

福山を守護する御祭神に縁結びを祈願

おしどり夫婦で知られる二柱の神様にあやかり、縁結びや夫婦円満のパワーを授かりましょう。

広島

艮神社【うしとらじんじゃ】

平安時代、藤原家の荘園内に「牛頭天王社《ごずてんのうしゃ》」として建立された、旧福山最古の神社です。今の地に遷座し、福山城が築城されてから、城郭の鬼門(北東の方角)を鎮める艮神社となりました。主祭神は八岐大蛇《やまたのおろち》を退治して美しい姫と結婚した須佐之男命と、夫婦で多くの神々をもうけた伊邪那岐命という、父子の二柱。いずれも夫婦仲むつまじく暮らしたことから、縁結びや夫婦円満に絶大な加護があると信仰を集めています。

主祭神
須佐之男命《スサノオノミコト》　伊邪那岐命《イザナギノミコト》

ほかにも厄除け、方除けなどの御利益が……

夏詣の祭典で清浄無垢な身心へ
6月の最終日曜の夏越祭では、境内に据えた茅(かや)で造った輪を潜り、罪や穢れを祓って、暑い夏の健康を祈願します。随神門には約80個の風鈴が飾られ、縁結び御幣など限定授与品も頂けます。

随神門へと延びる参道には、紅葉が生い茂ります。例年11月中旬が紅葉の見頃です

みんなのクチコミ!!

本殿の裏側には縁結びの「大国主神社」や台所を守る「荒神社」など、5社の末社も並んでいます

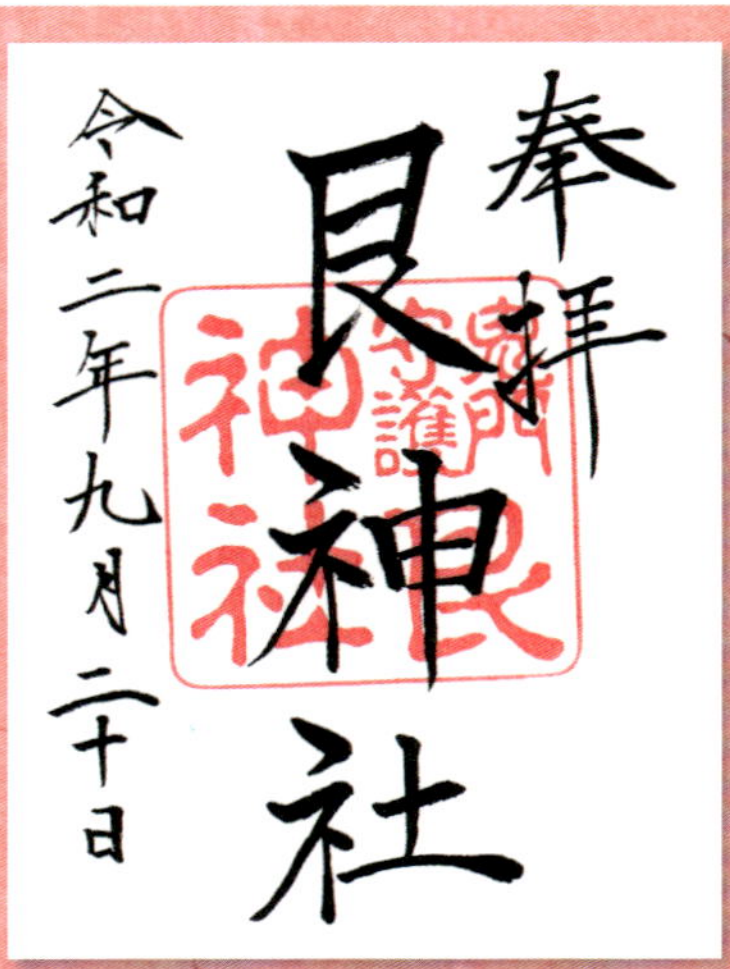

墨書/奉拝、艮神社　印/鬼門守護艮神社　●艮とは北東の方角のことで、丑と寅の間となります。陰陽道などで鬼が出入りする方向とされ、城郭に対して北東に鬼門守護がおかれました

お守り

「厄除御守」(1300円)。神前でお祓いされており健康や安全の御利益を頂けます

お守り

「十二支守」(1000円)。干支が描かれた根付です。持っているだけで厄除けに

DATA
艮神社
創建/不詳
本殿様式/入母屋造
住所/広島県福山市北吉津町1-5-24
電話/084-922-3149
交通/JR福山駅から徒歩10分、または中国バス「北吉津住宅」から徒歩5分
参拝時間/自由
御朱印授与時間/9:00~17:00
URL http://ushitorajinja.org

神社の方からのメッセージ

福山地方の鬼門守護神、厄除神として地域に根ざした神社です。福山駅から神社へと続く道は、福山城や古い町並みなど、古きよき日本の風情も残っています。神社の建つ丘では、四季折々の景観も楽しんでください。

拝殿の向かい側には摂社の「宇受賣神社(うずめじんじゃ)」があります。天岩戸の前で踊り、天照大神を誘い出した天宇受賣命(あめのうずめのみこと)が御祭神です。音楽、美術、芸能の神として祀られているのでアート系女子はぜひ参拝してみましょう。

幸せになるよう良縁を授ける女神

境内にある結宮は恋愛成就のパワースポットです。
ビジネスや学業などあらゆる縁を結んでくれます！

広島

観音神社【かんのんじんじゃ】

古くから「恋を祈る神」として信仰される、磐長姫命を祀っています。天孫の瓊瓊杵命《ににぎのみこと》との結婚の際、自らが身を引くことで妹の木《この》花咲耶《はなさくや》姫《ひめ》の結婚を成就させた、良縁を授ける女神です。一説には平安時代の歌人である和泉式部も切ない心情を歌に託し、一心に磐長姫命に祈って恋を成就させたとか。本殿の脇にある結宮はあらゆる縁を結ぶとされています。ハート型の「心石」の上に立ち、良縁や女子力アップをお願いしましょう。

主祭神

磐長姫命《イワナガヒメノミコト》　安藝都彦命《アキツヒコノミコト》
湯津彦神《ユツヒコノカミ》　日本武命《ヤマトタケルノミコト》
息長帯日賣命《オキナガタラシヒメノミコト》など13柱

ほかにも延命長寿、開運厄除け、病気平癒、学業成就などの御利益が……

観音しだれは春の風物詩

社殿前にある桜は「観音しだれ」と呼ばれる樹齢50年を超える御神木です。有名な京都・円山公園の「祇園しだれ」の種から育成された由緒ある桜で、開花の一番きれいな夜には「夜桜コンサート」が開催されます。

結宮で祈願後は「おもかる石」の重さを予想して持ち上げてみましょう。予想よりも軽ければ、願いがかなうそうです！

いにしえより狛犬の頭に米や粟など穀物を置いて指先でこすり、家族の健康を祈願し、皆で分かち合って食べたそうです。盃状穴と呼ばれる窪みが頭部にあります

みんなのクチコミ!!

名物のしだれ桜は3月下旬から見頃になります。5月には結宮の周囲にボタンも美しく咲き誇ります

お守り

「心願成就御守」と「結まもり」（各1000円）。恋や仕事との縁を強く結びます

墨書／奉拝、観音神社　印／三つ亀甲剣花菱紋、観音神社、寿、宮司之印　●寿の印は特別な日にも押されます。御神木の桜が咲いている時期には桜色で社名を浄書した限定の御朱印も頂けます

DATA
観音神社
創建／903（延喜3）年
本殿様式／一間社流造
住所／広島県広島市佐伯区坪井1-32-9
電話／082-922-3350
交通／広電バス「坪井公民館」から徒歩2分、または広島電鉄宮島線「楽々園駅」から徒歩18分
参拝時間／日の出から日没まで
御朱印授与時間／9:00～17:00
URL http://kannon.main.jp

神社の方からのメッセージ

磐長姫命は古くより「縁結びの神」「恋を祈る神」として信仰が篤い女神です。「磐」は岩の永遠性を表すものともされ、不老長生の神としても御神徳があり、延命長寿、病気平癒、安産などを祈願される方も多いです。

明治時代の中頃までこの地方には、6つの小さな村落があり、村社・摂社・末社を含め24の社がありました。合祀が何度か行われ、1960（昭和35）年に観音神社と改称しました。13柱の神様がお祀りされているので、祈雨止雨などレアな御利益もあります。

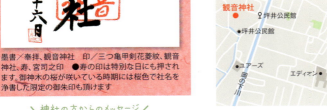

天への願いを吉兆の鳥に託す！

広島市東部の総氏神様です。出会いから結婚まで人生の大事な節目をサポートしてもらえます。

広島

鶴羽根神社【つるはねじんじゃ】

優美な社名は、二葉山の麓でまるで鶴が羽根を広げたような借景が広がっていることに由来します。飛翔台のような太鼓橋から、山裾に鎮まる社殿を見渡してみましょう。参拝後には、「金の願い鶴」に、恋愛成就の願掛けを忘れずに。吉祥の鳥である鶴は、鳴き声が遠方まで届くことから「願いが天に届く」とされています。御祭神である八幡三柱と、日本創世の夫婦神に祈願が通じ、神前結婚式を挙げたカップルも多いそうです。

主祭神

品蛇和気命《ホムダワケノミコト》　息長帯比売命《オキナガタラシヒメノミコト》

帯中津日子命《タラシナカツヒコノミコト》

伊邪那伎命《イザナギノミコト》　伊邪那美命《イザナミノミコト》

ほかにも商売繁盛、開運厄除け、健康長寿、学業成就などの御利益が……

愛機の鶴羽根号で活躍した飛行士の像

1919（大正8）年に民間人初の宙返り飛行を成功させた山縣豊太郎は鶴羽根神社の氏子です。2001年に石像が再建されました。日本民間航空界の草分け的な偉人から、積極果敢に飛翔するパワーを頂きましょう。

限定御朱印はP.17で紹介！

墨書／奉拝、鶴羽根神社　印／三つ巴印、鶴羽根神社印、鶴の印　●創建当初は「椎木八幡宮」と称していたため神紋は三つ巴です。正月や例祭での鶴、春の桜など季節の印が頂けることもあります

授与品

「金の願い鶴」（500円）。良縁や開運など願いごとを紙に記入し、鶴の中に詰めて、奉納台へ納めましょう

みんなのクチコミ!!

「広島二葉山山麓七福神」で唯一の女神、弁財天が祀られており、諸芸能上達や財福の御神徳が頂けます

御朱印帳

「オリジナル御朱印帳」（2000円）。社名となった景観を表面に、ペアの鶴を裏面に刺繍しています。全3色

お守り

「仕事守」（800円）。ビジネス運アップやさまざまな成功が得られるよう、天高く舞う鶴が導いてくれます

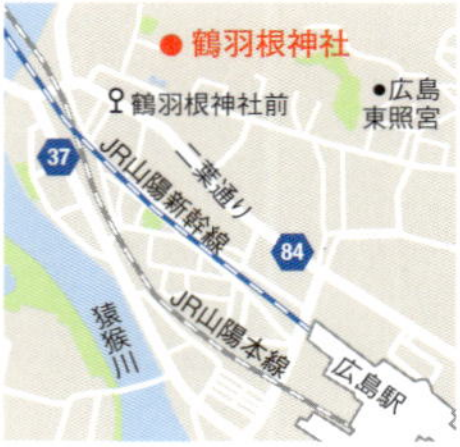

DATA

鶴羽根神社

創建／建久年間（1190～1199年）
本殿様式／一間社流造
住所／広島県広島市東区二葉の里2-5-11
電話／082-261-0198
交通／広電バス「鶴羽根神社前」から徒歩1分、または広島駅新幹線口（北口）から徒歩10分
参拝時間／自由
御朱印授与時間／9:30～16:00
URL https://www.tsuruhanejinja-hiroshima.jp

神社の方からのメッセージ

二葉山山麓にある7つの神社やお寺では「広島二葉山山麓七福神」として各社一柱ずつの神様を祀っています。鶴羽根神社では、水の神として崇拝される弁財天を祀っており、オリジナルの御朱印や授与品もご用意しています。

昭和20年の原爆投下により社殿は倒壊しましたが、石鳥居・太鼓橋・手水舎・狛犬・石燈籠は難を逃れ、往年の姿のまま参拝者を静かに迎えてくれます。爆心地から1810mの木造建物として、2014（平成26）年に広島市より手水舎が被爆建物に認定されました。

女神から恋を勝ち取る力を頂く

広島

皇后八幡神社【こうごうはちまんじんじゃ】

瀬戸内海を望む高台にあり「須波の八幡さん」と地元で親しまれています。春には桜が咲き誇る境内の背後には山並みが広がり、神々しい雰囲気に包まれます。社名ともなっている神功皇后は、勝運を兼ね備えた開運と縁結びの女神。恋の困難を乗り切り、勝ち取る強いパワーを頂けます。

墨書／奉拝、皇后八幡神社　印／八幡御璽、皇后八幡神社印　●不在の場合は神社に着いたら電話を入れましょう。事前連絡にも対応しています

お守り

「子宝安産御守」（500円）。妊娠中に出征した強き聖母である神功皇后にあやかれます

境内には伊勢神宮の遥拝所があります。社殿も東向きに建てられており、元旦には陽光が一直線に差し込みます

DATA

皇后八幡神社

創建／1424（応永31）年
本殿様式／三間社流造
住所／広島県三原市須波西2-6-27
電話／0848-67-0733
交通／JR呉線「須波駅」から徒歩20分、または芸陽バス「四堂踏切」から徒歩7分
参拝時間／自由
御朱印授与時間／9:00～17:00
URL https://kogohachiman.com

主祭神

品陀和気命《ホンダワケノミコト》　息長帯日売命《オキナガタラシヒメノミコト》
帯中津日子命《タラシナカツヒコノミコト》　市寸島日売命《イチキシマヒメノミコト》
建内宿禰大臣《タケノウチノスクネノオオオミ》

ほかにも商売繁盛、家内安全、安産祈願、五穀豊穣などの御利益が……

愛の再生力を授かる癒やしの森

広島

三篠神社【みささじんじゃ】

原爆投下で神社や社叢は焼失しましたが、翌年に種をまいたクスノキは、再建された社殿を覆うほど大きく育っています。その再生パワーが満ちた鎮守の森に祀られているのは再生神話で知られる大国主命。絶命しても麗しい姿で何度も蘇った再生の神が、縁結びや復縁も応援してくれます。

墨書／奉拝、三篠神社　印／三つ盛亀甲剣花菱、三篠神社　●1914（大正3）年に、近隣の4社を合併して、三篠神社の社名となりました

境内にはクスノキとボケの2本の被爆樹木があります。参道や狛犬、灯篭などの石には、被爆の痕跡も残っています

お守り

「かよこバス守り」（800円）。地元の横川で国産初の路線バスが走った歴史から大願成就を応援します！

DATA

三篠神社

創建／永禄年間(1558～1570年)
本殿様式／神明造
住所／広島県広島市西区三篠町1-11-5
電話／082-237-0431
交通／JR山陽本線「横川駅」から徒歩2分
参拝時間／自由
御朱印授与時間／9:00～17:00

主祭神

大国主命《オオクニヌシノミコト》　大那牟遅神《オオナムチノカミ》
大年神《オオトシノカミ》　猿田彦神《サルタヒコノカミ》
伊弉諾神《イザナギノカミ》　伊弉冉神《イザナミノカミ》
八幡神《ヤハタノカミ》　天照大神《アマテラスオオミカミ》
宗像神《ムナカタシン》など21柱

ほかにも夫婦和合、病気平癒、商売繁盛、学業成就などの御利益が……

御神木でかなえる最強の縁結び

縁結びといえばやっぱり出雲大社です。人間関係や幸せとの縁を圧倒的なパワーで結びます。

岡山

出雲大社美作分院【いずもおおやしろみまさかぶんいん】

神代に創建されたとの伝承をもつ島根県の出雲大社から、御分霊を頂いています。もちろん主祭神は縁結びで知られる大国主大神。近代的な御社殿の脇には樹齢数百年のケヤキが生い茂り、この御神木が良縁成就のパワースポットです。女性は右回り、男性は左回りで大ケヤキの幹を参拝すれば、あらゆるご縁の成就を強力にバックアップ。男女の仲をつないでくださるほか、明るく暮らしていける幸福との縁も強く結んでいただきましょう。

主祭神

大国主大神《オオクニヌシオオカミ》

ほかにも開運、合格、安産、商売繁盛、病気平癒などの御利益が……

願掛けを見守る欅大明神社の祠

御社殿の1階部分に、御神木と欅大明神社の祠があります。御神木の幹を女性は右側から左回り、男性は左側から右回りし「幸魂奇魂守給幸給（さきみたまくしみたままもりたまひさきはらえたまえ）」と祈念しましょう。

墨書／奉拝、和譲の心　印／神紋、出雲大社美作分院、大社教美作分院章　●花剣菱を亀甲紋で囲んだ出雲大社の神紋です。書き手の方により、分院名や大国主大神が大書されます

お守り

神紋が入った肌守（1000円）。美しい織柄から出雲大社の格式が伝わってきます

神話「因幡の白ウサギ」のシーンを表す御慈愛の御神像。過ちをも包み込んでくれる癒やされスポットです

みんなのクチコミ!!

出雲大社での参拝の作法は「二拝、四拍手、一拝」です。柏手の数は東西南北を守護する神に敬意を示すとか

拝殿には巨大な注連縄がかけられています。両端が細くて中央部が太い「大根注連」は出雲大社と同じです

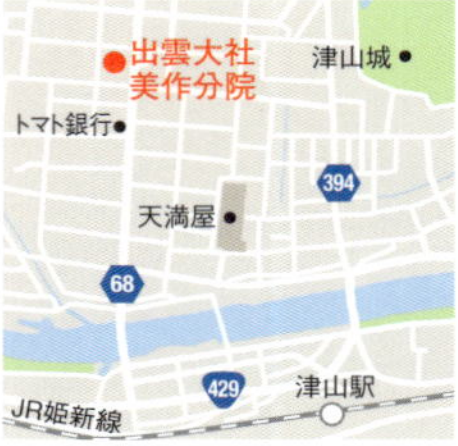

DATA

出雲大社美作分院

創建／1882（明治15）年

本殿様式／入母屋造

住所／岡山県津山市田町87

電話／0868-23-6543

交通／JR津山線「津山駅」から徒歩15分

参拝時間／9:00～17:00

御朱印授与時間／9:00～17:00

URL https://izumooyashiro-mimasaka.or.jp

神社の方からのメッセージ

大国主大神は縁結びはもとより、私たちが幸せに明るく楽しく暮らしていけるように幸福の縁も結んでくださります。御神徳を信仰した行事を執り行い、祈りを込めた授与品もいろいろ用意しております。

10月が「神無月」と呼ばれるのは、八百万の神々が出雲大社へと集まり、各地で神様が不在になるから。旧暦の10月11日から17日まで、全国から集まった神々は人生諸般の事柄を神議り（かむはかり）にかけ、男女の縁もそのときに決められるとされています。

岡山

ふたりの絆を強く結んでくれる

鶴崎神社

【つるさきじんじゃ】

随神門を抜けると、ふたつの参道の先には双殿造の拝殿が見えてきます。仲よく鎮座する鶴崎神社と八幡神社を参拝したら境内奥の「縁結びの木」へ。クスノキとカシの木が絡み合う恋愛成就のパワスポとして知られています。さらに夫婦鶴が描かれたハート形の絵馬に願いを込めれば完璧です！

墨書／備中國早島、鶴崎神社　印／鶴丸紋、鶴崎神社　●神紋の鶴は日本に稲作をもたらした吉兆の鳥です。社務所不在の場合もあるので、御朱印を頂くには事前連絡がおすすめです

本殿の横にある「吉備津彦命休息石」。古書に記された通り、本殿前の土中から出土しました

絵馬

「縁結び絵馬」（500円）。すてきな出会いを信じて、強い思いで書いたほうがより願いがかなうそうです

主祭神
大吉備津彦命荒魂《オオキビツヒコノミコトアラミタマ》

ほかにも延命長寿、安産育児などの御利益が……

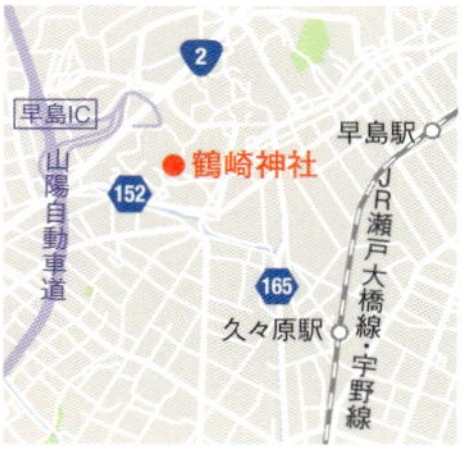

DATA
鶴崎神社
創建／1350（貞和6）年
本殿様式／入母屋造
住所／岡山県都窪郡早島町早島2220
電話／086-482-0097
交通／JR瀬戸大橋線・JR宇野線「早島駅」から徒歩20分
参拝時間／自由
御朱印授与時間／9:00～17:00
URL http://turusaki2.web.fc2.com

みんなのクチコミ!!

年末から節分まで境内に「い草のジャンボ干支」を展示しています

岡山

静かな里山の良縁スポット

真止戸山神社

【まとべやまじんじゃ】

豊かな自然に恵まれた瀬戸内の里山にあり、地元では氏神様として崇敬されています。手入れの行き届いた境内は、清々しい風が吹き抜けエネルギーチャージにぴったり。主祭神は素盞嗚尊と稲田姫命の夫婦神。八岐大蛇《やまたのおろち》を退治し、結婚を成就されたことから、縁結びや夫婦円満を願いましょう。

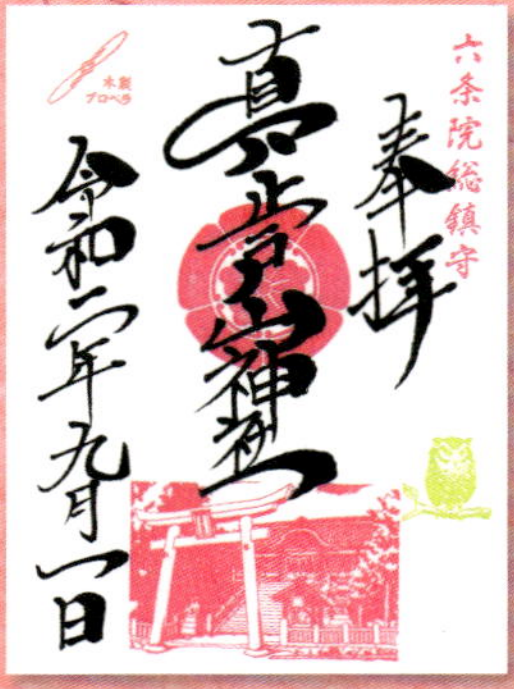

墨書／奉拝、真止戸山神社　印／六条院総鎮守、五瓜に唐花紋、ふくろう、社殿、木製プロペラ　●現在の鴨方町となる以前は六条院町と称されました。奉納品のプロペラ印もアクセント

真止戸山神社と県道を挟んで約100m南の森には、末社である向日神社が鎮座しています。まるで本社と対面するように北側を向いています

絵馬殿の天井には、木製プロペラが奉納品として掲げられています

主祭神
素盞嗚尊《スサノオノミコト》　稲田姫命《イナダヒメノミコト》

ほかにも家内安全、五穀豊穣、病気平癒、心願成就などの御利益が……

DATA
真止戸山神社
創建／771（宝亀2）年
本殿様式／流造
住所／岡山県浅口市鴨方町六条院中6919
電話／0865-44-4796
交通／JR山陽本線「鴨方駅」から車で7分、または山陽自動車道「鴨方IC」から車で12分
参拝時間／日の出から日没まで
御朱印授与時間／不定刻

＼2時間でめぐれます／

広島二葉山山麓七福神めぐり

広島市内には200を超える寺社がありますが、歴史的に中心となったのが二葉山の麓にある七大神社仏閣です。広島城の鬼門を守り続けるパワースポットを参拝しましょう。

勇気の神・毘沙門天
明星院

広々とした境内には、銭洗い不動明王や水掛け不動尊などの御利益スポットが点在しています。本堂には原爆による焼失を免れた赤穂浪士の木像もあります。

DATA
住所／広島県広島市東区二葉の里2-6-25
電話／082-261-0551
御朱印受付時間／9:00～17:00
URL www.myojyoin.net

招徳の神・福禄寿
広島東照宮→P.106

長寿の神・寿老人
尾長天満宮→P.122

繁盛の神・恵比須天
饒津神社→P.123

知恵の神・弁財天
鶴羽根神社→P.90

開運の神・大黒天
國前寺

本堂と庫裏は国の重要文化財です。どちらも広島藩の城大工の手によるもので、一般的な寺社建築ではなく城郭建築の手法が用いられています。

DATA
住所／広島県広島市東区山根町32-1
電話／082-261-4578
御朱印受付時間／9:00～17:00
URL temple.nichiren.or.jp/6021053-kokuzenji

円満の神・布袋尊
聖光寺

中区小町にあった洞景山聖光寺と、広島最古の寺のひとつである広島山瑞川寺が合併されました。きれいに手入れされた境内でのんびりできます。

DATA
住所／広島県広島市東区山根町29-1　電話／082-264-1220
御朱印受付時間／随時受取可
URL https://shokoj.jimdofree.com/

広島七福神のまわり方

広島駅の新幹線口からスタートし、徒歩2時間ほどで七福神が回れます。二葉山の麓ですがあまり坂はなく、ルート上には案内地図も設置されています。各寺社には七福神が、一柱ずつ祀られており「七福神御朱印」（各300円）を頂けます。

御神体（100円）を7体集めると、七福神ストラップが完成します。1月1～7日の限定品です

第三章

御利益別！　今行きたい神社

Part3

金運

収入アップや宝くじの当選、商売繁盛、一攫千金など、お金に関するお願いなら、金運パワーをチャージできるこちらへ。

★金運★絶対行きたいオススメ神社 3選

- 胡子神社（広島）／沖田神社・道通宮（岡山）／草戸稲荷神社（広島）
- 金光稲荷神社（広島）／正一位金持稲荷大社（広島）
- 高尾神社（広島）
- 福屋稲荷神社（広島）／巳徳神社（広島）
- 徳守神社（岡山）
- 藤田神社（岡山）
- 編集部オススメ！　授与品（総合運&縁結び&金運）

金運　絶対行きたいオススメ神社　3選

開運招福＆金運UPで輝く未来を手に入れる！

旅行をしたり、オシャレをしたり、自分磨きやスキルアップ……
好奇心のアンテナを張って生きるには、やっぱりお金は必要なもの。
思い通りの人生を送るために金運を授けていただきましょう。

絶対行きたい
オススメ神社 1

円とのご縁を授けてくれる福の神

繁華街の真ん中で三柱の神様が一体となり「えびす神」として祀られています。

広島

胡子神社【えびすじんじゃ】

商店街にある小さな社殿ですが地元では「えべっさん」の愛称で親しまれ、特別な信仰を集めています。えびす様といえば、商売繁昌や開運招福をもたらす福の神。商売をする人には円(＝お金)を、それ以外の人にはよい縁を授けるとされています。普段は注意して探さないと通り過ぎてしまうような神社も11月の胡子大祭では、御利益を求めて多くの参拝者で大にぎわいに。幸福をかきこむ熊手が飛ぶように売れ、金文字の限定御朱印も頂けます。

主祭神

蛭子神《ヒルコノカミ》
事代主神《コトシロヌシノカミ》
大江広元神《オオエノヒロモトノカミ》

福を呼び込む
胡子大祭の「こまざらえ」

毎年11月18～20日に行われる胡子大祭は、広島三大祭りのひとつで、えびす講とも呼ばれています。地元の人たちは胡子神社で売られるこまざらえ（熊手）を年々大きくしていくことが成功の証とされています。

限定御朱印と御朱印帳は
P.14・22で紹介！

墨書／奉拝、胡子神社　印／つる柏の神紋、胡子神社　●毎月1・5・10・15・20・25日は宮司が駐在し御朱印を直書きしていただけます（10:00～16:00）。例大祭の御朱印は金文字です！

お守り

えびす様のような笑顔で暮らせるよう祈願された「招福御守」（800円）

縁起のいい小槌などが描かれた「商売繁昌守」（800円）

みんなのクチコミ!!

胡子神社の北側にある広島三越では、大祭の時期限定でえびす様の顔をかたどった「繁盛饅頭」を販売します。キュートなもみじ饅頭をありがたく頂いて金運を呼び込みましょう！

おみくじ

置物の中におみくじが入っている「招き猫みくじ」（500円）

DATA
胡子神社
創建／1603（慶長8）年
住所／広島県広島市中区胡町5-14
電話／082-241-6268
交通／広島電鉄「胡町駅」や「八丁堀駅」から徒歩2分、または広島交通バス「八丁堀」や「銀山町」から徒歩2分
参拝時間／7:00～21:00
御朱印授与時間／10:30～16:30
（頒布は平日のみで、土・日・祝は基本不在）
URL http://ebisujinja.jp

神社の方からのメッセージ

吉田の胡堂に祀られていたえびす神を勧請したことが始まりとされ、「胡町」の地名の由来となっている商店街の守り神です。社務所は拝殿の左側（1階）の奥にあり、平日であれば御朱印や授与品を頒布しています。

胡子大祭は毎年30万人ほどの人出でにぎわう広島市を代表するイベント。町中には出店が並び、夜神楽や和太鼓の演奏など祭りならではの雰囲気が満喫できます。商店街やデパートでは大売り出しもあるので、ぜひタイミングを合わせて訪れてみましょう。

絶対行きたいオススメ神社 2

開墾の成功と白蛇様の御利益にあやかる

人身御供となったおきた姫や猿田彦命が福や富を授け、幸運へと導いてくださいます。

岡山

沖田神社・道通宮

【おきたじんじゃ・どうつうぐう】

沖新田を開拓する際に産土神として江戸時代に建立。本殿の床下には潮止め工事に際し人柱として身を捧げた、おきた姫が祀られています。この干拓事業のおかげで地域が繁栄し人々の暮らしが楽になったことから、大願成就の神様として崇敬されています。境内社の道通宮も白蛇の導きが得られるパワスポとして人気を集めています。

お守り

お財布に入れて金運をアップさせる「白蛇金運御守」（1000円）

猿田彦と白蛇が道を拓く道通宮

境内の奥にある道通宮は導きの神・猿田彦が主祭神。備中高松城の城主の息子が落城の際、白蛇の導きにより難を逃れたという言い伝えも残っています。迷いごとがあるときに参拝してみましょう。

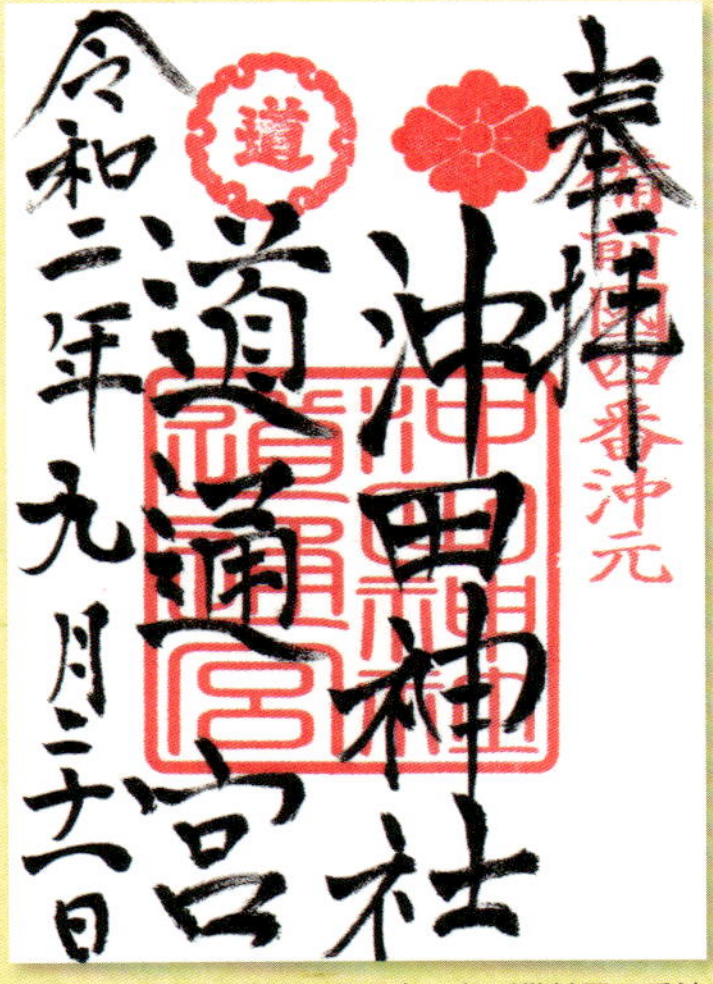

墨書／奉拝、沖田神社、道通宮　印／備前國四番沖元、沖田神社紋、道通宮紋、沖田神社道通宮　●「備前國四番沖元」の印は岡山藩主、池田綱政の時代に、新沖田として4番目に開拓されたことを意味します

おきた姫は縁の下の力持ち！

おきた姫を祀る末社は本殿の奥にあります

御朱印帳

表に沖田神社、裏に道通宮が描かれたオリジナルの御朱印帳（1500円）。カラーは4色から選べます

主祭神

天照大御神《アマテラスオオミカミ》
素戔嗚尊《スサノオノミコト》
軻遇槌命《カグツチノミコト》
倉稲魂命《ウガノミタマノミコト》
句句廼智命《ククヌチノミコト》
おきた姫《ヒメ》
猿田彦命《サルタヒコノミコト》

ほかにも家内安全、厄除け、身体健全などの御利益が……

DATA
沖田神社・道通宮
創建／沖田神社:1694（元禄7）年
本殿様式／権現造
住所／岡山県岡山市中区沖元411
電話／086-277-0196
交通／両備バス沖元線「沖元」から徒歩2分
参拝時間／自由
御朱印授与時間／9:00～16:00
URL www.okita-shine.com

みんなのクチコミ!!

地元のJリーグクラブ、ファジアーノ岡山が活動の拠点とする、政田サッカー場の氏神様が沖田神社です。毎年1月には選手やスタッフが必勝祈願に訪れます

神社の方からのメッセージ

拝殿の下には岡山県最大級の授与品ショップがあり、300種類以上のお守りや絵馬などが並んでいます。金運関係のお守りのほか、団地守りやキャラクター絵馬などユニークなものも多いので、ぜひ立ち寄ってみてください。

授与品を拝受したら境内にある成就石へ行ってみましょう。石の側面に書かれた商売繁盛や厄除け除災などの願いごとを正面に向けて、上に神札や御守を置き「無上霊宝・神道加持」と唱えながら右に3周回すと、御利益がアップするのだそう。

絶対行きたい
オススメ神社 3

主祭神と境内社のパワーで福を招く!

美しい社殿の周囲にはさまざまな摂社が鎮座します。暮らしに関わる金運向上や商売繁盛を願いましょう。

広島 草戸稲荷神社【くさどいなりじんじゃ】

稲荷橋から眺める朱塗りの社殿は、緑の森に浮かび上がり神々しいほど。初詣には毎年40万人以上が訪れ、県内2番目の参拝者数を誇ります。強力なパワーを頂ける神社として知られているのです。拝殿の奥に懸造風の社殿がそびえ、本殿は見晴らしのいい最上階に鎮座します。10を数える稲荷神社の摂社・末社では多様な御利益がお願いできます。眼力社は先見の明をつける御利益でも知られ、株式やFXなどのトレーダーにも強い味方になってくれるでしょう。

本殿から遥拝する清々しい１年の始まり

山際に造られた高層建築の本殿からは福山市を一望できます。社殿は東を向いているため、元旦の初日の出スポットとしても人気です。日の出の時間に合わせて参拝を。

おみくじ

全国的にも珍しい、大大吉があるおみくじ（200円）

主祭神

宇迦之御魂神《ウカノミタマノカミ》
保食神《ウケモチノカミ》
大己貴神《オオナムチノカミ》

ほかにも五穀豊穣、家内安全、厄除祈願などの御利益が……

太鼓橋の稲荷橋は絶好の撮影スポット。緑に浮かびあがる鮮やかな朱色の社殿はまるで森の竜宮です

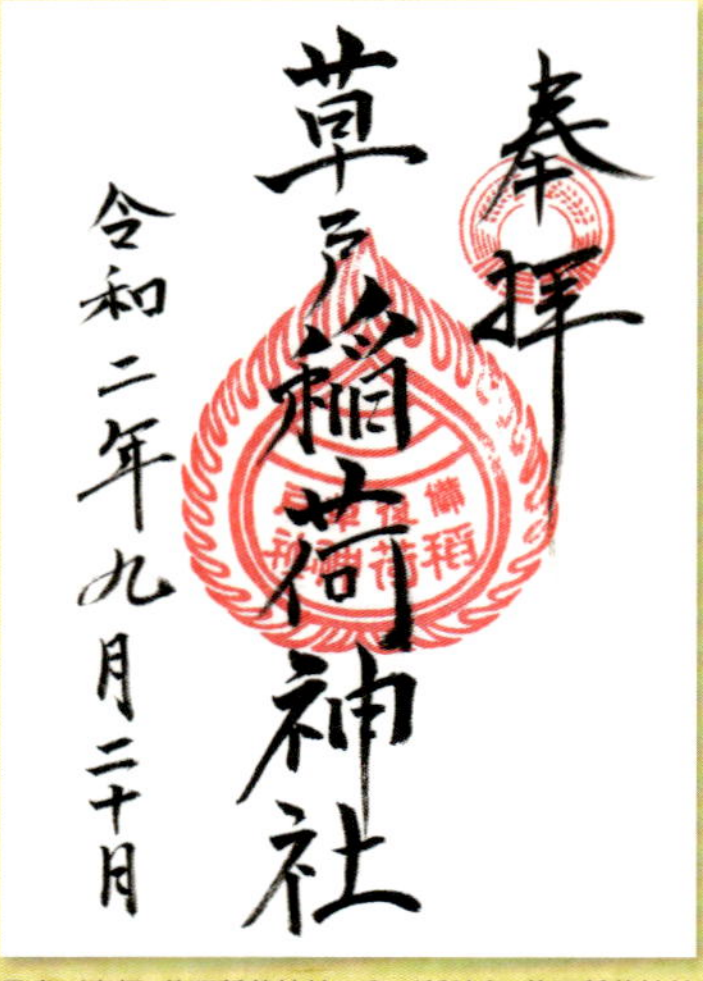

墨書／奉拝、草戸稲荷神社　印／稲紋印、草戸稲荷神社印　●通常の直書き御朱印のほか、月替りで限定御朱印（書き置き）も頒布されています

墨書／奉拝、草戸八幡神社　印／左三つ巴　●9月の第2日曜日に例大祭があるため、9月限定で頒布されます

お守り

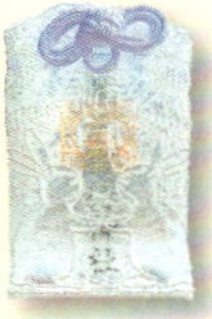

レース生地を使ったうさぎ柄の「福守」（1000円）

みんなのクチコミ!!

神社参拝後は隣接する明王院へ行きましょう。境内には鎌倉時代に建立された本堂（国宝）、本堂横には朱塗りの優美な五重塔（国宝）が建っています

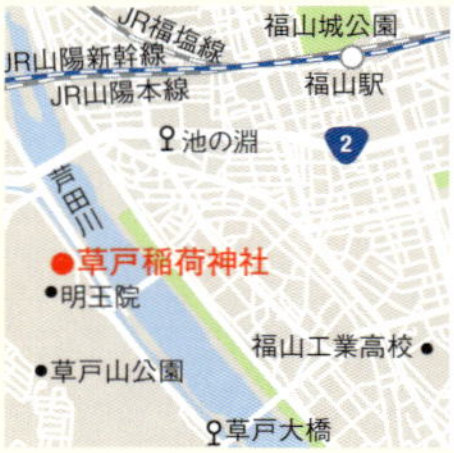

DATA

草戸稲荷神社

創建／807（大同2）年
本殿様式／流造
住所／広島県福山市草戸町1467
電話／084-951-2030
交通／トモテツバス「草戸大橋」や「池の淵」から徒歩15分
参拝時間／自由（本殿の参拝は8:00～16:00）
御朱印授与時間／9:00～16:00
URL http://kusadoinari.com

神社の方からのメッセージ

当社では長い歴史をもつ多数の伝統行事を執り行っています。狐のお面と化粧をした地域の子供たちが神輿をひいて町内を練り歩く「卯之大祭」や、9月の「草戸八幡神社の例大祭」は地元の人たちでにぎわいます。

奈良時代に隣接する明王院の開基、弘法大師が明王院を守護する神社として開いたと伝わる古社です。古くは芦田川の中州に鎮座していましたが、洪水の被害があったため、1655（承応4）年に現在の場所へと移されました。

参道もお稲荷さんパワー充満

広島

金光稲荷神社

【きんこういなりじんじゃ】

二葉山山頂に建つ奥宮まで約500段の石段を上ります。120数基もの鳥居が並ぶ石段を進むと御産稲荷社、出世稲荷社といくつもの稲荷社が並びます。まさにお稲荷さんの金運パワーに満ちた参道といえるでしょう。奥宮からは市街や瀬戸内海が一望でき、日常のストレスも癒えるはずです。

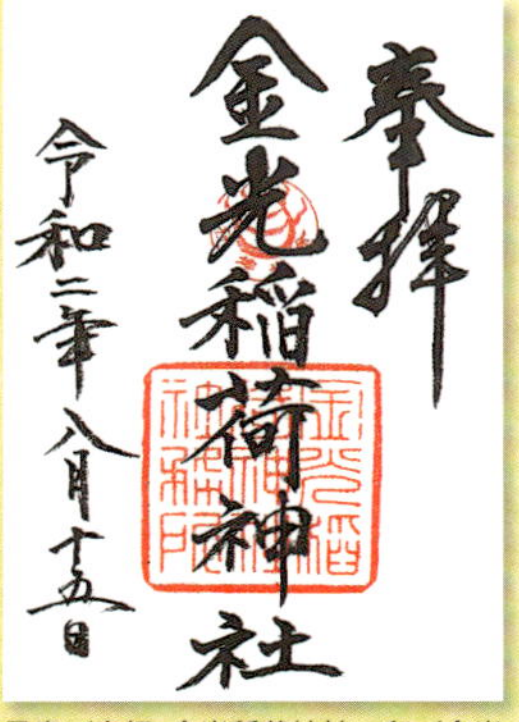

墨書／奉拝、金光稲荷神社　印／金光稲荷、金光稲荷神社社務所　●広島東照宮の境内社ですが山頂まで広大な神域が広がります

奥宮には信仰の対象となった巨石が鎮座します。3月下旬から4月上旬はお花見におすすめです

神紋には金の文字が入り財運アップも期待できる「肌守」(800円)

DATA

金光稲荷神社

創建／元禄年間（1688～1704年）

本殿様式／流造

住所／広島県広島市東区二葉の里2-1-18

電話／082-261-2954

交通／広島バス「東照宮入口」から徒歩8分

参拝時間／7:00～18:30

御朱印授与時間／本社の広島東照宮（P.106）で頒布

URL www.hiroshima-toshogu.or.jp/kinko

主祭神

宇迦之御魂神《ウカノミタマノカミ》（稲荷大神《イナリオオカミ》）

ほかにも家内安全、諸願成就などの御利益が……

みんなのクチコミ!!

金光稲荷のある二葉山は日本最大規模のシリブカガシの群生林です

酒屋の屋上に金運スポットが出現!!

広島

正一位金持稲荷大社

【しょういちいかねもちいなりたいしゃ】

1911（明治44）年に創業した酒屋、金持本舗のビル屋上にある神社です。金運に強力な御利益があるといわれ、宝くじが高額当選した参拝者も少なくないのだとか！お参りするたびによいことがあるからと、毎月新幹線で訪れる人もいるそうです。名前も縁起がいいコイン通りにあります。

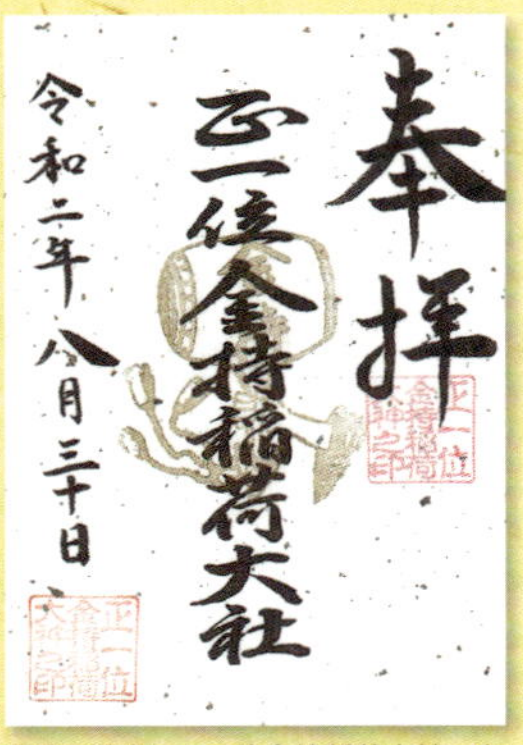

墨書／奉拝、正一位金持稲荷大社　印／正一位金持稲荷大社之印、金持小槌　●御朱印は1階にある「金持本舗 用品名酒センター」で受け付けています

金箔が封入されている根付「金箔こびん」(1200円)

「金運守護」(1000円)は財布に入れて大切に

御神水でお金を洗って金運アップを願う「銭洗い」。1階で受け付け、開運タオルを頂きます(初穂料500円)

DATA

正一位金持稲荷大社

創建／2001（平成13）年

本殿様式／流造

住所／広島県広島市佐伯区五日市4-18-18

電話／082-921-0027

交通／広島電鉄宮島線「佐伯区役所前駅」から徒歩10分、またはJR山陽本線「五日市駅」から徒歩15分

参拝時間／自由

御朱印授与時間／9:00～22:00

URL https://www.rakuten.ne.jp/gold/kanemochi/kanemochi_inari.html

主祭神

宇迦御魂大神《ウカノミタマノオオカミ》など5神

ほかにも芸能上達、福徳円満などの御利益が……

みんなのクチコミ!!

金運だけでなく子宝の御利益もあります！

広島

高尾神社【たかおじんじゃ】

福々しい笑顔で金運を引き寄せる

広島県で最初に実施された「お多福通り抜け」。厄を祓ってたくさんの幸福を授かりましょう。

お多福通り抜けで有名です。毎年2月の節分を中心にした8日間、拝殿の手前には口を開けた巨大なお多福が置かれます。その口から入って参拝すると厄が落ちて運が開けるというのです。浪費グセを治し、貯蓄したいなら、お多福パワーを頂きましょう！　八幡様と同じ三柱の御祭神は勝運も授けてくださいます。お多福のモデルは一説によると江戸時代、京都の大金持ちと結婚した女性なのだとか。恋のライバルに勝って、玉の輿に乗るのも夢ではないかもしれません。

主祭神

帯中津日子命《タラシナカツヒコノミコト》　息長帯比売命《オキナガタラシヒメノミコト》

品陀和気命《ホンダワケノミコト》

ほかにも安産子育て、学業成就、開運厄除け、交通安全などの御利益が……

みんなのクチコミ!!

7月には七夕祭を斎行。境内に笹竹と願いごとを書く短冊が用意されます。夜の特別祈願祭に参列（有料）すると限定のお守りが頂けます

祭儀が行われる磐座（いわくら）

神社北側の森には注連縄が掛かった大きな岩があります。御社殿が建立される前は、ここが神の宿る場所として信仰の対象となっていました。現在は磐座下が例祭の御神幸祭お旅所、夏越大祓の大祓式祭場となっています。

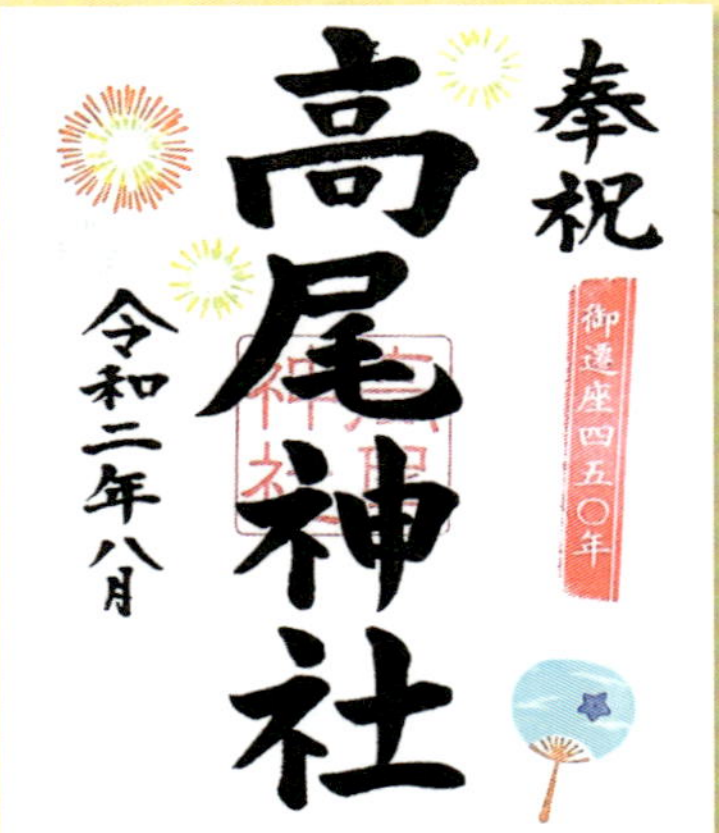

墨書／奉祝、高尾神社　印／御遷座四五〇年、高尾神社、月替わり印　●御遷座450年の令和2年には月替わりの御朱印が頒布されました。厄除大祭・お多福通り抜け期間中には特別御朱印が授与されます

お守り

財布に入れて幸運を招く「福守」（1000円）

鬼パワーで厄除する「開運ヤブ守」（800円）

お多福通り抜けが行われる厄除大祭では、限定の福よせ熊手や福駒札も頒布されます

御朱印帳

境内の春と秋の風景を描いたオリジナル御朱印帳（1500円）

DATA

高尾神社

創建／不詳　※社伝によると鎌倉時代には宮ヶ迫に創建され、永禄年間（1558～1570年）に現在地に遷座

本殿様式／三間社流造

住所／広島県呉市焼山中央2-11-11

電話／0823-33-7788

交通／広電バス「昭和市民センター西」から徒歩2分

参拝時間／自由

御朱印授与時間／9:00～16:00

URL http://www.takaojinja.jp

神社の方からのメッセージ

多くの皆様に幸福になってもらいたいとの願いから、平成13年より中国地方で初めての「お多福通り抜け」を実施しています。厄除けはもとより、商売繁盛や金運向上の願掛けをされる参拝者も遠方からいらっしゃいます。

境内には呉市の天然記念物に指定されている藤の木があります。7本の株がいろいろな方向に伸びて高木に巻き上がっています。毎年5月5日に行われる境内社の大歳神社祭は「藤祭」と呼ばれ、この時期に美しい見頃を迎えます。

老舗デパートの屋上に鎮座

広島

福屋稲荷神社

【ふくやいなりじんじゃ】

福屋八丁堀本店の屋上のガーデンにあります。1929（昭和4）年に広島市で最初の百貨店として開業する際、京都の伏見稲荷大社より勧請されました。原爆の罹災を乗り越えて戦後すぐに復旧し、今も商売繁盛・商取引の守り神として祀られています。心を清め邪気を祓う御利益もあります。

墨書／奉拝、福屋稲荷大明神　印／福屋稲荷神社、社章（七宝つなぎ、広島市章）　●デパート屋上の社で参拝した後に、6階の書籍売り場レジで書置きの御朱印が頂けます

御朱印帳

広島東洋カープとコラボした福屋限定の御朱印帳を不定期で数量限定販売しています

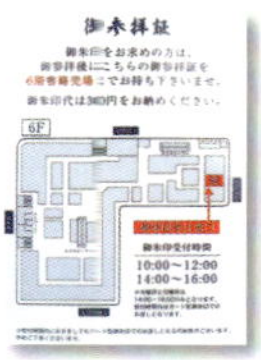

神社前に設置された「御参拝証」を6階の書籍売り場へ持っていくと御朱印を頂けます

DATA

福屋稲荷神社

創建／1929（昭和4）年
住所／広島県広島市中区胡町6-26
福屋八丁堀本店9階屋上
電話／082-246-6111
交通／広島バス「八丁堀」や広島電鉄「八丁堀駅」から徒歩1分
参拝時間／10:30～19:30
※変更になる場合あり
御朱印授与時間／10:30～19:00

主祭神

宇迦之御魂神《ウカノミタマノカミ》

ほかにも五穀豊穣、幸福守護などの御利益が……

みんなのクチコミ!!

御朱印は6階の書籍売り場で受付てから30分ほど待ちます。由緒書も頂けます

財運アップを白玉龍神にお願い

広島

巳徳神社

【みとくじんじゃ】

脱皮ごとに再生することから、金運、財運、出世をもたらす白蛇を龍神様として祀っています。「参拝して会社に戻ったら大口の発注があった」、「夢のお告げで蛇神社を訪れたら体調が戻った」など御利益のエピソードも数多いとか。心を込めて祈願すれば、格別のパワーを頂けそうです。

墨書／奉拝、白玉龍神、巳徳神社　印／白玉龍神璽、巳徳神社之印　●御朱印は書き置きのみとなっています

社務所では50種類もの授与品が用意されています。「純金箔入り白蛇御守」や「龍招福水晶御守」は金運アップが期待できそうです

神門には開運招福の文字が刻まれています。5月の例大祭ではぜんざいやお餅も振る舞われます

DATA

巳徳神社

創建／1982（昭和57）年
本殿様式／住吉造の形式に近いとされる
住所／広島県世羅郡世羅町本郷字1634-1
電話／なし
交通／中国バス「巳徳神社前」から徒歩1分
参拝時間／自由
御朱印授与時間／10:00～17:00

主祭神

白玉龍神《シラタマリュウジン》

ほかにも厄除開運、病気平癒、良縁などの御利益が……

みんなのクチコミ!!

「護り給え、恵み給え、幸い給え」と3回唱えてから願いごとをするのが参拝方法です

太陽の女神と福の神が、お金の心配を祓う！

黄金に輝く巨大なお神輿が神社のシンボル。女子を助けてくれる境内社も参拝必至です。

岡山

徳守神社
【とくもりじんじゃ】

主祭神
天照皇大神《アマテラスオオミカミ》

ほかにも健康、安産、厄難消除、人生の導き、交通安全、五穀豊穣などの御利益が……

商店や住宅が並ぶ、静かな環境のなかに位置します。奈良時代の創建で1604（慶長9）年、津山藩初代藩主が津山城を築く際、城下の総鎮守としました。以来400年以上、町の発展を見守り続けています。境内社に恵比須・寿福幸神社、大国主神社があります。どちらの御祭神も商売繁盛と金運アップの神様。そのうえ、逆境にある女性を助けてくれるという善神社まで揃っています。お財布がピンチという女子はマスト参拝です。

悩める女性をサポートする善神社

境内末社の善神社は良縁を運び、逆境にある女性に霊験あらたかとされています。「お花の宮」と称されるようにお花という娘の霊を鎮めるための祠は、いろいろな悩みをもつ女性を加護してくださるパワースポットです。

大祭に出御する金塗り大神輿はガラス戸越しに公開されています。御神輿からもパワーを頂けます

みんなのクチコミ!!

本殿左手の奥に徳守会館があります。これは旧津山高等女子高校「温故館」を移築したそうです。境内には赤穂四十七士のひとり、神崎与五郎の歌碑もあります

墨書／徳守神社　印／津山総鎮守、三巴神紋、徳守神社、とくちゃん干支印　●「左三つ巴」紋は主祭神の天照大神を表します。御社殿には弟の月読尊を表す「右三つ巴」紋も彫られています

墨書／徳守神社、津山総鎮守、森忠政公造営社、印／徳守神社
●徳守大祭の記念御朱印です

お守り

「とくちゃん守り」（800円）。見習い守り神のとくちゃんは、神社のマスコットです

桜吹雪が美しくデザインされた「しあわせまもり」（800円）

DATA
徳守神社
創建／733（天平5）年　※現社地鎮座は1604（慶長9）年
本殿様式／正面三間、面三間の中山造（入母屋造、妻入型式）、正面に唐破風の向拝
住所／岡山県津山市宮脇町5番地
電話／0868-22-9532
交通／JR津山線「津山駅」から徒歩15分
参拝時間／9:00～17:00
御朱印授与時間／9:00～17:00
URL https://www.tokumori.or.jp

神社の方からのメッセージ

秋の徳守大祭では、日本三大神輿と謳われる金塗りの大神輿が大獅子とともに町中を練り歩きます。総高2.8m、重さ約1トンで、担ぎ手が交代要員を含め170人も必要なほど。境内では時代絵巻奉納演芸も開催されます。

津山城は本能寺の変で討ち死にした森蘭丸の弟、森忠政が築城しました。神社北側には宮脇町の町並みが広がります。ここは城下町の西端にあたるエリアで、江戸時代には商家が並び、西側の翁橋のたもとには大番所がありました。参拝後に散策してみましょう。

天地両方の神々から最強パワーを頂く

伊勢神宮と出雲大社の主祭神を一緒にお祀りした全国的にも珍しい神社です。

岡山

藤田神社【ふじたじんじゃ】

明治時代の実業家として巨万の富を築いた藤田傳三郎が児島湾干拓事業の成功と守護を祈願して創建しました。祀られているのは伊勢神宮の御祭神・豊受大神と出雲大社の御祭神・大国主大神、そして大国主大神を助けた少彦名大神です。豊受大神は天上に鎮座する神、大国主大神と少彦名大神は大地を守護する神。困難な事業には天地両方の神様のパワーが必要と考えたのです。参拝すれば、御祭神と創建者が、苦難を乗り越え、大きな成果を得る力を授けてくれるはず。

主祭神

豊受大神《トヨウケオオカミ》　大国主大神《オオクニヌシオオカミ》

少彦名大神《スクナビコナオオカミ》

ほかにも事業繁栄、疫病消除、安産成就、大願成就、縁結びなどの御利益が……

龍神手水舎で3つの玉を探しましょう

干拓地で真水が不足したため、手水舎には岡山県でも最大級の龍神像が祀られています。この手水舎には天・地・人を表す3つの「龍の玉」が隠されていて、見つけることができた人は夢がかなうとされています。

墨書／奉拝、藤田神社　印／藤田傳三郎スタンプ、神紋（五三の桐）、傳三郎　●宮司がいらっしゃれば三柱の御祭神が潤筆された特別御朱印も拝受できます

拝殿で参拝したあとは、本殿の裏に回ってみましょう。白へび神様の祠があり、境内の神々を守護しています。金運はもちろんのこと、出会い運、恋愛成就、目や足の病気を治癒する御神徳があります

神社を創建した藤田傳三郎にもご挨拶。功績を讃えた石碑は境内入って右手にあります

みんなのクチコミ!!

授与時間以外でも事前に電話で予約をすれば、御朱印を頒布していただけます。持ち込んだ色紙に御朱印を浄書していただいたり、宮司さんを指名することも可能です

福を呼び込んでくれそうな「傳三郎金福入れ」（800円）

お守り

財運アップが祈願されている「金運守」（800円）

DATA

藤田神社

創建／1915（大正4）年
本殿様式／流造
住所／岡山県岡山市南区藤田509-3
電話／086-296-8073
交通／両備バス「ダイキ岡山前」や「興陽高校前」から徒歩12分
参拝時間／自由
御朱印授与時間／9:00～15:00
URL https://fujita-jinja.or.jp

＼神社の方からのメッセージ／

明治時代の偉人、藤田傳三郎が進めていた干拓事業の成就や地域住人の幸せを願い「児島湾神社」として創建されました。伊勢・出雲の御神徳「弥栄」と事業の成功から、事業商売繁栄を願って全国から参拝者が訪れます。

児島湾の干拓は江戸時代から池田藩が始め、約6800ヘクタールを干拓。その後、1899（明治32）年からは藤田組が大規模な干拓に着工し、1946（昭和21）年からは国営事業として農林省が引き継ぎ、1963（昭和38）年まで行われました。

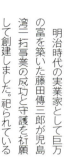

まだまだあります！

編集部オススメ！授与品

総合運＆縁結び＆金運

授与品は、神職が参拝者の幸せを願い、思いを込めて考えられたものです。金運アップのお守りはお金との縁を結び、蓄財のパワーを授けてくれます。

総合運

多家神社（埃宮）P.73

埃宮は神武天皇が滞在した聖地で、建国の旅を助けた八咫烏（やたがらす）と金鵄（きんし）の授与品が豊富です。「勝守」と「導き守」を両方持つと御利益がパワーアップします！

「八咫烏みくじ」(500円)

勝利の金鵄が描かれた「勝守」(800円)

八咫烏が行く道を示す「導き守」(800円)

空鞘稲生神社 P.70

衣食住を司る神様や市場の神様が祀られ、城下町を発展へ導いた神社です。「一歩御守」は人生の新たなステップを応援してくれます。

「一歩御守」(1000円)。裏側には歩が「と金」になるよう「と」の文字が記されています

縁結び

比治山神社 P.84

最強の縁結びパワーをもつ大国主命をお祀りする、広島市でトップクラスの良縁祈願スポットです。恋愛成就や開運の授与品がたくさん揃っています。

「縁むすび守」(1000円)

「水引の花みくじ」(300円)。筒の中に水引の花とおみくじが入っています

鶴羽根神社 P.90

神社の背後にそびえる山の形から、明治初期に鶴羽根と改称されました。吉兆の鳥を描いたお守りが運気を大きくアップしてくれます。

「翔舞守」(1000円)。勝負ごとにも御利益があります

「八方除方位除御守」(1000円)

金運

沖田神社・道通宮 P.97

社殿の下には岡山県でも最大級の授与品販売所があり、お守りや絵馬など300種類以上が授かれます。「団地守」などオリジナル授与品も豊富です。

強運をもたらす「んのお守り」(500円)

「団地守」(500円)。団地に住む方の安全と発展が祈願されています

正一位金持稲荷大社 P.99

酒屋のビルの屋上にある金運スポットです。1～43の玉が納められた「大黒様の夢袋」は、数字を選択するロト6で使ってみましょう。

「大黒様の夢袋」(2500円)

御縁があるようにと五円玉が結んである「そろばん玉ストラップ」(800円)

福を引き寄せるニャ

胡子神社 P.96

商売繁昌のえびす様を祀っているアーケード内にある神社です。例祭で頒布される熊手や招き猫は、開運招福パワーが頂けると大評判です。

「開運豆熊手」(700円)

「笑美寿守」(800円)

「えべっさんお守り」(800円)

「福寿俵」(小3500円、大4500円)

「厄除御守」(800円)

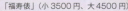

第三章

御利益別！　今行きたい神社

Part4

美容・健康

すべての幸せは心と体の健康から。女性はもちろん、老若男女の強い味方になってくれる神様に会いに行きましょう。

美容◆健康 絶対行きたいオススメ神社 3選

心と体を健やかに＆女子力アップのビューティ祈願

幸せな人生は心身の健康から！ 病気平癒の御神徳を頂ける「広島東照宮」、足腰を守護する「和氣神社」、主祭神が治癒パワーをもつ「備前国総社宮」。こちらで願いを伝えれば、ヘルシーで美しい毎日を授かれるはずです。

絶対行きたい
オススメ神社 1

健康運と勝運をアップさせる御神威

城下町広島の総鎮守です。薬師如来の化身とされる家康公から病気に打ち勝つパワーを授かれます！

広島
広島東照宮
【ひろしまとうしょうぐう】

参道から51段の石段を上ると、朱色の唐門と回廊が広がります。最強の成功運をもつ家康公は、母親の於大の方が薬師如来に祈願し誕生しました。その薬師如来の化身とされる天下人を慕い、病気平癒の祈願者が後を絶ちません。回復して元気な姿でお礼参りに訪れる方も多いそうです。本殿右手の御産《おさん》稲荷社では、安産や子宝の御利益を授かれます。亥子《いのこ》石をなで、生命のパワーを頂きましょう。

主祭神
徳川家康公《トクガワイエヤスコウ》

東照宮独特の左右に延びる翼廊
唐門と長さ42mの翼廊（よくろう）は、被爆の焼失を免れ創建の頃から存在する建造物。江戸時代の建築様式で彩られ、広島市の重要文化財に指定されています。

墨書／奉拝、広島東照宮　印／三つ葉葵紋、広島東照宮、広島東照宮社務所　●徳川家の家紋である三つ葉葵の神紋が丸印で入ります

御朱印帳

「オリジナル御朱印帳」（2100円）。参道から唐門へと続く51段の階段と翼廊が描かれています

お守り

境内に咲く梅の花をデザインした「安産御守」（800円）

幸福や金運を呼ぶ「ふくろう守」（800円）

ほかにも勝運、厄除けなどの御利益が……

みんなのクチコミ!!

勝運、繁栄、子育てなど御祭神ゆかりの御神徳がいろいろ。戌の日には安産祈願の参拝者がたくさん訪れます

DATA
広島東照宮
創建／1648（慶安元）年
本殿様式／一間社流造
住所／広島県広島市東区二葉の里2-1-18
電話／082-261-2954
交通／JR「広島駅」から徒歩8分、または広島バス「東照宮入口」から徒歩5分
参拝時間／自由
御朱印授与時間／9:00～16:00
URL https://www.hiroshima-toshogu.or.jp

神社の方からのメッセージ

御祭神の徳川家康公は、江戸時代260年余の平和な時代の礎を築かれた平和の神様でもあります。JR広島駅から徒歩10分ほどの便利なロケーションですので、観光や神社仏閣めぐりとあわせてぜひお参りください。

全国東照宮連合会のオリジナル御朱印帳（2100円）も頒布されています。連合会には日光東照宮など47社が加盟しており、日本各地の東照宮めぐりもおすすめです。この御朱印帳で東照宮加盟10社で御朱印を授かると、事務局から記念品が贈呈されます。

絶対行きたい
オススメ神社 2

岡山

和氣神社

【わけじんじゃ】

足腰の健康はイノシシにお願い！

和気清麻呂公の生誕地に鎮座します。健康の根源である元気な足腰をイノシシ像に祈願しましょう。

主祭神

鐸石別命《ヌデシワケノミコト》

和気清麻呂命《ワケノキヨマロノミコト》

和気広虫姫命《ワケノヒロムシヒメノミコト》

神域を守護するのは、4体の狛イノシシです。和気清麻呂公が旅の途中で足が萎えてしまった際、300頭のイノシシが行く道を誘導。無事に危機を乗り越え、到着先では足もすっかり治っていました。この故事にちなんだ足腰・健康を守護する御神徳はとてもパワフルです。痛みや病気からの回復だけでなく、けがをしないように参拝する有名アスリートも多いのだとか。神社が鎮座する藤野の地は、藤が咲き乱れる原野だったそうです。藤の種類が日本一の藤公園も隣接し、藤まつりでは限定御朱印が頂けます。

霊猪をなでて健康運アップ

拝殿前には備前焼の「撫で猪」が安置されています。白備前の陶彫を手がける窯元から奉納され、像をなでると厄除けや足腰健康などの御利益が頂けるそうです。親子の仲睦まじい表情にも癒やされます。

ほかにも厄除け、開運、安産、学業成就などの御利益が……

全国から約100種類の藤を収集した藤公園。4月下旬から5月中旬に藤まつりが開催されます

みんなのクチコミ!!

日本最古の私立学校「弘文院」を建てた清麻呂公は学問の神様。社の裏では「名付け石」を納め、学業成就を祈願できます

限定御朱印は
P.12で紹介！

墨書／和氣神社　印／和氣清麻呂公生誕地、山桜紋、和氣神社　●古くは和気氏一族の氏神として遠祖が祀られ「和気神」と称されていました。和氣神社のオリジナル御朱印帳を頂くとイノシシの限定印が入ります

絵馬

絵馬（各700円）。学問の神として合格必勝、さらに心願成就も祈願できます

参道に建つ巨大な和気清麻呂像。災いを祓う神として信仰されています

DATA

和氣神社

創建／不詳
本殿様式／流造
住所／岡山県和気郡和気町藤野1385
電話／0869-93-3910
交通／JR山陽本線「和気駅」から車で10分
参拝時間／自由
御朱印授与時間／9:00～16:30
URL http://wake-jinjya.com

神社の方からのメッセージ

春は桜（芳嵐園）や藤（藤公園）、秋には紅葉（紅葉山）、冬はツバキ（椿苑）など、四季の移ろいが楽しめる神社です。古くから和気氏一族の氏神を祀っており、和気清麻呂命はこの和気藤野で生まれ育ちました。

和気清麻呂は奈良時代の「道鏡事件」の際に、皇家の系譜を守った天皇の側近です。皇位を奪おうとした道鏡の野望を阻んだため、道鏡により大隅国へ流刑となりました。道鏡が失脚すると都に呼び戻され、平安京を造営する責任者としても手腕を振るいました。

絶対行きたい
オススメ神社 3

医療と厄除けの夫婦神が強力サポート

病気平癒の御神徳で知られるパワースポットです。ヘルシーな授与品で運気も健康もアップ間違いなし!

岡山

備前国総社宮

【びぜんのくにそうじゃぐう】

気の流れのいい龍《たつ》ノ《の》口《くち》山《やま》の麓に鎮座します。平安時代の建築様式で再現された拝殿と、緑の山のコントラストは心洗われるような美しさ。病封じを祈願した石鹸や神社はちみつなど、健康や運気をアップする授与品も社務所で頂きましょう。主祭神の大己貴命は再生復活、妻の須勢理毘売命は厄災消除の御神徳をおもちです。「因幡の白兎」の神話のように、けがの回復にも力を与えてもらえるそうです。

主祭神

大己貴命《オオナムチノミコト》　須勢理毘売命《スセリビメノミコト》

ほかにも縁結び、商売繁盛などの御利益が……

みんなのクチコミ!!

「お宮でとれました」ハチミツは総社宮でお祓いしたミツバチから採取しています。糖度が高く免疫力を高める効果もあります!

豆まきは魔滅の神事

2月初旬の節分祭では、境内の特設舞台から福男・福女が豆をまいて、1年の無病息災を祈ります。豆は「魔滅」に通じ、邪気を祓う浄化パワーを頂けます。

御朱印帳はP.24で紹介!

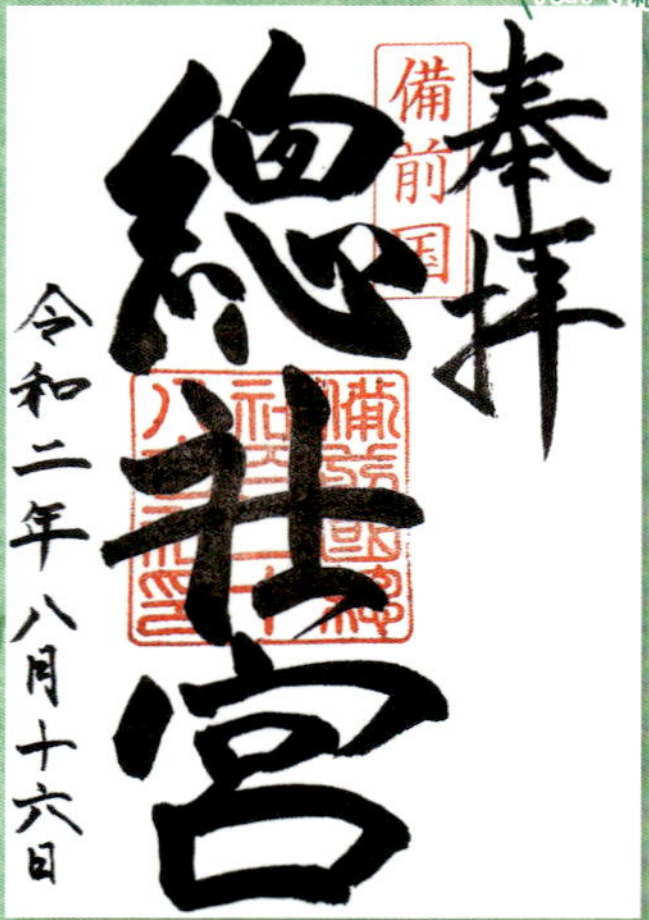

墨書／奉拝、総社宮　印／備前国、備前国総社百二十八古社印　●備前国128社の御祭神を祀っていることが中央の朱印に刻されています。備前国は岡山県のほか小豆島なども含まれます

授与品

「お宮でとれました」(80g 1000円、250g 2500円)。自然豊かな境内地のミツバチから採取したはちみつです

お守り

「大黒様の大袋お守り」(2000円)。備前名産のデニム生地が使われ、7つの願いがかなうよう祈願してあります

絵馬

「パクチー絵馬」(500円)

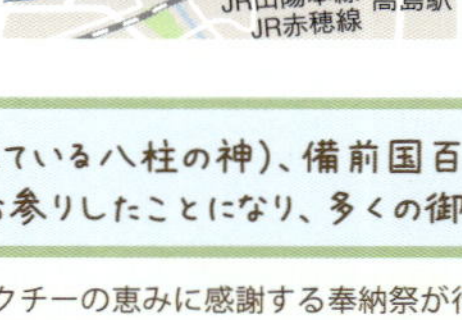

DATA

備前国総社宮

創建／不詳(平安後期)
本殿様式／三間社流造
住所／岡山県岡山市中区祇園596
電話／086-275-7055
交通／両備バス「祇園」から徒歩3分、または宇野バス「脇田」から徒歩10分
参拝時間／自由
御朱印授与時間／9:00〜16:00
URL https://www.soujagu.jp

神社の方からのメッセージ

主祭神のほか、神祇官八神(宮中に祀られている八柱の神)、備前国百二十八社の御祭神が祀られています。当宮にお参りすると、これらすべての神様にお参りしたことになり、多くの御神徳を賜ることができます。

8月9日は「パクチーの日」として岡山県の特産品パクチーの恵みに感謝する奉納祭が行われます。パクチーを奉納したあと、産直販売やパクチー料理の販売、さらに拝殿前で『岡山パクチー音頭』を踊ります。パクチー好きな女子には見逃せないイベントです。

趣ある風致地区で元気をチャージ

広島

礒宮八幡神社

【いそのみやはちまんじんじゃ】

竹原駅を出て右手に延びる参道を10分ほど歩きます。注連柱の先の橋を渡り、歩道橋で国道を越えると、緑の山を背景に神社が鎮座しています。安産を祈願される女性が多く、境内を包み込む澄んだ空気からも癒やしのエネルギーを頂けそう。正月三が日は1万人以上が参拝に訪れます。

アニメやドラマの舞台ともなった竹原市の伝統的な町並みが残る「鎮海山風致地区」にあります

お守り

願いごとが成就するよう祈願された「へのかっぱ御守」（600円）。宮司の発案でできたオリジナルのお守りです

墨書／奉拝、竹原、礒宮八幡神社　印／巴紋、礒宮八幡神社、礒宮社務所印　●社務所不在時には電話連絡をすれば対応していただけるそうです

DATA

礒宮八幡神社

創建／1194（建久5）年

本殿様式／三間社流造

住所／広島県竹原市田ノ浦1-6-12

電話／0846-22-2529

交通／JR呉線「竹原駅」から徒歩10分

参拝時間／自由

御朱印授与時間／9:00～17:00（社務所に神職が在社時のみ）

※12:00～13:00は食事休憩

主祭神

品陀和気命《ホンダワケノミコト》

帯息長姫大神《オキナガタラシヒメノミコト》　多岐理比売命《タギリヒメノミコト》

市杵島比売命《イチキシマヒメノミコト》　多岐都比売命《タギツヒメノミコト》

ほかにも諸願成就、勝運などの御利益が……

海の女神はすべての女性の味方

広島

大瀧神社

【おおたきじんじゃ】

歯朶山《しだやま》全体が神域となった大竹市の氏神様です。嚴島神社兼帯七社のひとつで、宗像三女神の多岐津姫命をお祀りしています。境内に咲き誇る季節の花々や、弁財天の巨石アートからも美のパワーを頂けるはず。京都の八坂神社より勧請された境内社の祇園社では、疾病除けをお願いしましょう。

御朱印帳はP.24で紹介！

長野晴璋先生によって描かれたカラフルな弁財天

お守り

左から「健康御守」（800円）、「竜珠パワー守」（1000円）

墨書／奉拝、大瀧神社　印／安藝國大竹市、嚴島神社兼帯七社、二重三ツ亀甲剣花角印、大瀧神社　●社務所不在の場合もあるので事前連絡を

DATA

大瀧神社

創建／597（推古天皇5）年

本殿様式／三間社流造

住所／広島県大竹市白石1-4-1

電話／0827-52-4878

交通／JR山陽本線「大竹駅」から徒歩10分

参拝時間／自由

御朱印授与時間／9:00～15:00

URL https://www.facebook.com/ootakijinjya/

主祭神

多岐津姫命《タキツヒメノミコト》

ほかにも運気上昇、商売繁盛などの御利益が……

みんなのクチコミ!!

城本敏由樹画伯の龍画を拝観できます（要予約）。拝殿に向かって左が雄、右が雌です

厄災を未然に防ぐ厄除けの八幡様

お清めのパワーが強い八幡大神をお祀りしています。縁起のいい石段を上り、運気もアップさせましょう。

広島

草津八幡宮

【くさつはちまんぐう】

力箭山《りきやざん》の麓にある一の鳥居から見上げると、境内まで189段の急な石段が続いています。その段数が「ひやく」と読めるため、飛躍や避厄に通じるそうです。運動不足の人には少し厳しい参道ですが、運気アップを祈願しながら上りましょう。境内からは町並みや広島湾が気持ちよく広がっています。地元では厄災を未然に防ぐ「厄除けの八幡様」として崇敬されています。禍事を祓い清めれば、元気で健やかに毎日を過ごせるはず。

主祭神

ホンダワケノミコト
品陀和気命

オキナガタラシヒメノミコト
息長帯比売命

タラシナカツヒコノミコト
帯中津日子命

ほかにも運気向上、安産などの御利益が……

草津地区を練り歩くけんか神輿

9月最終日曜の例大祭では、神霊を乗せた神輿同士が激しくぶつかり合います。草津祭音頭を高らかに歌い「ちょいさ！」の掛け声が飛び交います。

御朱印帳はP.21で紹介！

墨書／草津八幡宮、奉拝　印／安芸国力箭山鎮座、草津八幡宮、左三つ巴紋　●力箭山が鎮座地です。神功皇后の軍がこの地で箭（弓矢）の訓練をした伝承から命名されたそうです

正面参道の石段は最下段から境内まで厄除けに通じる189段。例大祭では御神霊を乗せた神輿はこの石段を駆け下り、一の鳥居の前から競り合いが始まります

みんなのクチコミ!!

189の石段の途中には、広島東洋カープの監督が奉納した玉垣があります。境内にはカープ応援絵馬掛けもあり、試合前に必勝祈願に訪れるカープ女子も多いです

お守り

「勝守」（800円）。飛翔するような書体と大きなVマークで試合やテストの必勝を祈願します

「病気平癒御守」（800円）。平和のシンボルである折り鶴が描かれています

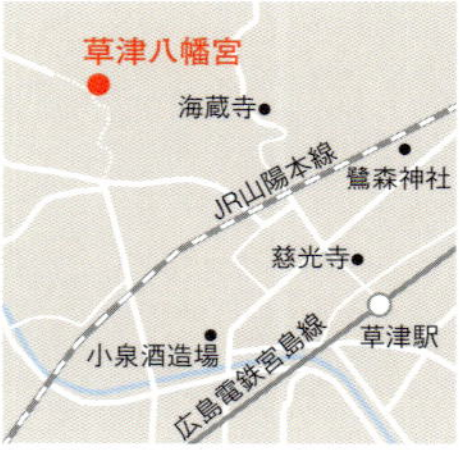

DATA

草津八幡宮

創建／594年（推古天皇2）年
本殿様式／三間社入母屋造
住所／広島県広島市西区田方1-11-18
電話／082-271-0441
交通／広島電鉄「草津駅」から徒歩5分
参拝時間／自由
御朱印授与時間／9:00～17:00（土日祝）。平日は書き置きで対応（土日祝も不在のときは書き置きでの対応となる）
URL https://kusatsu189.com

神社の方からのメッセージ

安芸の国で最も古い八幡社の一社として勧請され、古来より災難除け、厄除けの神社として信仰されてきました。受験合格や試合での勝運など、必勝祈願をなさる若い方、カープファンの方も参拝にいらっしゃいます。

厄除け祈願には「厄除け八幡様」ならではの独自性があります。「割符行事」では半分に割った片方の木札に、自分の息を吹きかけて箱に納めます。この「身代わり札」が納められた割符納箱は、毎月1日に行われる「月次祭」でお祓いしていただけます。

二柱の女神のダブルパワーで健康に！

安産や厄除けを願う参拝者が絶えず訪れます。神様への願いをポストカードで届けましょう。

広島

邇保姫神社

【にほひめじんじゃ】

災いを祓い、すべてのものを守り育てる、爾保都比売神が主祭神です。女神の御神徳はとてもパワフルで、この地に逗留された神功皇后も御霊験を賜ったほど。今は安産や子宝祈願など、女性の守り神として、仲よくお祀りされています。境内では願いを込めたポストカードを入れると神様に届く「願便ポスト」が目を引きます。投函口まで小石を埋め込んだ石畳の上を素足で歩き、その痛みに耐えた人のみが願いを届けられます。

主祭神

爾保都比売神《ニホツヒメノカミ》　帯中津日子神《タラシナカツヒコノカミ》

息長帯比売神《オキナガタラシヒメノカミ》　品陀和気神《ホンダワケノカミ》

ほかにも勝運、災い除け、子育てなどの御利益が……

伊勢神宮の殿舎で本殿を再建

2007年に不審火で焼失した本殿は、伊勢神宮から旧社殿のヒノキ材を譲り受けて再建されています。匠の技をもつ宮大工たちが再建に協力し、半年ほどかけて組み上げました。女神を祀る御社殿の、内削ぎの千木が壮麗です。

みんなのクチコミ!!

ゆかりの摂社を参拝する「十社巡り」。各神社の御朱印を邇保姫神社で頂けます。仁保新町の胡子神社や、仁保一丁目の竈神社などを散歩がてら参拝しましょう

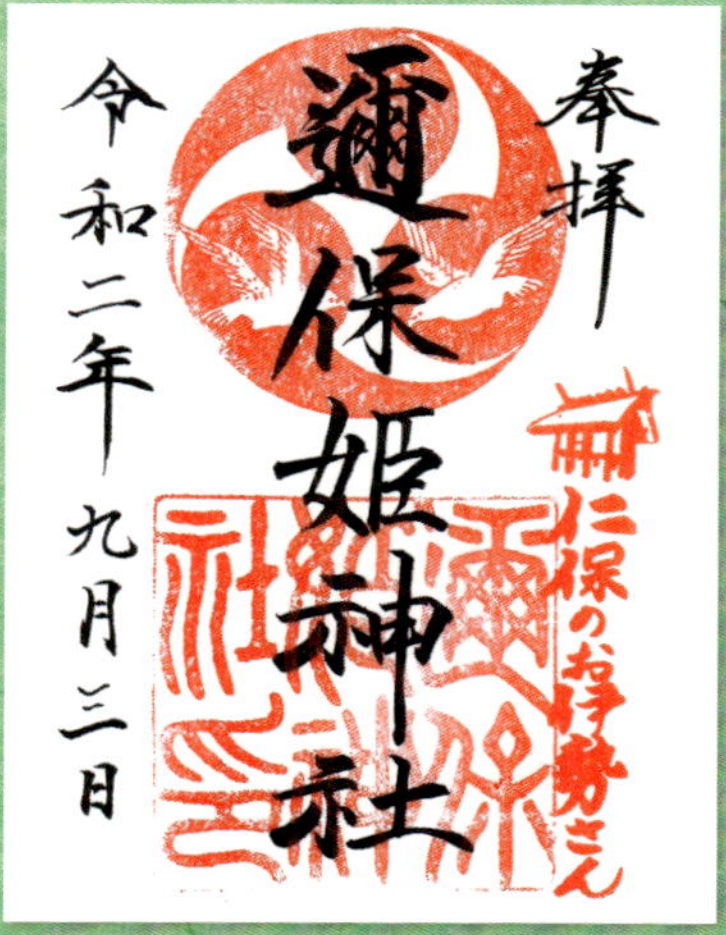

墨書／奉拝、仁保のお伊勢さん、邇保姫神社　印／左三つ巴紋、邇保姫神社印　●神紋には八幡神のお使いである2羽の神鳩が入っています。鎮座地の仁保はかつては良港として栄えた島でした

御朱印帳

「御朱印帳」（1500円）。伊勢神宮から移築された本殿の上を、神使の鳩が飛び交う光景が描かれています

お守り

勇気や力を授かる「氣守」と「魄守」（各500円）。大切な人とペアで持つと効果も倍増！

神様にだけ願いが届く丸型ポスト。石畳で足つぼを刺激して健康もアップします

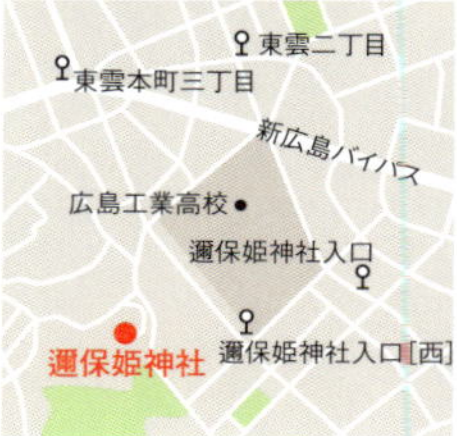

DATA

邇保姫神社

創建／392（仁徳天皇80）年
本殿様式／神明造
住所／広島県広島市南区西本浦町12-13
電話／082-281-4538
交通／広電バス「東雲二丁目」から徒歩7分、または広電バス「邇保姫神社入口」から徒歩5分
参拝時間／6:30〜17:00
御朱印授与時間／8:00〜17:00
URL https://nihohime.com/

神社の方からのメッセージ

主祭神はみちびきの女神、八幡大神は厄除けの神としての御神徳をおもちです。再建された本殿のヒノキ材は、伊勢神宮で天照大神の御神宝を奉っていた内宮外幣殿を、第62回神宮式年遷宮の後に下賜(かし)されました。

神功皇后が三韓征伐の帰路に当地に逗留し、霊験を頂いた爾保都比売神をお祀りしました。出発する際に邪気祓いとして神功皇后が放った矢が鎮座地の山に当たったので、その矢を御神体として仁保島の鎮守としたのが神社の始まりとされています。

総鎮守で健康運をGET!

広島

神田神社【かんだじんじゃ】

参道入口の灯篭の脇には盃状穴《はいじょうけつ》と呼ばれる1メートル余りの御影石があります。1723（享保8）年に奉納され、ここで子宝や病気平癒を祈願したそうです。御祭神の女神から、安産や産後の回復の御神徳も頂きましょう。ヤマビワなどが茂る鎮守の杜は、呉市の天然記念物に指定されています。

墨書／奉拝、総鎮守神田神社　印／八咫鏡陰陽勾玉右巴紋、総鎮守神田神社之印　●三種の神器である八咫鏡と勾玉が入った珍しい御神紋です

「安産御守」（1000円）、「厄除御守」（1000円）

扁額は勝海舟の揮毫です。3代前の宮司が明治維新で知己を得て、幕末から明治にかけて活躍した大政治家に依頼したそうです

DATA
神田神社
創建／391（仁徳天皇79）年
本殿様式／入母屋造平入
住所／広島県呉市阿賀中央1-1-26
電話／0823-71-8138
交通／JR呉線「安芸阿賀駅」から徒歩10分　参拝時間／自由
御朱印授与時間／9:00～17:00（不在の場合もあるので電話で要事前連絡）
URL https://www.kandajinja.jp

主祭神
足仲彦尊《タラシナカツヒコノミコト》
誉田別尊《ホンタワケノミコト》　息長足姫尊《オキナガタラシヒメノミコト》
多岐津姫命《タキツヒメノミコト》　多岐理姫命《タキリヒメノミコト》

ほかにも厄除招福、商売繁盛などの御利益が……

みんなのクチコミ!!

拝殿にある60点以上の絵馬には江戸時代の風俗が描かれていて必見です

緑の森で心も体も健やかに

広島

府中八幡神社【ふちゅうはちまんじんじゃ】

北にそびえる八尾山の山城の鎮守として創建されました。春には桜、秋には紅葉が参拝者の目を楽しませます。境内奥からは府中アルプスと呼ばれる山々への登山道が続き、ここから山歩きをされる方も多いのだとか。自然に抱かれた神域を散策すれば、美容と健康にも効果が得られるはず。

墨書／奉拝、府中八幡神社　印／右三つ巴紋、府中八幡宮印　●府中市府中町と、出口町の一部地域の産土神として奉斎されています

11月の紅葉まつりでは境内の紅葉がライトアップされます

境内社の天満宮本殿は府中市の文化財に指定されています

DATA
府中八幡神社
創建／不詳
本殿様式／権現造
住所／広島県府中市出口町162
電話／0847-41-2304
交通／中国バス「飛屋町」から徒歩30分、または中国バス「首無地蔵入口」から徒歩20分
参拝時間／自由
御朱印授与時間／9:00～17:00

主祭神
応神天皇《オウジンテンノウ》
仲哀天皇《チュウアイテンノウ》　神功皇后《ジングウコウゴウ》

ほかにも厄除け、安産などの御利益が……

アートな御朱印で元気と幸せを授かる

感性で描かれる絵入り御朱印のパイオニア。御祭神と龍神のパワーで心身とも健康に！

岡山

縣主神社【あがたぬしじんじゃ】

伝説の大蛇「ミズチ」を主祭神が退治したことから、禍除けや厄祓いの御神徳が頂けます。田園地帯にポツンと鎮座する社ですが、唯一無二のアート御朱印を求めて、日本各地から参拝者が訪れています。月替わりの限定はミズチ、季節の風物詩、そして神社を守るネコの3種類。神職は御朱印を描かれる際に、一人ひとりの表情を見守りながら仕上げていきます。「御朱印をもらわれる方が元気になるよう念を込めて描いています」と笑顔で教えてくださいました。

美容◆健康

主祭神

縣守《アガタモリ》（鴨別命《カモワケノミコト》）

ほかにも金運上昇、粘り強さのパワーアップなどの御利益が……

みんなのクチコミ!!

神職がおひとりで御朱印を描かれています。とても忙しいのに気さくに話しかけてくれる心配りがうれしいです。吉備大臣宮も兼務されており、そちらの御朱印も頂けます

龍神様となったミズチの木像

1500年ほど前に鴨別命によって退治された蛟（ミズチ）は、龍神様として「蛟神社」に祀られています。イチイの木に彫り込まれた像からは、粘り強さのパワーと金運が頂けるそうです。

「神楽絵びょうたん」（1000円）。古来から健康と医療のシンボルとされる瓢箪に神々を描いた縁起物です

限定御朱印と御朱印帳はP.19・24で紹介！

墨書／奉拝、縣主神社　印／宮司之印、縣主神社神紋
●通常の御朱印は書き置きのシールタイプです。平日は不在のこともあるので事前連絡を入れましょう

岩絵の具で描かれる月替わりの御朱印。すべて表情が異なる一品物です

神社に居ついた守りネコが参拝者を出迎えてくれます。ネコ好きなら御朱印の待ち時間も気にならないはず！

DATA

縣主神社

創建／不詳（雄略天皇の御代とされる）
本殿様式／不明
住所／岡山県井原市木之子町3909
電話／0866-62-8456
交通／井原線「井原駅」から車で7分、または「早雲の里荏原駅」から徒歩25分
参拝時間／自由
御朱印授与時間／平日10:00～12:00、土・日・祝10:00～14:00（参拝後に受付、御朱印は書き終えてからの郵送）

神社の方からのメッセージ

田舎では人手不足から神社存続の危機が叫ばれていますが、御朱印をきっかけに神と人がうまく付き合っていけるよう、仲を取り持てればと思っています。地元で作られた授与品もぜひ手に取ってみてください。

主祭神は吉備の歴代の縣守（＝当時の県知事）で、その初代縣守が鴨別命です。日本書紀によれば九州の豪族だった熊襲（くまそ）を討伐し服従させるほどの勢力を誇りました。拝殿ではその肖像画を拝覧することもできます。

姉妹神に健康と美容をお願い

岡山

足髙神社

【あしたかじんじゃ】

450年ほど前まで海に浮かぶ孤島だった足高山に鎮座します。東西航行の要路でしたが、潮流が激しかったため、大山津見神を祀り、航海安全を祈念しました。主祭神の娘の石長比売命は延命長寿、その妹の木之花佐久夜比売命は美容や安産子授けの神なので、女性参拝者の姿が目に付きます。

お守り

木之花佐久夜比売命から御神徳を頂く「安産子宝御守」（700円）

境内から町並みが一望できます。島だった頃は、通過する船が帆を下げて敬意を表したため「帆下げの宮」と呼ばれていました

墨書／奉拝、延喜式内社、足髙神社、帆下宮　印／七葉笹竜胆紋、足髙神社御霊　●全国的にとても珍しい七葉の笹竜胆を社紋としています

DATA

足髙神社

創建／紀元前91（崇神天皇7）年
本殿様式／入母屋造
住所／岡山県倉敷市笹沖1033
電話／086-425-7292
交通／両備バス「笹沖」から徒歩10分
参拝時間／自由
御朱印授与時間／9:00～17:00
URL https://www.ashitakajinja.com

主祭神

大山津見神《オオヤマツミノカミ》

石長比売命《イワナガヒメノミコト》　木之花佐久夜比売命《コノハナサクヤヒメノミコト》

ほかにも縁結び、安産などの御利益が……

みんなのクチコミ!!

桜の化身、木之花佐久夜比売命には縁結びや美容アップの祈願をしましょう！

心病の城主を救ったパワースポット

岡山

木鍋八幡宮

【きなべはちまんぐう】

ひきつけや癇虫《かんのむし》封じの宮として知られています。1601（慶長6）年に岡山城主が癇疾《かんしつ》を起こした際は、神社での祈祷で回復し、報奨として社領地を賜りました。不安やストレスを抱えている人はぜひ参拝してみましょう。曾祖父の代からずっとお参りしている、京阪神の信者も多いそうです。

お守り

しゃく虫封じや心病に御利益がある「袋守」（1000円）

安産祈願で「ヘイシヨケ」の供物は狛犬の下に埋めて厄祓いします

墨書／奉拝、木鍋八幡宮　印／木鍋八幡宮之印、木鍋八幡宮、土師宮社務所　●創建年は不詳ですが古くは「木鍋神社」と称し、772（宝亀3）年に八幡宮を勧請しました

DATA

木鍋八幡宮

創建／不詳
本殿様式／入母屋造（千鳥破風、向拝唐破風付）
住所／岡山県瀬戸内市長船町土師2191
電話／0869-26-2133
交通／JR赤穂線「長船駅」から徒歩20分　参拝時間／自由
御朱印授与時間／9:00～17:00
URL https://www.kinabe.jp

主祭神

木門宿禰命《キベノスクネノミコト》

大山咋命《オオヤマクイノミコト》　品陀和気天皇《ホンダワケノスメラミコト》

息長足比売命《オキナガタラシヒメノミコト》　比売大神《ヒメオオカミ》

ほかにも厄除け、病気平癒、安産・健育、五穀豊穣などの御利益が……

荒ぶる御祭神が病魔を一刀両断！

平安時代から神仏習合で信仰された聖地です。森閑とした境内で看板猫にも癒やされます。

岡山

木山神社【きやまじんじゃ】

主祭神
須佐之男命《スサノオノミコト》

ほかにも良縁、家内安全、安産などの御利益が……

神仏習合の霊山に鎮座し、明治初頭までは、木山寺とともに「木山宮」として祀られてきました。古くは「木山牛頭天王」とも呼ばれ、宇喜多秀家など岡山城主からも崇敬された、日本最古の天王社のひとつです。御祭神は牛頭天王と同一視される須佐之男命。八岐大蛇《やまたのおろち》を退治した最強の神様が、疾病や厄難をバッサリと断ち切ってくださいます。神職に人生相談される参拝者も多く、森閑とした境内で疲れた心も癒やしていただけそうです。

神社を守る幸福の招き猫
社務所では招き猫のテンちゃんが出迎えてくれます。出勤日についてはX（旧Twitter）でチェックしましょう。人懐っこく甘噛みすることもあり、県外から訪れるファンも多いです。

みんなのクチコミ!!

プロ野球選手や力士が参拝するなど、勝負事の御利益でも知られています。高校野球で岡山県代表になった部員たちも、必勝祈願に訪れているそうです

山頂にある奥宮は神仏習合の名残が残り、今も牛頭天王を祀っています。現在地に遷宮する1962（昭和37）年までは、この奥宮が御本社となっていました

墨書／奉拝、美作国落合、木山神社　印／木山神社
●基本的に神職がおひとりで対応されています。御祈祷などが入っている場合はのんびり待ちましょう

お守り

看板猫のテンちゃんが愛らしい「笑福守」。シール式の「テンちゃん御守」も頂けます（各700円）

おみくじ

「招き猫みくじ」（300円）。幸福や良縁を招く縁起物です

DATA
木山神社
創建／816（弘仁7）年
本殿様式／入母屋造
住所／岡山県真庭市木山1265-1
電話／0867-52-0701
交通／JR姫新線「美作落合駅」から車で10分
参拝時間／自由
御朱印授与時間／9:00～16:00（なるべくお昼どきは避けてください）
URL https://kiyamajinjya.or.jp

神社の方からのメッセージ

現役ミュージシャンの神職がアコースティックライブを開催しています。神前結婚式はふたりだけのプライベートな式から、60名の参列まで対応可能です。新郎新婦の友人や親族が、式の巫女を務めることもできます。

境内から車で7分ほど山道を上ると、真言宗別格本山木山寺の横に、木山神社の奥宮があります。1580（天正8）年に建てられた社殿は岡山県指定の重要文化財。モミやシラカシなどが茂る森閑とした風景が広がり、木山寺と併せての両山参りもおすすめです。

明日へと歩き出すためのひとつの言葉との出会い！

心に刻まれる200の言葉

杉《すぎ》森《もり》神《じん》社《じゃ》

参拝者の気持ちを浄書する「一言入り御朱印」を頂ける日本唯一の神社です。約200の言葉から、好きな一言を選び、御朱印帳に潤筆していただきます。心に響く言葉は、勇気や元気をくれ、前向きに未来へ進めるよう背中を押してくれるはず。誕生日、入社、婚約、転機などの記念や、心が疲れているときに参拝してみましょう。宮司おひとりで奉仕されているので、在社状況の事前確認をお忘れなく（※大晦日、正月三が日は御朱印を頒布していません）。

主祭神

天忍穂耳命《アメノオシホミミノミコト》
天穂日命《アメノホヒノミコト》
天津日子根命《アマツヒコネノミコト》
活津日子根命《イクツヒコネノミコト》
熊野久須毘命《クマノクスビノミコト》
多紀理毘賣命《タキリビメノミコト》
狭依毘賣命《サヨリビメノミコト》
多岐都比賣命《タギツビメノミコト》

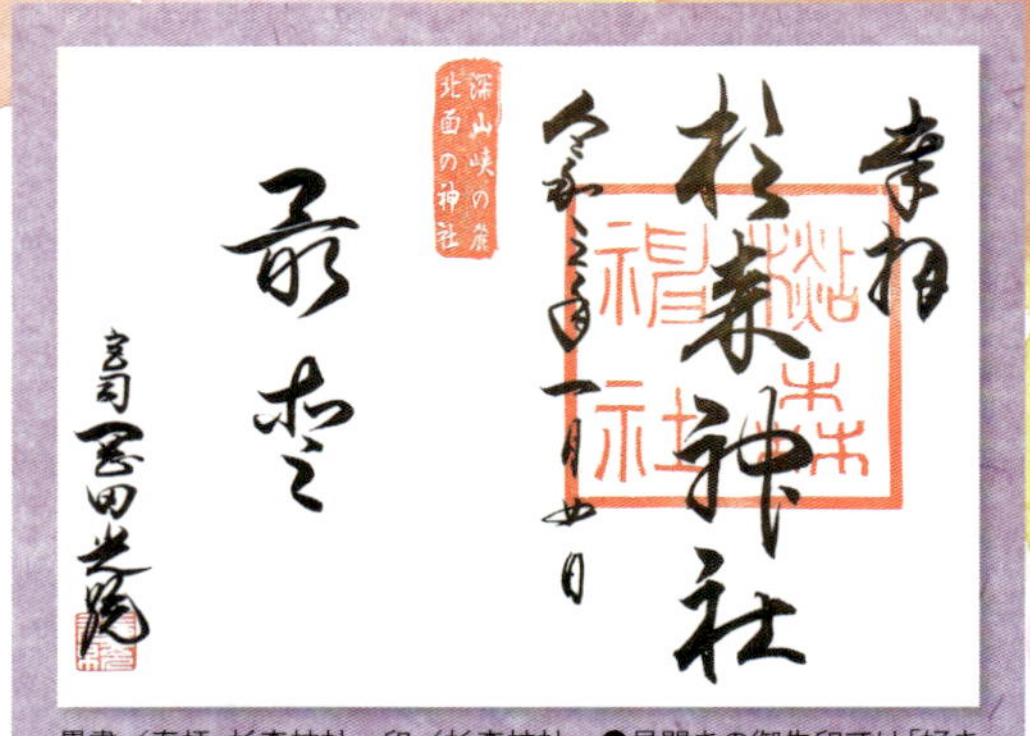

墨書／奉拝、杉森神社　印／杉森神社　●見開きの御朱印では「好きな一言」と宮司名が潤筆され、深山峡の麓北面の神社印も頂けます

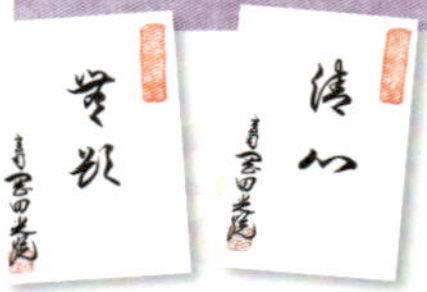

「清心」や「無欲」など神様への感謝や純粋な気持ち示す言葉も選べます

季節ごとにイロハモミジなどが色づく緑の社叢に守られています

DATA
杉森神社
創建／不詳
本殿様式／入母屋造
住所／広島県東広島市河内町中河内375-3
電話／090-6171-0228
交通／JR山陽本線「河内駅」から徒歩15分
参拝時間／9:00～17:00
御朱印授与時間／9:00～16:00
URL https://sugimorikunameba.amebaownd.com

レンタカー巡礼のクチコミ

憧れの神社を1日でフルカバー

広島のしまなみ海道と、岡山の瀬戸内市エリアをレンタカーでめぐりました。どちらもバスや電車だと乗り継ぎがかなり悪く、スケジューリングしてみると1日4社の参拝が精一杯。そこで御朱印仲間とレンタカーをシェアし、憧れていた神社をほぼ漏れなく参拝することができました！

M・Nさん　26歳

車載カーナビは過信禁物です

縣主神社や羽黒神社などの、御朱印で有名な神社では「わナンバー」のレンタカーで訪問する女性ふたり組もよく見かけました。初訪問のエリアだと車載のカーナビ頼りになりますが、古い機種に当たると、移動でかなり苦労することもあります。スマホの地図アプリも併用して移動しましょう。

T・Tさん　33歳

神社周りの細道に注意を

神社周辺では、車がすれ違えないほどの細い道や、駐車場までの急な坂道も多いです。私は因島で見通しの悪い坂道を進んでしまい車がスタック。レッカー車を呼んで、1万2000円ほどの出費となりました。運転に慣れていない人は、地元の神社を車で参拝して、慣れておくほうがいいでしょう。

M・Oさん　52歳

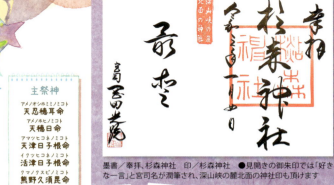

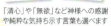

第三章

御利益別！ 今行きたい神社

Part5

仕事・学業

受験やビジネスの成功、キャリアアップなど、夢の実現を神様があと押し！ 新たな道を進むパワーを頂きましょう。

★仕事・学業★絶対行きたいオススメ神社 2選

- 亀山神社（広島）／備後護國神社（広島）
- 旭山神社（広島）
- 五日市八幡神社（広島）／丑寅神社（広島）
- 尾長天満宮（広島）／清神社（広島）
- 饒津神社（広島）／廿日市天満宮（広島）
- 天津神社（岡山）
- 大浦神社（岡山）
- 吉備大臣宮（岡山）／獅子山八幡宮（岡山）
- 五香宮（岡山）／牛窓天神社（岡山）／豊原角神社（岡山）
- 編集部オススメ！ 授与品（美容・健康&仕事・学業）

仕事◆学業 絶対行きたいオススメ神社 2選

ビジネスや学業を、勝利へ導く御祭神パワー

学力向上やキャリアアップで、憧れの夢をつかみ取りたい！
そう思ったら、仕事運や学力を伸ばしてくれる神様を参拝しましょう。
人生の分かれ目で勝利したいあなたを、全力で応援してくれます。

絶対行きたい
オススメ神社 1

キャリアアップをかなえる開運パワー

勝負・学問・安産などあらゆる願いをサポート！夢をかなえる「勝まもり」で未来を切り開きましょう。

広島

亀山神社【かめやまじんじゃ】

瀬戸内海を望む高台に鎮座する、軍港として栄えた呉市の氏神様です。強力な勝運パワーをもつ八幡神をお祀りし、明治時代から海軍の歴代司令官も参拝に訪れました。今も呉出身のプロ野球選手やJリーガーなど、勝負の世界で生きるアスリートからあつく信奉されています。大事なプレゼンの成功や資格試験合格なども、全集中でサポートしてくださるので、キャリア志向の女性もぜひ参拝を！

主祭神

帯中津日子命《タラシナカツヒコノミコト》
息長帯日売命《オキナガタラシヒメノミコト》
品陀和気命《ホンダワケノミコト》

ほかにも安産、商売繁盛などの御利益が……

鬼の面を被ったヤブが神を導く秋祭り

10月第2日曜の例大祭では、神様に奉納する新米を乗せた「俵みこし」をヤブと呼ばれる鬼が先導して練り歩きます。通行人を竹の棒で威嚇するヤブは神様の警護役です。

御朱印帳はP.24でも紹介！

墨書／奉拝、亀山神社　印／神紋（二つ輪違い日月紋、亀山神社）、亀山神社社務所之印
●社紋は15世紀半ばに土豪から奉納された太刀と白羽の箭に刻まれた紋が由来です

御朱印帳

お祭りの鬼や呉の名所をアイコン風に描いた「御朱印帳」（2000円）

二の鳥居脇にある狛犬には、太平洋戦争の呉空襲でナパーム焼夷弾が直撃した跡が生々しく残っています

みんなのクチコミ!!

プロ野球選手や政治家も身に付ける「勝まもり」を頂きましょう！

お守り

プロアスリートたちも肌身離さず身に付ける「勝まもり」（800円）

DATA
亀山神社
創建／703（大宝3）年
本殿様式／三間社流造
住所／広島県呉市清水1-9-36
電話／0823-21-2508
交通／JR呉線「呉駅」から徒歩15分、
または広電バス「和庄小学校下」から徒歩3分
参拝時間／5:30〜17:00
御朱印授与時間／9:00〜16:00
URL https://www.kameyama-jinja.com/

神社の方からのメッセージ

境内からは呉の町並みと瀬戸内海を望めます。晴天の午前中もきれいですが、参道は西向きなので夕暮れ時もすばらしいです。県内屈指の初詣スポットで、年初には呉地方総監をはじめ、海上自衛隊呉地方隊の皆さまも参拝されます。

10月の秋祭り（例大祭）は呉で最大規模のお祭りです。約300mにわたって露店が並び、多くの人でにぎわうため「人祭り」とも呼ばれます。呉独特のヤブ（鬼）は、軍港の町に集まった全国各地の慣習や作法が融合したものといわれています。

絶対行きたい
オススメ神社 2

立身開運を目指すならマスト参拝

将軍や老中を輩出した文武両道の祖霊は、心願成就の守り神です。英霊にも深い感謝をささげましょう。

広島

備後護國神社

【びんごごこくじんじゃ】

1957(昭和32)年に、英霊を祀る備後神社と、阿部家の祖霊を奉斎した阿部神社を合併して設立されました。神門はふたつあり、どちらから上っても同じ社殿に到着します。福山藩主・阿部家の祖である大彦命は、四道将軍として活躍した古代のヒーロー。拝殿北側には藩校「誠之館」を設立し近代教育の礎を築いた阿部正弘公像も鎮座します。あまたの名君を輩出した阿部家の文武両道パワーで、最強の立身開運をかなえましょう!

阿部正弘公像の下で祈願を

25歳で江戸幕府の老中になった阿部正弘公は、鎖国を解き、日本近代化の舵取りをしたエリート閣僚の先駆けです。拝殿脇にある石像をくぐり、就職試験の突破やキャリアアップを祈願しましょう。

主祭神

英霊《エイレイ》 31450 柱
大彦命《オオヒコノミコト》
武沼河別命《タケヌナカワワケノミコト》
豊韓別命《トヨカラワケノミコト》
阿部正勝公《アベマサカツコウ》 などの祖霊と藩主

ほかにも安産、厄除けなどの御利益が……

宮本武蔵の腰掛けた岩が、旧阿部神社の南側参道にあります。武運長久のパワスポです

みんなのクチコミ!!

拝殿の南側には安産祈願像があります。男女の赤ちゃんの石像をなでると御利益があるそうです

墨書/奉拝、備後護国神社　印/桜紋、備後護國神社　●「奉拝」の文字を「初詣」や「安産祈願」に変えたり、並び数字の日付を金文字で記していただけることもあります

墨書/奉拝、阿部神社
印/阿部鷹の羽紋、阿部神社　●違い鷹の羽にマダラ模様が入る社紋です

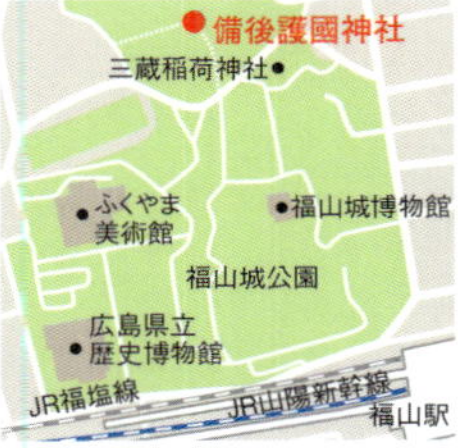

DATA
備後護國神社
創建/1813(文化10)年
本殿様式/権現造
住所/広島県福山市丸之内1-9-2
電話/084-922-1180
交通/JR「福山駅」から徒歩8分
参拝時間/自由
御朱印授与時間/9:00～16:00
URL https://bingo-gokoku.jp

文武両道のパワーを授かる「仕事守」(1000円)

神社の方からのメッセージ

安産祈願の評判が高く、遠方から参拝に来られる女性の方も多いです。御祈願は妊娠5ヵ月に入った最初の戌の日がよいとされています。西側表参道の「下拝殿・神門」の周りにある、15基の慰霊碑もぜひお参りください。

参道は西側と南側に2本あります。西側は境内まで真っすぐ延びる表参道で、石段を上らなくても参拝できる下拝殿があります。南側は旧阿部神社の参道で、境内側の神門には阿部神社の扁額が残っています。御朱印の授与所は南参道の神門の脇です。

輝く朝日のように運気を上げる！

「こいの宮」と親しまれているパワースポットです。士気を高めて、あらゆる場面を勝ち抜きましょう！

広島

旭山神社
【あさひやまじんじゃ】

1555（弘治元）年に毛利元就が戦勝祈願で立ち寄った際、東の空が朝日で輝いたという故事が社名の由来です。「縁起がいい」と士気を高めた元就は、厳島での合戦に見事勝利したため、立身出世や成功へ導く力が授かれるとされます。大きなプロジェクトの成功や仕事の問題解決などを祈願すれば、力強く背中を後押ししていただけるはず。神門から146段の急な石段を上ると、運気もアップしそうな広島市街の眺望が広がります。

主祭神

神功皇后《ジングウコウゴウ》

応神天皇《オウジンテンノウ》　市杵島姫神《イチキシマヒメノカミ》

湍津姫神《タギツヒメノカミ》　田心姫神《タゴリヒメノカミ》

ほかにも商売繁盛、安産などの御利益が……

神功皇后の伝説が己斐（こい）の地名に

拝殿には「神功皇后鯉献上」絵馬が奉納されています。皇后がこの地で大きな鯉を献上されて喜ばれる様子が描かれています。この伝説から、この地は己斐と呼ばれるようになり、神社も「こいの宮」として親しまれています。

御朱印帳はP.22で紹介！

墨書／奉拝、旭山神社　印／左三つ巴紋、旭山神社之印、昇り鯉　●「こいの宮」を象徴する青い印が押され、ダイナミックな墨書きも印象的です。正月や夏越祭では限定御朱印（書き置き）を頒布しています

お守り

日の出のように運気をアップしてくれる「昇まもり」（1000円）。神聖文字のようなアートな筆使いです

境内の左手には朱色鳥居が並ぶ旭山稲荷神社も鎮座しています。仕事運アップや商売繁盛をお願いしましょう

みんなのクチコミ!!

「こいの宮」は「恋」の成就を願う隠れスポットとしても知られています。鯉が描かれた「勝守」で恋のライバルに勝利しましょう！

お守り

「こい守り」（1000円）。仕事、金運、幸福など願意は6種類あります

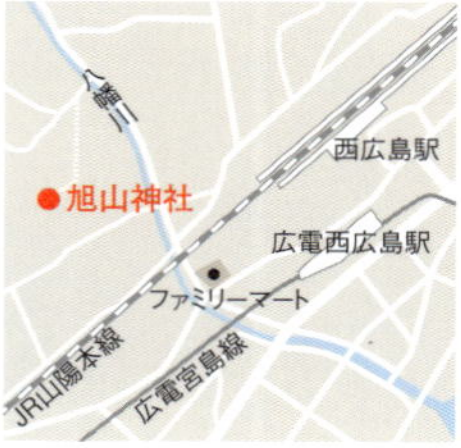

DATA

旭山神社

創建／193年（仲哀天皇の時代）
本殿様式／流造
住所／広島県広島市西区己斐西町12-10
電話／082-271-1040
交通／JR山陽本線「西広島駅」から徒歩5分
参拝時間／自由
御朱印授与時間／9:00～16:00
URL http://asahiyamajinja.com

神社の方からのメッセージ

神功皇后が熊襲討伐でこの地に立ち寄られた際に創建されました。毛利輝元は広島城造営の下見で当社に上ったといわれています。御社殿は原爆で倒壊しましたが、焼失を免れた部材で再建された被爆建物です。

7月15日の夏越祭では特殊神事の「御湯立神事」が行われます。大釜にお湯を沸かし、魔除けの霊力をもつ茅の輪を浮かべて無病息災を祈ります。このお湯を飲むと夏病みをしないとされ、やかんや水筒を持った地元の参拝者がたくさん訪れます。

人生を切り開く勝負運をGET！

広島

五日市八幡神社

【いつかいちはちまんじんじゃ】

八幡川沿いに鎮座する、五日市・楽々園近郊の総氏神様です。勝負ごとに勝運を授けてくださる八幡三神を祀っており、受験や就活のときなどに心強い味方になってくれます。境内にはモミやイチョウが生い茂り、桜や紅葉など季節ごとに色づく木々からも癒やしのパワーを頂けます。

墨書／奉拝、八幡神社　印／右三つ巴紋、八幡神社　●地元では地名を付けず「八幡神社」の名称で呼ばれています。塩屋神社も兼務しています

御朱印帳

和柄の布地を使った「御朱印帳」（1500円）。同じデザインの巾着袋が付きます。100円でビニールカバーも追加できます

お守り

「勝守り」（800円）。負けられない試合や試験に勝運をもたらします

DATA

五日市八幡神社

創建／901（延喜元）年頃
本殿様式／流造
住所／広島県広島市佐伯区五日市6-3-13
電話／082-921-3238
交通／JR山陽本線「五日市駅」から徒歩15分
参拝時間／自由
御朱印授与時間／9:00～17:00
URL https://www.hachiman-jinja.jp

主祭神

帯中津日子命《タラシナカツヒコノミコト》
息長帯日賣命《オキナガタラシヒメノミコト》　品陀和気命《ホンダワケノミコト》

ほかにも武勇長久、安産などの御利益が……

緑の森に包まれて運気アップ

広島

丑寅神社

【うしとらじんじゃ】

鎮守の森は桜並木が広がる上野池に隣接。一の鳥居をくぐり、苔むした参道を進むと心身がどんどん浄化されていきます。境内では2本の御神木が、社殿を守るように高くそびえます。御祭神は強力な縁結びパワーの持ち主。仕事との縁やオフィスでの人間関係もよい方向へ導いてくださいます。

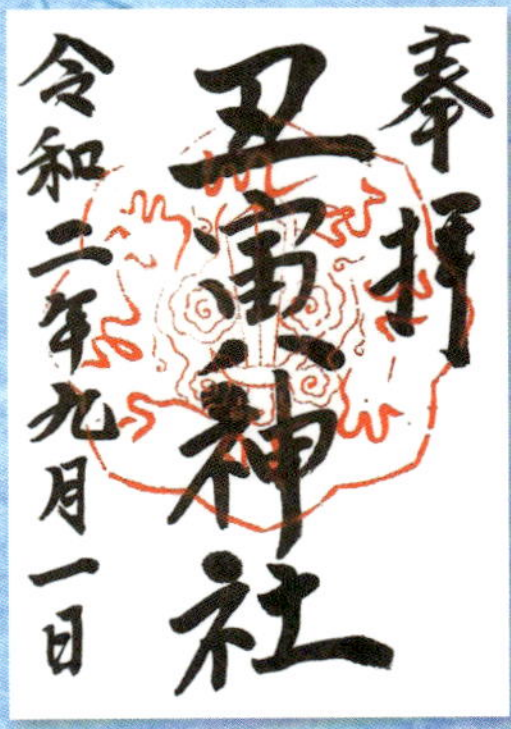

墨書／奉拝、丑寅神社　印／丑寅神社神紋　●御朱印は授与所が開いているときのみ頒布されます。事前予約には対応していません

紅葉や桜などが境内を彩ります。フクロウも住んでいるそうです

お守り

福を招く御利益がある「ふくろう守」（500円）

DATA

丑寅神社

創建／861（貞観3）年
本殿様式／三間社入母屋造
住所／広島県庄原市東本町2-1-27
電話／0824-72-0766
交通／JR芸備線「備後庄原駅」から徒歩15分、または備北交通バス「庄原市役所」から徒歩6分
参拝時間／自由
御朱印授与時間／週末の神職在社時のみ（平日は無人）

主祭神

伊邪那岐命《イザナギノミコト》　須佐之男命《スサノオノミコト》
大国主神《オオクニヌシノカミ》　吉備津日子命《キビツヒコノミコト》

ほかにも商売繁盛、病気平癒などの御利益が……

みんなのクチコミ!!

上野池の南岸にある厳島神社もフォトジェニックです。弁天橋を渡って参拝しましょう道真公の御神徳で難関突破！

広島

尾長天満宮

【おながてんまんぐう】

菅原道真公が太宰府へ向かう道中で、当時は岬だった尾長山に寄港しました。山中の休憩で座られた「腰掛岩」は今も神域で霊気を放っています。注連縄が張られた岩は、平安時代からのパワスポです。学問の神様ゆかりの聖地なので、学力向上や試験合格を祈願する参拝者があとを絶ちません。

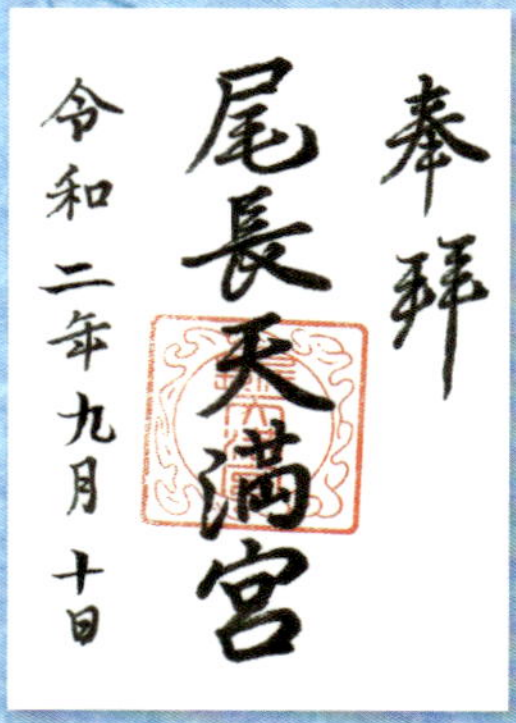

墨書／奉拝、尾長天満宮　印／尾長天満宮　●広島七福神の寿老人の御朱印も頒布しています。神職不在の場合もあるので電話で事前連絡を

境内から山道を上った先にある道真公の腰掛岩。天神川の源流で清水が染み出しています

絵馬

「学業成就絵馬」（800円）。絵馬の奉納は関門登竜門を通り、歳の数だけ龍神石を打ち鳴らします

主祭神

菅原道真公《スガワラノミチザネコウ》

大穴牟遅神荒神《オオナムチノカミ》　少名毘古那神《スクナヒコナノカミ》

ほかにも開運厄除、商工繁栄などの御利益が……

DATA

尾長天満宮

創建／1154（久寿元）年

本殿様式／三間社流造

住所／広島県広島市東区山根町33-16

電話／082-262-2679

交通／JR「広島駅」（新幹線口）から徒歩10分

参拝時間／自由

御朱印授与時間／9:00～17:00

URL http://tenmangu.info

みんなのクチコミ!!

境内には「合格の木」もあります。冬に葉が落ちず、春に花が咲く縁起スポットです

三本の矢のパワーで全戦全勝

広島

清神社

【すがじんじゃ】

毛利家にあつく信仰された神社です。毛利元就は戦のたびに必勝祈願に訪れ、生涯200戦で負けなしでした！　多くの金メダリストたちも崇敬し、毛利家由来の授与品「弓と三本の矢」をこぞって求めます。キャリアアップに加え「ここぞ！」という場面で力が発揮できるよう参拝しましょう。

墨書／安芸吉田郡山鎮座、清神社　印／清神社神璽、清神社印　●神代よりの鎮座と伝わる古社です。神職不在のときもあるので事前連絡を入れましょう

授与品

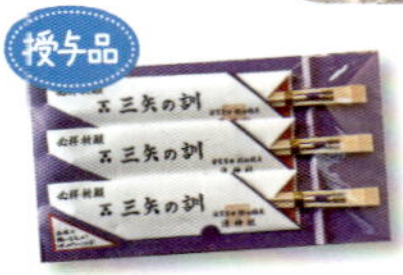

「必祥祈願箸」（550円）。元就の「三ツ矢の訓」にちなみ3本の箸が入った縁起物です

推定樹齢千年以上の大杉は安芸高田市の天然記念物です。5本の御神木が横一列に並んで厳かなパワーを発しています

主祭神

素戔嗚尊《スサノオノミコト》

ほかにも合格祈願、厄除けなどの御利益が……

DATA

清神社

創建／不詳

本殿様式／入母屋造

住所／広島県安芸高田市吉田町吉田477

電話／0826-42-0123

交通／広電バス「安芸高田市役所前」から徒歩8分、またはJR芸備線「向原駅」から車で15分

参拝時間／自由

御朱印授与時間／10:00～15:00頃

URL https://ameblo.jp/sugajinja-yoshida

みんなのクチコミ!!

サンフレッチェ広島が必勝祈願に毎年訪れています。金メダリストの参拝も多いそうです

仕事◆学業

文武両道で大願成就をかなえる

広島

饒津神社

【にぎつじんじゃ】

江戸時代から広島藩を治めた浅野家の祖霊を祀っています。広島城の鬼門を守護し、大きな向唐門が格式の高さを物語ります。饒津の社名は、この地が豊かな水の都になるようにとの願いを込めて命名されました。広島を発展させた文武両道の主祭神を敬って、ビジネスを起業する前などにもぜひ参拝したい神社です。

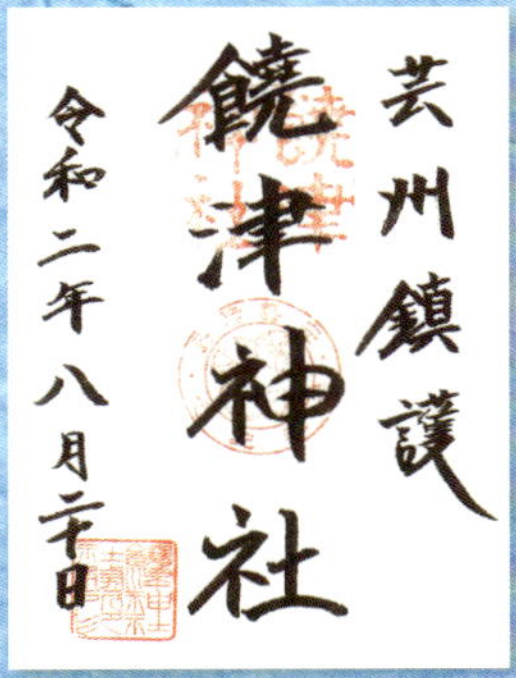

墨書／芸州鎮座、饒津神社　印／饒津神社、丸に違い鷹の羽紋、饒津神社社務所印　●芸州は安芸国の別称です。浅野長政公の位牌堂を建立したのが神社の始まりです

お守り

勝守や御守は各800円

平成12年に復元された向唐門。龍の彫刻なども再現されています

主祭神

浅野長政命《アサノナガマサノミコト》

末津姫命《マツヒメノミコト》　浅野幸長命《アサノヨシナガノミコト》

浅野長晟命《アサノナガアキラノミコト》　浅野長勲命《アサノナガコトノミコト》

ほかにも身体健康、商売繁盛などの御利益が……

DATA

饒津神社

創建／1810（文化7）年
本殿様式／入母屋造
住所／広島県広島市東区二葉の里2-6-34
電話／082-261-4616
交通／JR「広島駅」から徒歩15分、または広電バス「饒津裏」から徒歩1分
参拝時間／6:00～18:00
御朱印授与時間／9:00～17:00
URL https://www.nigitsu.jp/

みんなのクチコミ!!

参道には被爆樹木の切り株が保存されています。原爆で焼失した黒松の最後の1本です

オールマイティな学問の神様

広島

廿日市天満宮

【はつかいちてんまんぐう】

天神山と呼ばれる、海辺の丘に鎮座しています。117段の石段を上ると瀬戸内海や宮島を見渡せる景勝地です。願いごとが成就する神社として崇敬され、大切な試験を前にした学生が足を運びます。和歌や書道の達人だった主祭神は、アートや芸能のスキルアップの神様としても親しまれています。

墨書／奉拝、廿日市天満宮　印／廿日市天満宮、梅鉢紋（天満神社・参拝記念・安芸廿日市）　●道真公の愛した梅の花の印が入ります。神職の在社時には直書きしていただけます

御朱印帳

梅が描かれた「オリジナル御朱印帳」（1700円）

絵馬

「合格絵馬」（800円）。五角＝合格で、必勝を期す絵馬です

主祭神

菅原道真公《スガワラノミチザネコウ》

ほかにも厄除け、安産、家内安全、商売繁昌などの御利益が……

DATA

廿日市天満宮

創建／1233（天福元）年
本殿様式／三間社流造
住所／広島県廿日市市天神3-2
電話／0829-31-0501
交通／JR山陽本線「廿日市駅」から徒歩5分、または広島電鉄「廿日市駅」から徒歩3分
参拝時間／6:00～17:00
御朱印授与時間／書き置きは随時頒布
URL www.hatsukaichitenmangu.or.jp

備前焼の名工が崇敬する陶芸の神様

名工たちの技が光る備前焼の作品が境内に点在。技術の上達を願う職人さんも参拝に訪れます。

岡山

天津神社

【あまつじんじゃ】

さすがは「備前焼の郷」として知られる伊部《いんべ》地区の氏神様。備前焼瓦で葺《ふ》いた神門や随身門、狛犬、陶板を敷き詰めた参道など、境内は備前焼で埋め尽くされています。窯元作家の奉納品も随所に置かれ、まるで野外美術館のような趣です。備前焼発展の神様、産業陶器の神として多くの陶芸家からあがめられてきました。御祭神は医薬の守護神と学問の神様なので、医療関係への就活や進学なども、成功へと導いていただけそうです。

主祭神

少彦名命《スクナヒコノミコト》

菅原道真公《スガワラミチザネコウ》　天太玉命《アメノフトタマノミコト》

ほかにも病気平癒、学業成就などの御利益が……

塀を飾る名工たちの陶板

参道の両脇や社殿周りの塀には、備前焼作家の陶印が入った「陶板」が埋め込まれています。現代的なタイルのほか、人間国宝の作品も奉納されています。陶芸ファン必見です。

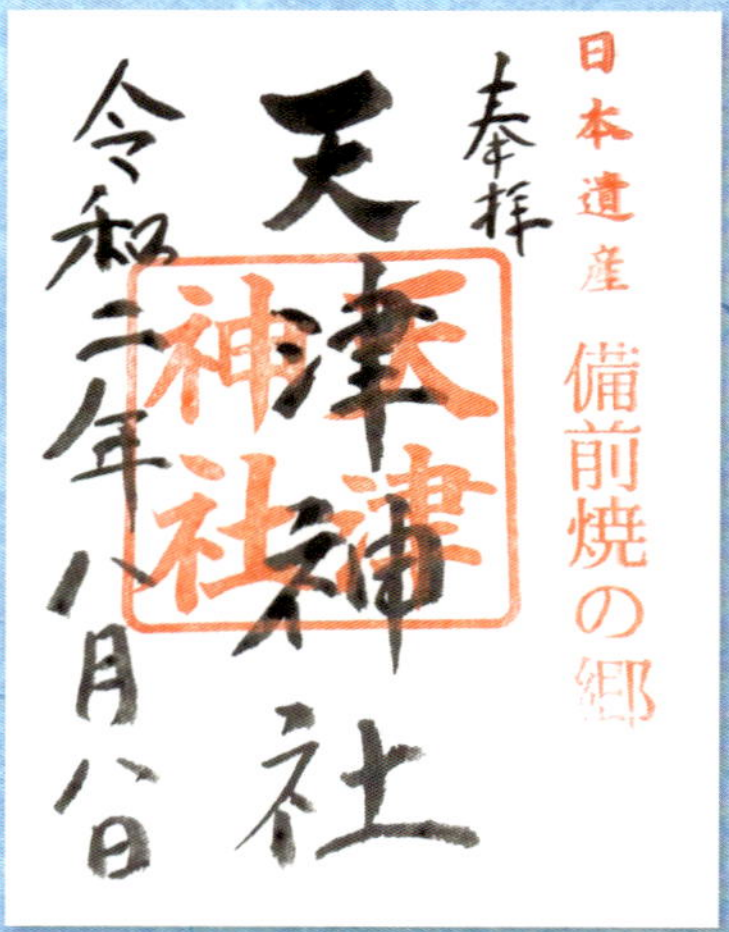

墨書／奉拝、天津神社　印／日本遺産 備前焼の郷、天津神社　●備前焼は「日本六古窯」として日本遺産に認定されています。御朱印は神門の脇にある宮司宅で頂けます

お守り

「左馬健康守」(500円)。この地方の伝承で健康長寿に恵まれるという「左馬」と記した備前焼が納められています

みんなのクチコミ!!

随身門の屋根には備前焼のシャチホコが据えられ、壁面は陶板で美しく装飾された芸術作品です！

絵馬

「備前焼えと絵馬」(1000円)。大小どちらも初穂料は同じです

社殿の背後には恵美須神や大黒神など、七福神の陶像があります。福徳や金運アップをお願いしましょう

備前焼の狛犬が鳥居正面に鎮座しています

DATA

天津神社

創建／不詳　※1579(天正7)年に現在の場所へ遷座
本殿様式／神明造
住所／岡山県備前市伊部629
電話／0869-64-2738
交通／JR赤穂線「伊部駅」から徒歩10分
参拝時間／自由
御朱印授与時間／9:00〜17:00頃(神職不在の場合もあり)

神社の方からのメッセージ

1678(延宝6)年に建てられた本殿は、蟇股(かえるまた)や木鼻(きばな)などが芸術的に装飾され、備前市の文化財に指定されています。備前焼の絵馬やお守りは、拝殿内にあるセルフ式の授与所で入手できます。

神社前の通りは「備前焼本通り」と呼ばれており窯元が点在しています。昔懐かしい木造の民家や商店、備前焼の案内板など、レトロな町並みに浸れます。備前焼のギャラリーを兼ねた古民家カフェもあるので、時間をとってのんびり散策してみましょう。

勝負のターゲットを射抜いて幸せに！

460年以上続く競馬神事で知られています。神馬の力強い走りから勝利のパワーを頂きましょう。

岡山

大浦神社【おおうらじんじゃ】

平安時代の陰陽師、安倍晴明が三郎島に御祭神を祀ったことが神社の起源とされる古社です。

1559（永禄2）年に沖合の霊地から遷座し、その神幸式に40頭の神馬も参列したことが「競馬神事」の始まりとなりました。例大祭では2頭の神馬が境内を駆け回り、競馬ファンも勝負運を授かろうと詰めかけます。跳ね馬が描かれた勝守は、試験、勝負、恋愛などのあらゆる願いが成就するよう御祈念されているので、絶対にゲットしましょう！

主祭神

與田別命《ホンダワケノミコト》

足仲彦命《タラシナカヒコノミコト》　息長足姫命《オキナガタラシヒメノミコト》

ほかにも厄除け、諸願成就などの御利益が……

流鏑馬（やぶさめ）で勝運アップ

10月第1日曜の例大祭で競馬神事が行われます。馬上から矢で的を射る流鏑馬を、間近に見られます。馬比べで勝った神馬から、勝負運を授かる競馬女子も多いそうです。

お守り

「勝守」（700円）。さまざまな試練にも打ち勝つパワーを頂けます

厄除けに身に付けたい「肌守」（700円）

絵馬

神馬に大願成就をお願いする「絵馬」（700円）

みんなのクチコミ!!

勝負運を祈願する競馬好きが県外からも訪れます。高級車のエンブレムのような勝守が人気です

境内奥にある本殿は、壮麗な装飾が見事です。幣殿、拝殿、鳥居などと合わせ、国の有形文化財となっています

墨書／奉拝、備中寄島、大浦神社　印／御幣印、大浦神社、大浦神社社務所之印　●鎮座する寄島の地名は、備中国の沖合いの島に、神功皇后が三韓征伐の際に立ち寄られたことに由来します

DATA
大浦神社
創建／1559（永禄2）年
本殿様式／入母屋造
住所／岡山県浅口市寄島町7756
電話／0865-54-2408
交通／井笠バス「寄島総合支所前」から徒歩13分
参拝時間／日の出から日没
御朱印授与時間／9:00～16:00
URL https://www.oourajinja.com

＼神社の方からのメッセージ／

10月第1土・日曜に行われる秋季例大祭では、神輿や御船、千歳楽と呼ばれる大きな太鼓台が境内を威勢よく練り歩きます。競馬神事は460年以上の歴史を誇る伝統神事で、浅口市の無形民俗文化財にも指定されています。

大浦神社が最初に鎮座していた「三郎島」は、3つの各小島が応神天皇、仲哀天皇、神功皇后の三柱の神として祀られていた霊地です。「三ツ山」の名称でも知られており、寄島の海岸から200mほど沖合にあります。干潮時には歩いて3島へ渡ることもできます。

頭脳明晰な立身出世の神

岡山

吉備大臣宮【きびだいじんぐう】

奈良時代、遣唐使として中国に2度も渡り、学者から大臣へと上り詰めた吉備真備公を祀っています。聖武天皇に重用され、異例のスピードで出世した御祭神にあやかろうと、受験や就職を控えた学生が参拝に訪れます。隣接する吉備真備公園にある、巨大な銅像にも願いを伝えましょう。

公園の中央には高さ6.5mの吉備真備公の銅像があります。この地は真備公の居館址とされ「日本の歴史公園100選」に選定されています

「絵馬」(500円)。無人なので初穂料はセルフで奉納箱に入れます

主祭神

吉備大臣之神《キビノオオオミノカミ》

ほかにも心願成就、除災招福などの御利益が……

限定御朱印はP.12で紹介!

墨書/奉拝、吉備大臣宮　印/宮司之印、菊と桐の紋　●左に菊、右に桐が入る珍しい社紋です(通常御朱印はシールタイプ)。例祭や観月祭では限定御朱印も縣主神社で頂けます

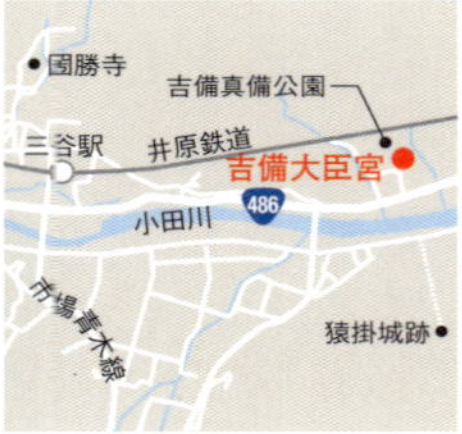

DATA

吉備大臣宮

創建/不詳
本殿様式/不明
住所/岡山県小田郡矢掛町東三成3864
電話/0866-62-8456(縣主神社)
交通/井原鉄道「三谷駅」から徒歩で20分
参拝時間/自由
御朱印授与時間/兼務社の縣主神社(P.113)で頒布

みんなのクチコミ!!

神社の左奥には真備公が中国から初めて小麦粉を持ち帰ったことに由来する、うどん屋さんの「館址亭」があります

五穀豊穣を祈る御田植祭

岡山

獅子山八幡宮【ししやまはちまんぐう】

神代川沿いの静かな農村地帯を800年以上も守り続けている社です。神職の祝詞から始まる、御田植祭は日本の原風景を見ているかのよう。御祭神は精力的に国造りを進めた応神天皇で、成功勝利の御神徳があります。神社は通常無人ですが、時節の彩りを添えた書き置きが拝殿で頂けます。

5月に行われる御田植祭では、太鼓ばやしに合わせて花笠をかぶった早乙女がテンポよく苗を植えていきます。飛び入り参加も可能です

神門の脇に樹高約35mのイチョウがそびえます

主祭神

譽田別命《ホンダワケノミコト》

神功皇后《ジングウコウゴウ》　玉依姫命《タマヨリヒメノミコト》

ほかにも安産子育、縁結び、厄除け、入試合格などの御利益が……

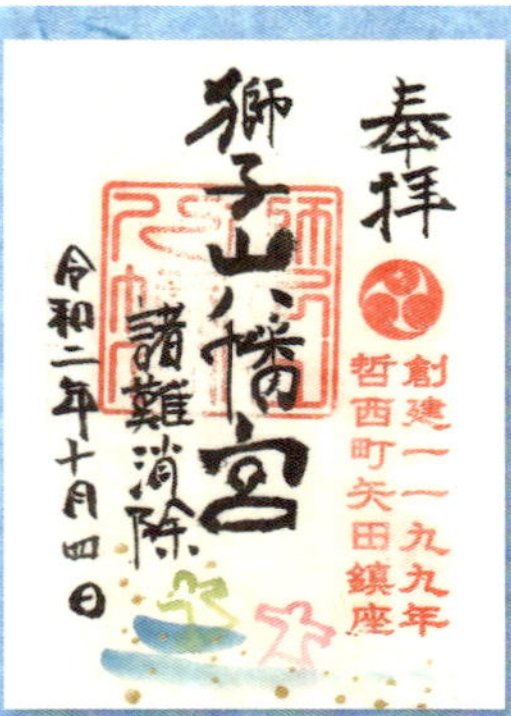

墨書/奉拝、獅子山八幡宮、諸難消除　印/巴紋、創建一一九九年哲西町矢田鎮座、獅子山八幡宮　●御田植祭、人形や勾玉が描かれた限定御朱印も頒布されています

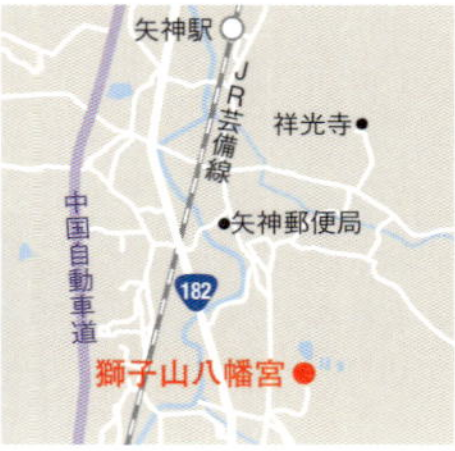

DATA

獅子山八幡宮

創建/1199(建久10)年
本殿様式/八幡造
住所/岡山県新見市哲西町矢田2368
電話/0867-94-2227
交通/JR芸備線「矢神駅」から徒歩20分
参拝時間/自由
御朱印授与時間/週末の神職がいる時間のみ(外祭で不在の場合もあり)
URL https://www.shishiyama-hachimangu.com

海上安全の守り神

岡山

五香宮【ごこうぐう】

牛窓神話で牛鬼を退治された、航海を守護する住吉三神が主祭神です。小さな社ですが神功皇后の腹帯が御神宝として伝わっています。勝利の女神の御神徳を賜れる安産守りは、牛窓神社の社務所で授与されます。

主祭神

住吉三柱大神《スミヨシミハシラノオオカミ》

神功皇后《ジングウコウゴウ》　応神天皇《オウジンテンノウ》

ほかにも安産、勝負事などの御利益が……

DATA
五香宮
創建／不詳
本殿様式／神明造
住所／岡山県瀬戸内市牛窓町牛窓2720
電話／0869-34-5197
交通／両備バス「牛窓」から徒歩15分
参拝時間／自由

墨書／奉拝、住吉明神、神功皇后 御活躍、安産守護、五香宮　印／五七の桐、五香宮　●1666（寛文６）年に再建されました。丘の上に建つ境内は猫スポットとしても有名です

学問の神様に合格祈願！

岡山

牛窓天神社【うしまどてんじんじゃ】

太宰府へ向かわれる道中の菅原道真公が、讃岐連峰を眺めたとされる小高い丘に鎮座します。合格祈願に強いパワーを頂ける天神様の境内から日本の夕日百選にも選ばれた、多島美の海の夕景も満喫しましょう。

主祭神

菅原道真公《スガワラミチザネコウ》

少彦名大神《スクナヒコナノオオカミ》

DATA
牛窓天神社
創建／不詳
本殿様式／流造
住所／岡山県瀬戸内市牛窓町牛窓3224
電話／0869-34-5197
交通／両備バス「牛窓」から徒歩8分
参拝時間／自由

墨書／奉拝、菅原道真公御立寄、学業成就、天神社　印／梅鉢紋、牛窓天神社　●境内には道真公の歌碑もあります。年始には合格祈願も行っています（問い合わせは牛窓神社へ）

仕事や学業との縁を結ぶ

岡山

豊原角神社【とよはらすみじんじゃ】

戦国武将の宇喜多氏から崇敬され、戦前は旧豊村の総氏神だった古社です。主祭神はあらゆる縁を結ぶ女神なので、会社や学校との良縁を祈る方も多いのだとか。吉井川の東岸にあり、河川敷は散歩コースになっています。

主祭神

白山比咩大神《シラヤマヒメノオオカミ》

大己貴命《オオナムチノミコト》　少彦名命《スクナヒコナノミコト》

DATA
豊原角神社
創建／不詳
本殿様式／入母屋造
住所／岡山県岡山市東区西大寺浜104-1
電話／0869-34-5197
交通／両備バス「浜」から徒歩3分
参拝時間／自由

墨書／奉拝、歯痛の神様、白山比咩大神奉斎、岡山西大寺、豊原角神社　印／三子持亀甲風花紋、豊原角神社　●白山は「歯苦散」に通じるため、歯痛を和らげる御神徳もあります

※五香宮、牛窓天神社、豊原角神社の御朱印は、各神社に参拝後、牛窓神社（P.69）で授与していただけます。

まだまだあります！

編集部オススメ！授与品

美容・健康
&
仕事・学業

心身の健康から、成績やキャリアアップ、負けられない恋の必勝祈願まで、
あらゆる局面を神様がサポートしてくれる授与品の数々を紹介します。

美容・健康

備前国総社宮 P.108

お宮でとれたハチミツや「病封じ石鹸」など健康アップの授与品が頂けます。御社殿の材木を使用した「拝殿残材首守り」は再生復活のパワーが強力です。

「社殿御用材首守り」（各1000円）。いつも身に付けて加護してもらいましょう

病封じ・回復が祈願されています

「病封じ石鹸」（50g 500円）

邇保姫神社 P.111

安産や子宝の神徳がある女神が祀られています。「おみくじワンダーランド」と呼ばれるほどおみくじの種類が豊富なので、悩みがあれば神様の声を聞いてみましょう。

デザインいろいろの「安産守」（各500円）

和氣神社 P.107

和気清麻呂公の生誕地に鎮座する神社です。元気な足腰は神域を守るイノシシのお守り、美と健康は藤のお守りから授かれます。

「足腰守」（700円）。けが除けの御利益もあります

日本一の藤公園に生える藤の実が入った「健康御守」（700円）

広島東照宮 P.106

徳川家康公の大願成就パワーが込められたお守りが人気。なかでも「日本一守」は広島東洋カープを3度日本一に導いた故・古葉竹識氏の揮毫で、最強の勝ち運が頂けそうです。

「日本一守」（1000円）。赤ヘル打線を彷彿とさせる真紅のお守りです

仕事・学業

亀山神社 P.118

八幡神を祀る呉の氏神様では、勝負運アップの授与品を絶対ゲットしましょう。旅立つ前には「身代り御守」を頂いて、旅行や進路への御加護をお願い！

「身代り御守」（800円）。青・赤の2色

御神木が返り咲きをかなえる「乙女椿の御守」（800円）

備後護國神社 P.119

福山藩主・阿部家の祖霊を祀り、文武両道の御神徳がある神社です。立身開運、学業成就、安産などを祈願したあとお守りも入手して身に付けましょう。

学業成就の「合格守」（各1000円）

第三章

御利益別！ 今行きたい神社

Part6

レア御利益

自転車の神様から失恋をリセットしてくれる神様まで、珍しい神様を祀る神社をご紹介。願いに合った神様を見つけて。

★レア御利益★絶対行きたいオススメ神社２選

- 玉井宮東照宮（岡山）／大山神社（広島）
- 嚴島神社（広島）
- 稲荷神社（広島）／河内神社（広島）
- 太歳神社（広島）
- 鷺神社（広島）／御建神社（広島）
- 足王神社（岡山）／天計神社（岡山）
- 木野山神社（岡山）
- 道通神社（岡山）
- 時切稲荷神社（岡山）／靫負神社（岡山）
- 和気由加神社（岡山）
- 編集部オススメ！ 授与品（レア御利益）

✿レア御利益✿絶対行きたいオススメ神社 2選

参拝するだけで人生を好転させる、個性的な神社へ

願いや悩みが人それぞれなように、神様の御神徳もさまざまです。パーソナルな願いをかなえ、開運へ導くレア御利益の神社を参拝しましょう。情報の神様や足の神様などがピンポイントで悩みを解決してくれます！

絶対行きたいオススメ神社 1

龍神様と家康公のダブルパワー

蘇り伝承が残る玉井宮と、勝負運アップの東照宮。マルチな御神徳で人生を強力にサポートします！

岡山

玉井宮東照宮

【たまいぐうとうしょうぐう】

龍神様を祀る「玉井宮」と家康公を奉斎する「東照宮」を合わせて鎮まります。玉井宮は病気で苦しむ人々を治癒し、死者をも蘇生させたことが創建の由緒だそうです。開運や勝負運の神徳をもつ家康公も、薬師如来の生まれ変わりとされる病気平癒の神様です。けがの回復、体調に不安があれば迷わず参拝しましょう。10月第4土・日の「龍神祭」では豊玉比売命、玉依比売命の二柱の龍神様をたたえ、神輿やだんじりが勇壮に町内を練り歩きます。

主祭神

豊玉比売命《トヨタマヒメノミコト》　彦火々出見命《ヒコホホデミノミコト》

玉依比売命《タマヨリヒメノミコト》　徳川家康公《トクガワイエヤスコウ》

ほかにも開運厄除け、仕事運などの御利益が……

白と金の龍神を祀る境内社でパワーチャージ

本殿奥の左側に白龍社、右側に金龍社。ともに龍神を祀るふたつの社があります。主祭神のお使いである白龍神は厄除けや病気回復のパワーがあり、神気が強いとされる金龍神は金運や仕事運をアップしてくださいます。

御朱印帳はP.23で紹介！

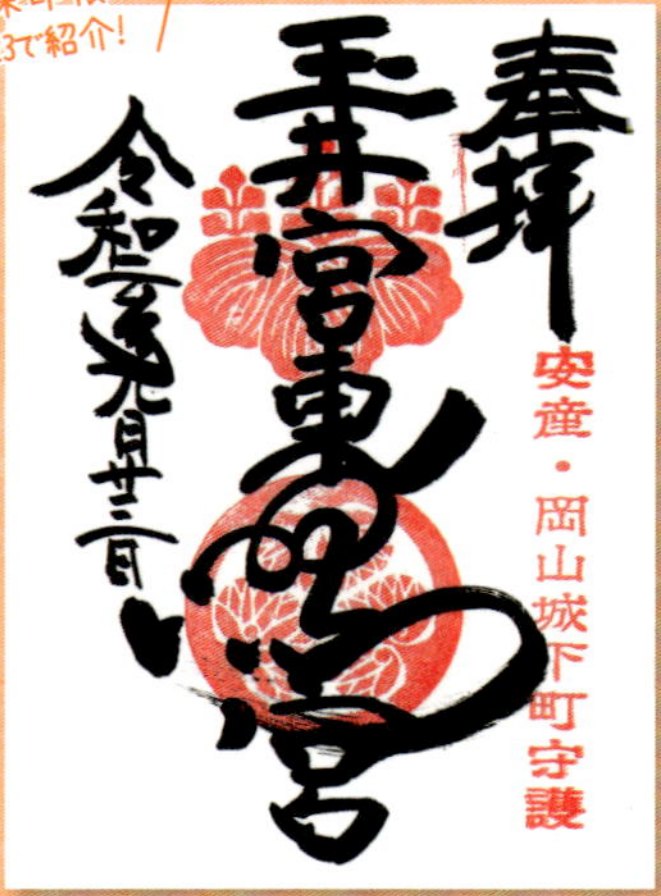

墨書／奉拝、玉井宮東照宮　印／桐の御紋、三つ葉葵紋、安産・岡山城下町守護　●天を駆ける龍のような書体が印象的です

龍神玉として水晶が気を放つ「龍神守」（1000円）。開運や厄除けを祈願してあります

拝殿内には白龍、金龍の絵が奉納されています

みんなのクチコミ!!

主祭神の家康公は仕事運や学力アップの御神徳があります。境内社の天満宮も合わせて参拝を！

DATA

玉井宮東照宮

創建／玉井宮＝不詳、東照宮＝1645（正保2）年に勧請
本殿様式／三間社流造
住所／岡山県岡山市中区東山1-3-81
電話／086-272-0407
交通／両備バス「東山一丁目」から徒歩2分、または岡山電軌「東山駅」から徒歩10分
参拝時間／自由
御朱印授与時間／9:00～16:00
URL https://www.tamaigutousyouguu.com

＼神社の方からのメッセージ／

1850（嘉永3）年に岡山県で唯一、皇后様からの令旨を受けて安産を祈願しました。そして明治天皇が無事にお生まれになり、立派に成長されたことから安産子育ての神様として崇敬されています。

もともと玉井宮が鎮座する場所に、池田光政公が東照宮を勧請しました。氏神様だった玉井宮は境内の一段下に遷座しましたが、明治時代に合祀され、現在地に新しい拝殿が造営されました。岡山城下を守護してきた東照宮は、日光から初めて地方勧請されたものです。

絶対行きたいオススメ神社 2

サイクリストならマスト参拝！

広島

大山神社

【おおやまじんじゃ】

しまなみ海道沿いに祀られる自転車の神様です。耳の神様や七福神宝船などパワースポットも満載！

主祭神
大山積大神《オオヤマヅミノオオカミ》

ほかにも厄除け、縁結び、勝利開運、建築交通などの御利益が……

小高い丘から瀬戸内の島々を見渡せる、因島最古の神社です。日本で唯一の自転車の神様をお祀りし、世界各国のサイクリストが参拝に訪れます。交通安全や旅行安全の祈祷を愛車と一緒に受けられ、盗難防止の御利益も頂ける自転車の守り神です。境内の右奥にある耳明《みみご》神社は、耳の病気回復のほか「情報の神様」としても崇敬されています。天からの声に耳を澄ませば、IT企業やデジタルメディアで活躍する道を開いていただけます！

見張り台から多島美を満喫

「日本最大の海賊」として日本遺産に認定されている村上水軍。大山神社は中世に水軍の守護神として崇敬されたそうです。境内には見張り台が再現され瀬戸内海が望めます。

お守り

交通安全が祈願された「自転車肌御守」（1000円）。しまなみ海道を神主と巫女が疾走する絵柄です

耳明神社の祠には特殊神事で祀られたサザエの貝殻が置かれています。有徳神社とも呼ばれ、耳から徳が入り運が開けます

御朱印帳はP.23で紹介！

墨書／奉拝、大山神社　印／三島紋、大山神社　●社紋は分霊を勧請した日本総鎮守の大山祇神社と同じ紋です。草書体のダイナミックな墨書は神様の力強い御力を表します

墨書／奉拝、自転車神社　印／ハート自転車、大山神社　●青印は海のイメージ

墨書／奉拝、耳明神社　印／丸耳印、サザエ、耳明神社　●サザエ印が中央に！

みんなのクチコミ!!

ツール・ド・フランスを日本人として初めて完走した別府史之選手の巨大絵馬も奉納されています

DATA

大山神社

創建／773（宝亀4）年
本殿様式／一間社流造
住所／広島県尾道市因島土生町1424-2
電話／0845-22-6000
交通／おのみちバス「宇和部」から徒歩5分
参拝時間／9:00～17:00
御朱印授与時間／9:00～17:00（平日～16:30）
URL https://ooyama.jinja.net

神社の方からのメッセージ

サイクリストに境内の休憩所を開放したところ、欧米やアジアからの参拝も増え、自転車神社と呼ばれるようになりました。授与所には自転車関連のお守りや絵馬を各種用意し、自転車に特化したお祓いも受けられます。

「せとうち七福神」は大山神社から、対潮院（因島）、光明坊（生口島）、向雲寺（大三島）、観音寺（伯方島）、高龍寺（大島）まで、しまなみ海道沿いに鎮座しています。大山神社では、大黒、恵美須、七福神満願印と、3種類の御朱印を頂け、境内には七福神宝船もあります。

三柱の主祭神から頂くマルチな御利益

尾道水道を行き交う船舶、漁業を守る海の神様です。個性的な御祭神がピンポイントで願いをかなえます。

広島

嚴島神社
【いつくしまじんじゃ】

尾道駅前の桟橋から渡し船で5分ほど。のどかな向島の富浜に鎮座する「明神さん」です。お祀りしている三柱は機知英明、商売繁盛、守護除災の御神徳で知られ、それぞれの神札を錦で包んだ手織りお守りも頂けます。弁財天としても崇敬される市杵島姫命には、美容や財運アップを御祈願される女性も多いとか。境内には江戸～明治時代に奉納された、常夜灯や唐獅子などの尾道石工の傑作も並んでいます。

主祭神

市杵島姫命《イチキシマヒメノミコト》

事代主命《コトシロヌシノミコト》　大綿津見命《オオワタツミノミコト》

ほかにも海上安全、船舶守護などの御利益が……

名工が献納したユニークな狛犬

鳥居を通って右手、円形の手水鉢の上に玉光太兵衛作の狛犬が鎮座しています。玉乗り獅子が多い尾道周辺でも、狛犬がペタンと座る造形は他の神社で見かけることはありません。

限定御朱印と御朱印帳はP.17・24で紹介!

墨書／奉拝、嚴島神社　印／三亀甲剣花菱紋、嚴島神社、尾道歌島　●鎮座地印の「歌島」は平安時代からの向島の呼び名です。この地で和歌が盛んだったために名づけられたそうです

お守り

御祭神の神札が封入された「さをり織り御守」(1000円)。すべて手作りなので同じものがふたつとありません

みんなのクチコミ!!

書き置きの手漉き紙は、就労継続支援B型事業所で障がいのある方たちが手作りしたものです。神職が墨書し拝殿前にて無人で授与しています

絵馬

病気全快祈願や安産子育ての祈願「絵馬」(500円)。カラフルに力士や人形が描かれ部屋で飾りたくなります

7月下旬の盛夏の候には夏越の祓が行われます。参拝者と一緒に茅の輪をつくり、疫病除けと無病息災を願って茅の輪をくぐります

DATA

嚴島神社

創建／1680(延寶8)年

本殿様式／一間社流造

住所／広島県尾道市向島町5525

電話／0848-44-2022

交通／向島運航フェリー「向島(富浜)」から徒歩3分

参拝時間／自由

御朱印授与時間／10:00～16:00(書き置きの授与のみ)

URL https://www.itsukushima-onomichi.com

神社の方からのメッセージ

神職、職員、世話役など全員が無償奉仕で守っている小さな神社です。可能な限り境内にいるよう努めていますが、少人数のため行事で不在となることもあります。御祈祷や授与品は前もってご連絡いただけると確実です。

10月31日の収穫祭・サウィン祭では、秋の収穫物を御祭神に献じ、神の恵みと祖先の恩に感謝をささげます。神社にアイルランドとのご縁があるため、サウィン祭(ハロウィンとも呼ばれています)の手作りカボチャのランタンなども境内に掲げられます。

感動的な美景で運気アップ

広島

稲荷神社【いなりじんじゃ】

瀬戸内海に沿って延びる国道から、いきなり海辺に立つ赤い鳥居が目に飛び込んできます。満潮時には神々しく海に浮かび、冬の早朝には海霧に包まれて、さらに幻想的！　胸を打つような美景で心身をリセットしましょう。ノドの神様として地元局で活躍するアナウンサーも参拝に訪れるそうです。

主祭神

宇迦御魂神《ウカノミタマノカミ》

ほかにも商売繁盛、家内安全などの御利益が……

東の海に朝日が昇る光景に心と体が洗われます

国道の南側に祠があります。ノドの健康祈願もこちらへ

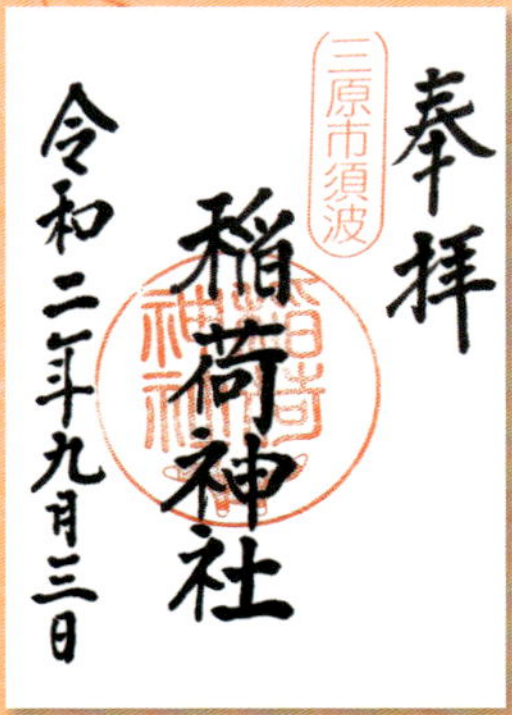

墨書／奉拝、稲荷神社　印／三原市須波、稲荷神社　●祭礼時以外は無人です。御朱印の頒布は、皇后八幡神社(P.91)の宮司へ電話で連絡を

DATA

稲荷神社

創建／不詳
本殿様式／一間社流造
住所／広島県三原市須波1-1-1
電話／0848-67-0733（皇后八幡神社）
交通／JR呉線「須波駅」から徒歩7分、または芸陽バス「須波駅」から徒歩5分
参拝時間／自由
御朱印授与時間／電話で連絡

みんなのクチコミ!!

正月の時期は鳥居の先から朝日が昇るため、地元では有名な御来光スポットです！

頼もしい十一柱の神々にお願い！

広島

河内神社【こうちじんじゃ】

主祭神は十一柱。国産みの神、縁結びの神、日本の守護神など、古代神話の主役たちがあらゆる願いをサポートしてくださいます。黄泉事解男命は過去一新の御神徳があり、新生活のスタートや厄祓いの祈願にぴったりの神様です。芸能やアートを司る、女神の天鈿女命も祀られています。

主祭神

帯中津日子命《タラシナカツヒコノミコト》

品陀和気命《ホンダワケノミコト》　息長帯日売命《オキナガタラシヒメノミコト》

伊邪那岐命《イザナギノミコト》　伊邪那美命《イザナミノミコト》

素盞嗚命《スサノオノミコト》　黄泉事解男命《ヨモツコトサカオノミコト》

大己貴命《オオナムチノミコト》　少彦名命《スクナヒコノミコト》

猿田彦命《サルタヒコノミコト》　天鈿女命《アメノウズメノミコト》

ほかにも学業成就、勝負運などの御利益が……

秋季大祭の前夜に十二神祇神楽や芸北神楽新舞も奉納されます

お守り

手前は袋守の「梛之実御守」(800円)、奥は境内の梛の葉を入れて持ち帰る「梛之葉御守」(500円)

墨書／河内神社　印／安芸国(梛木の葉印)、神印、河内神社　●御神木の緑葉印が入ります。不在時は書き置きが社頭に用意されます

DATA

河内神社

創建／不詳　本殿様式／流造
住所／広島県広島市佐伯区五日市町上河内359-1
電話／082-928-2283
交通／広電バス「河内下城」から徒歩5分、または広電バス「河内農協」から徒歩6分
参拝時間／日の出から日没
御朱印授与時間／随時
URL http://kochijinja.org

神宿る霊石から強運をチャージ！

もののけ伝説が語り継がれる三次の鎮守様です。神霊が降臨する石と、美しい女神に幸せを祈願！

広島

太歳神社【ださいじんじゃ】

江戸時代の怪奇譚「稲生物怪《いのうもののけ》録《ろく》」の舞台となった比熊山の麓に鎮座しています。この地で暮らす16歳の少年が、妖怪と対峙する実話をもとに綴られた物語は、今もアニメの題材として脈々と語り継がれています。境内に祀られた巨大な「神籠石《こうごいし》」は、神霊が降臨する磐座《いわくら》です。もともとは山頂で鎮まりました。厳かにパワーを放つ霊石からは、強運を授かれるそうです。主祭神は「竹取物語」のかぐや姫のモデルとも伝わる美貌の女神で、凛とした心の美しさも賜れます。

主祭神

木花佐久夜毘売命《コノハナサクヤヒメノミコト》

ほかにも安産、子授け、美容、火難除けなどの御利益が……

比熊山山頂のパワスポ「たたり石」

境内から山道を上り30分ほど。比熊山の山頂には「稲生物怪録」で触れると死んでしまうと記された「たたり石」が鎮ります。境内にある「神籠石」の兄弟岩とされています。

高さ3.7mの神籠石には神石と刻まれています。1200年ほど前まで比熊山の山頂が祭場となり「たたり石」とともに御神体として信仰されました。室町時代には城郭、明治時代には記念碑の台座と各所を流転した後、神社に戻ってきたそうです

みんなのクチコミ!!

比熊山の山頂にある「たたり石」は、触れた稲生平太郎の前に次々と物怪が現れる伝説の発端となりました。三次の町並みも見下ろせます

墨書／奉拝、三次、太歳神社　印／もののけの里、朝霧之宮、太歳神社社務所之印　●鎮座地の三次は江戸時代中期にまとめられた妖怪物語の舞台です。秋から早春にかけては朝霧に包まれる風景でも知られています

山の裾野にある参道は深い緑に包まれています。妖怪たちもこの石段を通ったのかも

お守り

神社を舞台にしたアニメとコラボした「開運肌守」（500円）。正月以外の授与品受け付けは、境内右手の宮司宅へ

DATA

太歳神社

創建／808（大同3）年
本殿様式／三間社入母屋造
住所／広島県三次市三次町1112-2
電話／0824-62-3732
交通／備北交通バス「太才神社」から徒歩1分、または備北交通バス「三次太才町」から徒歩4分
参拝時間／自由
御朱印授与時間／10:00～16:00（境内右手の宮司宅にて。事前連絡にも対応）

神社の方からのメッセージ

普段は無人のため、御祈祷を受けられる方は御予約をお願いいたします。6月30日の輪くぐり祭（夏越の祓）では、茅の輪をくぐって無病息災を祈ります。三次町の浴衣の着始めともいわれ、夏の風物詩となっています。

広島県三次市では、百鬼夜行に扮装して太歳神社を参拝する「三次物怪まつり」や「三次もののけハロウィン」を開催しています。市内にある「三次もののけミュージアム」では、妖怪物語「稲生物怪録」の常設展示も見学できます。

世量り神事で新しい1年を占う

広島

鷺神社【さぎじんじゃ】

前年の元日に埋めた御神水の出来で、新年を占う「世量《よはか》り神事《しんじ》」が行われます。本殿北西の土中で1年熟成した御神水は、ドブロクに似た飲み物。宮司が口に含み、新しい年の世相や豊凶を占い、平和や豊作を祈願します。神社には計二十九柱の御祭神が祀られており、多彩な御利益が頂けます。

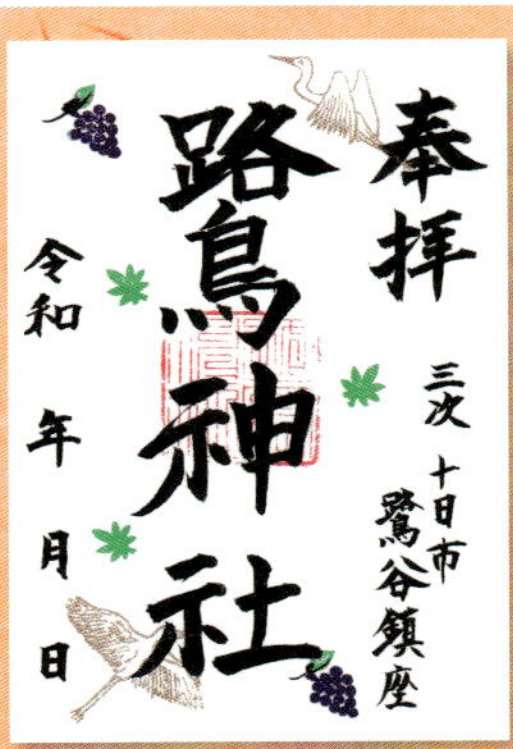

墨書／奉拝、三次十日市鷺谷鎮座、鷺神社　印／鷺神社印、白鷺印　●季節によって鷺の印は変わります。墨書の内容も神職により異なるそうです

お守り

厄除けや交通安全お守りは各700円。雲石街道沿いに鎮座し、江戸時代から道中の安全が祈られてきました

両部鳥居を通り、88段の石段を上って境内へ

主祭神

稲背脛命《イナセハギノミコト》　日本武尊《ヤマトタケルノミコト》

ほかにも病気平癒、開運招福などの御利益が……

DATA

鷺神社

創建／675（天武天皇4）年

本殿様式／一間半社流造

住所／広島県三次市十日市町1877

電話／0824-62-3343

交通／JR芸備線「西三次駅」から徒歩12分

参拝時間／自由

御朱印授与時間／拝殿の横に書き置きが用意されている

みんなのクチコミ!!

稲背脛命は災いを祓う守護神です。トラブルを抱えたときに参拝すると運気が好転するそうです

酒蔵の町を守る日本酒の神様

広島

御建神社【みたてじんじゃ】

9つの酒蔵が立ち並ぶ、酒どころの氏神様です。拝殿には奉納された酒樽がダイナミックに積まれ、酒造りの神様をお祀りした松尾神社も境内の奥に鎮座しています。主祭神は八塩折《やしおり》という強い酒で、八岐大蛇《やまたのおろち》を酔わせて退治した素戔嗚尊。厄災を祓い、機知に富んだ判断力も授かれそうです。

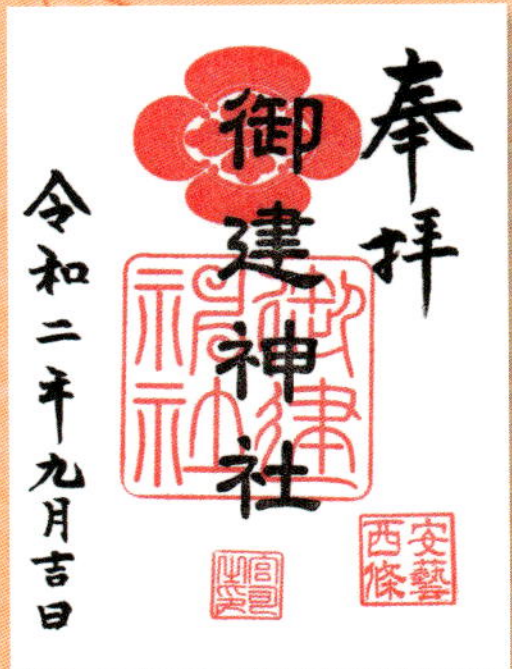

墨書／奉拝、御建神社　印／横木瓜紋、安藝西條、御建神社、宮司之印　●西条町の御建に鎮座していたのが社名の由来です。明治時代に現在地へ遷座しました

お守り

デザインいろいろの肌守は各800円。厄除けのご祈祷がされています

酒造関係の氏子が多く、蔵元から献納された酒樽が拝殿に山積みされています

主祭神

素戔嗚尊《スサノオノミコト》

ほかにも厄除け、病気平癒などの御利益が……

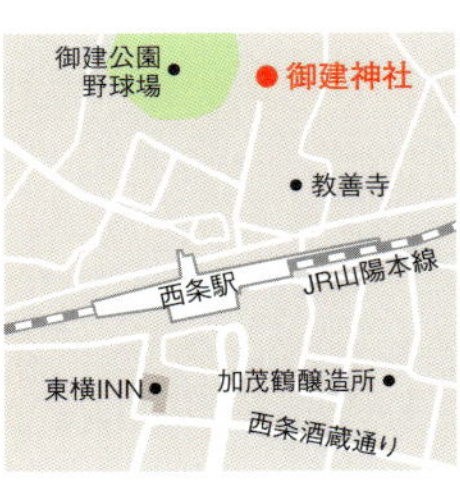

DATA

御建神社

創建／706（慶雲3）年

本殿様式／三間社流造

住所／広島県東広島市西条町西条268

電話／082-423-3253

交通／JR山陽本線「西条駅」から徒歩4分

参拝時間／自由

御朱印授与時間／10:00～17:00

URL https://mitate.or.jp

みんなのクチコミ!!

10月には「酒まつり」の神事が行われます。地域の繁栄を支える神社です

足の悩みをスパッと解決！

岡山

足王神社

【あしおうじんじゃ】

鳥居の両脇を守護するのは、狛犬ならぬ足形！　石造りの大きな足をなでてから、自分の足を触ると御利益があり、遠方からも参拝者が訪れます。「病の根を切る」とされる鎌を奉納し、足の病気からの回復を祈願する方も多いのだとか。未練が残る過去の恋愛もバッサリと断ち切ってくれます！

授与品

鎌の柄に名前を入れて奉納する「鎌型お札」（1500円）。足腰の健康が授かれます

巨大な石製の足形が鎮座！

お守り

「肌守と木製手彫りストラップ」（1000円）。足形の入った木には屋久島の杉が使われているそうです

墨書／奉拝、足王神社　印／備前国岡山、足王神社、岡山の名社・手足の御利益　●普段は無人で書き置きが用意されています

墨書／浄書の日付　印／味わいの岡山路、足王神社、干支印、足王神社宮司之印　●見開きで御朱印を頂くこともできます

主祭神

大国主命《オオクニヌシノミコト》

足名椎命《アシナヅチノミコト》　手名椎命《テナヅチノミコト》

ほかにも交通安全、商売繁盛などの御利益が……

DATA

足王神社

創建／1855（嘉永7）年

本殿様式／一間社流造

住所／岡山県赤磐市和田519

電話／080-5750-6359

交通／宇野バス「足王神社口」から徒歩2分

参拝時間／9:00～17:00

御朱印授与時間／10:00～17:00

みんなのクチコミ!!

拝殿には先代の巨大足形が置かれています。こちらは瓦製で参拝もできます

古墳に祀られた建築の神様

岡山

天計神社

【あまはかりじんじゃ】

4～5世紀に造られた神宮寺山古墳に鎮座しています。全長150mほどの前方後円墳の頂上に社があり、その真下には竪穴式の石室が残っています。主祭神は天上界の尺度である「天《あま》の御計《みはかり》」を使い、高天原《たかまがはら》に御殿を造った工匠の祖神です。設計や物作りでスピリチュアルな発想を頂けそうです。

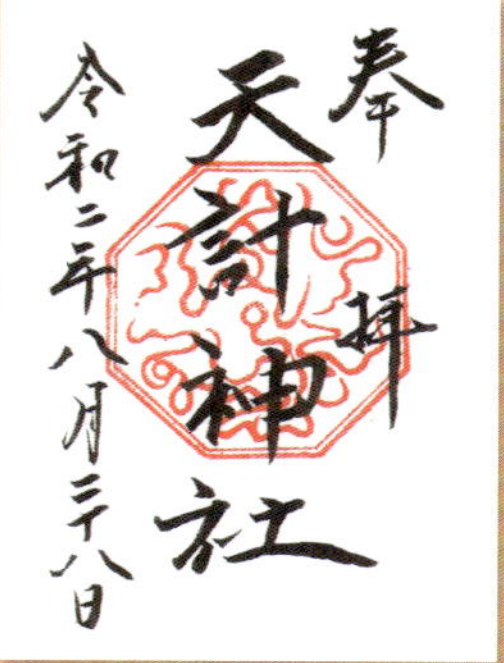

墨書／奉拝、天計神社　印／天つ神の印　●「天つ神」は天上界にすまわれる神々です。主祭神は天岩戸伝承で木を伐採し、御殿を造ったため、林業や建築業の守り神です

樹木で覆われた社殿は昼でも薄暗く神秘的な雰囲気です

神札

「厄災招福守護の神札」（800円）。地元では「はかりの神様」と崇敬されています

主祭神

手置帆負命《タオキホオイノミコト》　彦狭知命《ヒコサシリノミコト》

ほかにも事業成功、産業振興などの御利益が……

DATA

天計神社

創建／不詳

本殿様式／流造

住所／岡山県岡山市北区中井町1-5

電話／086-222-5018（伊勢神社）

交通／岡電バスや宇野バス「御野校前」から徒歩3分、またはJR津山線「法界院駅」から徒歩8分

参拝時間／自由

御朱印授与時間／兼務社の伊勢神社（P.79）で頒布

みんなのクチコミ!!

古墳からは鉄製の農具や武器が出土しています。国の史跡指定を受けています

オオカミの鋭い牙で病魔退散！

山の神の使いは、日本最強の野生動物です。「狼の木野山さま」と呼ばれ邪悪なものを祓います。

岡山

木野山神社

【きのやまじんじゃ】

オオカミを神の使いとする、山岳信仰が残る古社です。石段を上ると、里宮の随神門にはオオカミの木像が鎮座し、眼光鋭く睨みを利かせています。神社の方にうかがうと「江戸から明治時代に流行したコレラは漢字で書くと虎列刺。オオカミは虎よりも強いとされ、邪気退散の神として信奉されました」とのこと。拝殿の供え所には、たくさんの塩が奉納されています。塩はオオカミの好物とされ、祈願とともに供えると、病気やメンタルの回復力がアップするそうです。

主祭神

大山祇尊《オオヤマヅミノミコト》

豊玉彦命《トヨタマヒコノミコト》　大己貴命《オオナムチノミコト》

ほかにも病気平癒、厄災消除などの御利益が……

木野山の山頂に鎮座する奥宮

拝殿のある里宮から、奥宮へは山道を90分ほど上ります。境内には狛犬ならぬ狛狼が鎮座し、緑豊かな境内にはミステリアスな雰囲気が漂っています。奥宮の両脇に末社としてお祀りされている高龗神（たかおかみ）、闇龗神（くらおかみ）もオオカミの神姿をしているそうです。古くから病気平癒に霊験あらたかとされています。

7月10～16日の夏季大祭では「災いめしとり、福をすくいとる」という福杓子撒きの神事が行われます

みんなのクチコミ!!

里宮から奥宮への山道は、倒木もある険しい道のり。歩き慣れた靴と動きやすい服装、飲料水は必須です

墨書／奉拝、木野山神社　印／木野山神社、狼姿　●神のお使いであるオオカミは狛犬のように口は「阿吽（あうん）」になっています。不在時は書き置きが用意されています

農作物を荒らす害獣を退治する神様の使いです

墨書／奉拝、木野山　印／奥宮、狼姿　●山頂にある奥宮にはオオカミの石像が鎮座しています。御朱印は里宮で頂けます

随神門の左右には彩色された雌雄のオオカミ像が奉納されています

お守り

「厄除御守」（700円）。お守りに描かれたオオカミが悪しきものを退治します

DATA

木野山神社

創建／955（天暦9）年
本殿様式／切妻造
住所／岡山県高梁市津川町今津1211
電話／0866-22-7115
交通／JR伯備線「木野山駅」から徒歩5分、または備北バス「幡見橋」から徒歩3分
参拝時間／自由
御朱印授与時間／9:00～16:00（昼の12:00～13:00は社務所不在）
URL https://kinoyamajinja.com

神社の方からのメッセージ

木野山の山頂に奥宮、麓に里宮が鎮座し、西日本では珍しいオオカミをお祀りしている神社です。さまざまな願いに霊験があり「狼の木野山さま」と親しまれ、岡山県外の方々からも崇敬を集めています。

山陽地方や四国などにある木野山神社の総本社です。江戸後期から明治中期にかけてコレラや腸チフスが流行した際に、収束を願って2000以上の分社が勧請されました。狐憑きと呼ばれた症状も、キツネの天敵であるオオカミが退治すると信仰されたそうです。

猿田彦命が示す幸福への道しるべ

導きの神が道を照らしピンチを払拭してくれます。幸福を招く蛇神さまは商売繁盛の御利益も！

岡山

道通神社
【どうつうじんじゃ】

何かを始めるときによい方向へ進むパワーを頂ける「みちひらき」の猿田彦命をお祀りしています。天上界から地上へ降りる天孫に道を示したように、重要な局面になると現れて、すべてを正しい道へ導いてくださいます。災難除けの御利益もあり「船が難破したときに道通様が方角を示され、板につかまって泳いだら島に漂着して助かった氏子さんもいます」と御神職。さらに恋愛やビジネスとの良縁も招いてくれるそうです。人生の岐路で迷ったらぜひ参拝しましょう。

主祭神

猿田彦命《サルタヒコノミコト》　応神天皇《オウジンテンノウ》

ほかにも開運授福、諸願成就、商売繁盛、交通安全などの御利益が……

みんなのクチコミ!!

交通安全のお守りはストラップやステッカーなど種類が豊富です。道開きの神が加護してくれます

金運をアップする蛇神さま

地元では「蛇神さま」としても崇敬され、供物の卵を持ってくる参拝者もいます。古くから蛇神さまは人を裕福にすると伝えられ「お参りすると宝くじが当たる」という氏子さんも多いそうです。

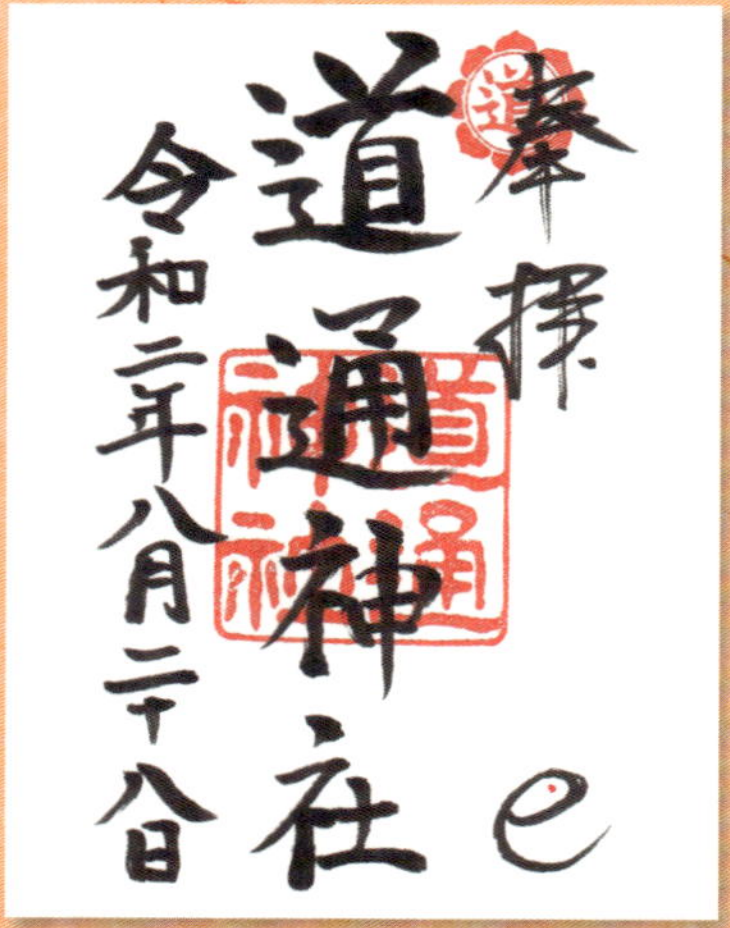

墨書／奉拝、道通神社、巳　印／道通神社社紋、道通神社　●蛇神さまを表す「巳」の墨書きに赤点が入ります。社紋には8つの波が表現されています

授与品

道中の安全を守る「交通安全ステッカー」（500円）

お守り

左から「肌守り」（1000円）、家の神棚に祀る「身（巳）守り」（2000円）は驚きのビッグサイズ！

拝殿を猿田彦命の石像が守護します。長い鼻が特徴で天狗の原型ともいわれます

DATA

道通神社

創建／永禄年間（1558～1570年）
本殿様式／三間社流造
住所／岡山県笠岡市横島1389
電話／0865-67-0007
交通／井笠バス「美の浜BT」や「笠岡温泉前」から徒歩15分
参拝時間／自由
御朱印授与時間／8:00～16:00

神社の方からのメッセージ

心願成就や商売繁盛の御祈願で、東京や愛知から参拝される方がいらっしゃいます。猿田彦命は高天原から地上界への分岐点で道を守り、天孫にも行く手を示す、とても頼りになる神様です。

中国・四国地方にある「道通様」という蛇神信仰の総本社的な存在です。境内の左奥には蛇神さまを祀る、家の形をした小さな社がたくさん並んでいます。霊力が高いとされる蛇神さまは災厄をもたらす負の側面もあり、それを鎮めるために蛇の家が奉納されます。

失恋をリセットするお稲荷さん

岡山

時切稲荷神社【とききりいなりじんじゃ】

主祭神

宇賀魂命《ウケノミタマノミコト》

ほかにも縁結びなどの御利益が……

失恋で止まった時間を切るとされ、若い女性が祈願に訪れます。引きずったままの過去と別れ、未来へと向かうパワーを頂きましょう。地元では「とっきりさま」として敬われ、期限を決めて祈ると、失くした物がその日までに出てくるそうです。失った縁を見つけて、新しい恋をスタートしましょう！

失くした物が見つかったというエピソードも数多く、境内にはお礼参りの品がたくさん献納されています。再出発のきっかけに参拝してみましょう

「ストラップ」（500円）、「お守り」（800円）などの授与品は祭礼日のみ頒布

DATA

時切稲荷神社

創建／不詳

住所／岡山県久米郡久米南町里方290

電話／086-728-4412（久米南町産業振興課＝問い合わせ）

交通／JR津山線「誕生寺駅」から徒歩10分

参拝時間／日の出から日没

御朱印授与時間／10:00～17:00（誕生寺で頒布）

みんなのクチコミ!!

例祭は年3回のみです。「久米南町／とっきりさま」で町役場の公式サイトを検索！

墨書／奉拝、時切稲荷神社　印／時切稲荷神社、狐と鳥居の印　●祭事を除いて基本的に無人の神社です。書き置きを誕生寺で頂けます

名刀で「目の病」を一刀両断！

岡山

靭負神社【ゆきえじんじゃ】

主祭神

天忍日命《アメノオシヒノミコト》　天目一箇神《アメノマヒトツノカミ》

御眞木入日子印惠命《ミマキイリヒコイニエノミコト》

ほかにも身体健全、芸術成就などの御利益が……

名刀「備前長船」の発祥地で、鍛冶の神をお祀りしています。炉の炎から大切な目を守ってもらうため、刀匠たちからあつく信奉されたそうです。「邪なものを滅ぼす日本刀は、古くから魔よけの神具でもあります」と御神職。日本刀をモチーフにした、御朱印や絵馬でも評判を集めています。

郷土記念物に指定された「天王社刀剣の森」を備前焼の狛犬が守ります。豊かに茂る日向松は足利尊氏が眼病平癒のお礼に植樹したそうです

「め守り」（1000円）。パソコンで目に負担をかけている人のマストアイテム

DATA

靭負神社

創建／不詳　本殿様式／入母屋造

住所／岡山県瀬戸内市長船町長船1151

電話／0869-26-2133（木鍋八幡宮）

交通／宇野バス「船山」から徒歩7分

参拝時間／自由

御朱印授与時間／兼務社の木鍋八幡宮（P.114）で頒布

URL https://yukie-jinjya.jimdofree.com

みんなのクチコミ!!

事前予約で目の健康祈祷が受けられます。人を魅了する目力もアップするかも？

墨書／奉拝、靭負神社　印／桜紋、めの印、備前長船 靭負神社 刀剣ノ杜、刀の印、桜と市松模様の印、靭負神社　●デザイナーでもある神職が自ら作られた独創的な御朱印です

秘伝の祈祷が受け継がれるパワスポ

子授けや安産の祈祷で古くから信奉されています。諸願成就のとんぼ玉御守も手に入れましょう。

岡山

和気由加神社【わけゆがじんじゃ】

平安時代から祈祷の神社として知られ、宇喜多氏や池田氏など各時代の諸大名からも崇敬されてきました。体調がすぐれない妊婦さんの「へいし除け」や赤ちゃんの夜泣きを静める「むし封じ」など秘伝の祈祷が今も受け継がれています。授与品も豊富で「とんぼ玉御守」は身につけていると願いが成就するとか。お礼参りに来る方は、参道の木々に使命を果たした授与品を結んで帰ります。金剛川と緑の山を望める、すがすがしい気に満ちたパワースポットです。

主祭神

由加大神《ユガオオカミ》　八幡大神《ヤハタノオオカミ》

ほかにも安産、学業成就、家業繁栄などの御利益が……

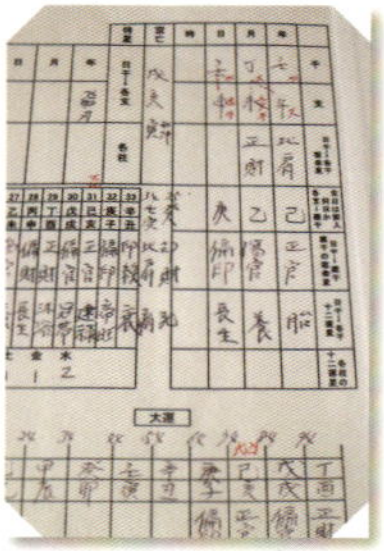

四柱推命で大切なタイミングを鑑定

四柱推命では、生まれた年・月・日・時間の4つを干支の柱とし、命運を鑑定します。恋人との相性や職場の人間関係なども神職が相談に乗ってくださいます。

みんなのクチコミ!!

とんぼ玉御守は良縁に恵まれる恋愛成就アイテムです。役目を全うしたお守りが、境内に結ばれる光景を他で見ることはありません！

墨書／奉拝、由加神社　印／由加神社社紋、由加神社社務所之印　●参道の鳥居と灯籠が描かれています。正月には干支の印が入った御朱印を授与しています。通常御朱印も正月の御朱印も書き置きのみです

縁結びのパワーがあります

色によって成就する願いごとが変わる「とんぼ玉御守」(1000～2000円)。倉敷の工房での手作りで模様がすべて異なります

「キティ開運招福守」(500円)。かわいいキャラクターが福を招いてくれます

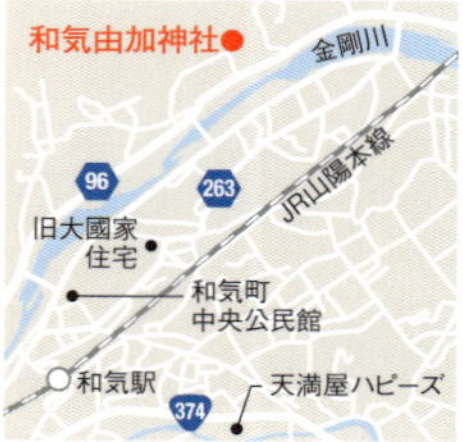

DATA

和気由加神社

創建／不詳
本殿様式／流造
住所／岡山県和気郡和気町大田原438
電話／0869-92-0041
交通／JR山陽本線「和気駅」から車で3分、徒歩で20分
参拝時間／自由
御朱印授与時間／9:00～17:00
URL https://yuga-jinjya.com

神社の方からのメッセージ

いにしえの時代から御祈祷のみで栄えてきた神社です。参拝された方たちが、海川山野の恵みを受けられ、毎日を健康で過ごせるよう祈願しております。家相に関する相談件数は、全国でも有数です。

現存している最古の棟札には、平安後期の1112(天永3)年に和気氏が新田郷の総鎮守として、西久保方の上山に八幡宮を建立したと記されています。室町時代には町内の天王山まで御幸神が行われ、境内では流鏑馬の神事も行われていたそうです。

まだまだあります！

編集部オススメ！授与品

レア御利益

自転車やペットなど現代的なお守りから、霊験あらたかな古来のお札まで。
ぴったりの授与品を選んで身に付ければ、心強い味方になってくれるはず。

レア

大山神社 P.131

自転車の神様や耳の神様をお祀りし、レア御利益に特化した授与品が豊富です。サイクリングのお守りを身に付けて自転車に乗れば、健康な体になれそう！

ハンドルやバッグに付ける「自転車守る輪」（各1000円）。反射材が入っているタイプもあります

「耳明守」（1000円）。耳の健康が祈願してあります

強い力を得られる鉾をイメージした「仕事守」（800円）

首輪として使える「ペットのお守り」（各1000円）。サイズは2種類あります

自転車柄の神札です

「交通安全・盗難防止札」（1000円）

道通神社 P.138

蛇神さまのお守りは金運アップや蓄財の御利益で評判です。導きの神・猿田彦の授与品は、恋愛やビジネスの縁と引き合わせてくれます。

スマホに貼る「願い叶うシール」（500円）

「みちびき守」（500円）

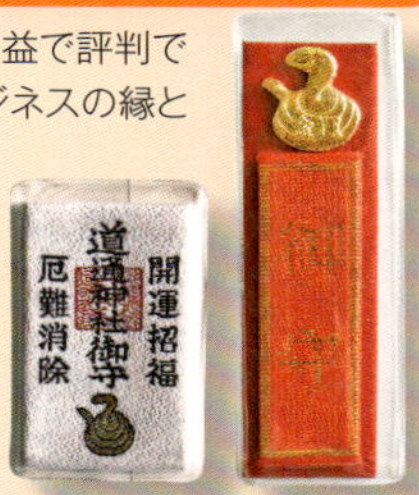

「道通神社御守」（赤300円、白500円）。財布に入れて蓄財力をアップ

河内神社 P.133

御神木「梛（なぎ）」の葉を自分で納めるお守りです。古くから梛には魔除けパワーがあるとされ、強く引っ張っても裂けないため、縁結びの御利益も頂けます。

「梛之葉御守」（500円）。梛は凪につながり、波風を鎮めて人間関係も円滑にしてくれます

玉井宮東照宮 P.130

龍神様と徳川家康公をお祀りする神社で特にユニークな授与品が「パンツ守り」。下の病気から女性を守るために奉製されたお守りです。

路面電車の滑り止め砂が封入された「合格行き砂守り」（1000円）

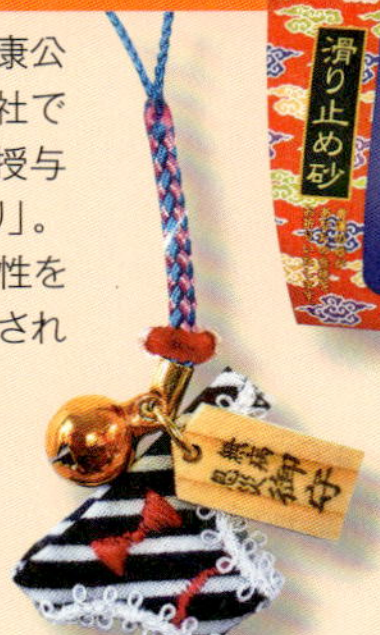

「パンツ守り」（500円）。女性の無病息災が祈願されています

桐箱に入った「病気平癒守」（1000円）

木野山神社 P.137

「戸口守り札」に描かれているのはオオカミの姿。神様の眷属であるオオカミは疫病など邪悪なものを祓うとされ、江戸時代からあつく信奉されています。

「戸口守り札」（500円）。玄関に貼り疫病退散を願う家も岡山県各地にあります

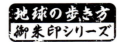

地球の歩き方　御朱印シリーズ 27

御朱印でめぐる広島 岡山の神社　週末開運さんぽ　改訂版
2025年3月18日　初版第1刷発行

著作編集 ● 地球の歩き方編集室

発行人 ● 新井邦弘
編集人 ● 由良暁世
発行所 ● 株式会社地球の歩き方
〒141-8425　東京都品川区西五反田 2-11-8
発売元 ● 株式会社Gakken
〒141-8416　東京都品川区西五反田 2-11-8

印刷 ● 大日本印刷株式会社

企画・編集 ● 小高雅彦〔有限会社シエスタ〕
執筆 ● 小高雅彦、土屋朋代、免田結真
デザイン ● 又吉るみ子、伊藤和美、大井洋司〔MEGA STUDIO〕
イラスト ● ANNA、湯浅祐子〔株式会社ワンダーランド〕
DTP ● 株式会社ダイヤモンド・グラフィック社
マップ制作 ● 有限会社どんぐり・はうす
撮影 ● 小高雅彦、土屋朋代
校正 ● 有限会社トップキャット
監修 ● 株式会社ワンダーランド、小川美千子
取材協力 ● 広島県観光連盟、野矢康弘
写真協力 ● iStock、広島県、岡山県、笠岡市、久米南町、高島正人
編集・制作担当 ● 河村保之

●本書の内容について、ご意見・ご感想はこちらまで
〒141-8425 東京都品川区西五反田 2-11-8
株式会社地球の歩き方
地球の歩き方サービスデスク「御朱印でめぐる広島 岡山の神社　週末開運さんぽ　改訂版」投稿係
URL ▶ https://www.arukikata.co.jp/guidebook/toukou.html
地球の歩き方ホームページ（海外・国内旅行の総合情報）
URL ▶ https://www.arukikata.co.jp/
ガイドブック『地球の歩き方』公式サイト
URL ▶ https://www.arukikata.co.jp/guidebook/

発行後に初穂料や参拝時間などが変更になる場合がありますのでご了承ください。
更新・訂正情報：https://www.arukikata.co.jp/news/support/

●この本に関する各種お問い合わせ先
・本の内容については、下記サイトのお問い合わせフォームよりお願いします。
URL ▶ https://www.arukikata.co.jp/guidebook/contact.html
・在庫については　Tel ▶ 03-6431-1250（販売部）
・不良品（落丁、乱丁）については　Tel ▶ 0570-000577
学研業務センター　〒354-0045　埼玉県入間郡三芳町上富 279-1
・上記以外のお問い合わせは　Tel ▶ 0570-056-710（学研グループ総合案内）

※本書は 2021 年 2 月に初版発行したものの最新・改訂版です。

学研グループの書籍・雑誌についての新刊情報・詳細情報は、下記をご覧ください。
学研出版サイト　https://hon.gakken.jp/
地球の歩き方　御朱印シリーズ　https://www.arukikata.co.jp/goshuin/

＼感想を教えてください！／

読者プレゼント
ウェブアンケートにお答えいただいた方のなかから抽選で毎月3名の方にすてきな賞品をプレゼントします！詳しくは下記の二次元コード、またはウェブサイトをチェック。

URL https://arukikata.jp/gshues